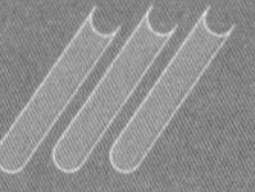

江西省2011协同创新中心“庐山文化传承与传播协同创新中心”项目成果

社会文化史视野下的庐山文献研究

杜玉玲 著

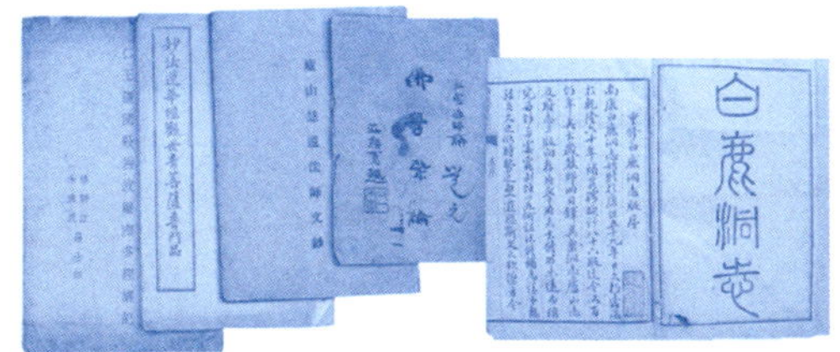

图书在版编目(CIP)数据

社会文化史视野下的庐山文献研究 / 杜玉玲著. -- 南昌 : 江西人民出版社, 2018.12
(庐山文化研究丛书 / 陈春生主编)
ISBN 978-7-210-10889-4

Ⅰ. ①社… Ⅱ. ①杜… Ⅲ. ①庐山—地方文献—研究 Ⅳ. ①K928.3

中国版本图书馆 CIP 数据核字(2018)第 239704 号

社会文化史视野下的庐山文献研究
杜玉玲 著
组稿编辑:陈世象
责任编辑:万莲花
特约编辑:张丽华
装帧设计:揭同原
出　　版:江西人民出版社
发　　行:各地新华书店
地　　址:江西省南昌市三经路 47 号附 1 号
编辑部电话:0791-86898650
发行部电话:0791-86898815
邮　　编:330006
网　　址:www.jxpph.com
E-mail:64114527@qq.com
2018 年 12 月第 1 版　2018 年 12 月第 1 次印刷
开　　本:880 毫米×1230 毫米　1/32
印　　张:12
字　　数:275 千字
ISBN 978-7-210-10889-4
定　　价:69.00 元
承 印 厂:南昌市红星印刷有限公司
赣版权登字—01—2018—820

跃上葱茏

——《庐山文化研究丛书》总序

陈春生

“一山飞峙大江边，跃上葱茏四百旋。”毛泽东同志的壮丽诗篇使人们心潮澎湃，令庐山增色添辉。

钟灵毓秀的赣北大地，东襟浩渺鄱湖，北枕滔滔长江。在风云际会、气象万千的江河湖水之间，矗立着千古名山——庐山。九江的152公里长江岸线，是由楚入吴的咽喉之地；上通赣江的鄱阳湖，是从中原到南粤的必经之路。纵横的江湖成为控扼七省的通衢，秀美的山川雄视着中国的东南半壁。自古至今，这里政要云集，商贾往来，人文荟萃，孕育并催生了灿烂的庐山文化。早在三国两晋时期，周瑜在宫亭湖驻军，慧远在东林建寺，陶渊明在柴桑归隐，庐山就迎来了第一个文化高峰。而从三国到近现代，有无数的文化巨匠、政治贤达、民族精英在这里留下了丰富的文化踪迹。1996年，庐山作为“世界文化景观”被列入《世界遗产名录》，受到联合国教科文组织世界遗产委员会的高度评价：庐山的历史遗迹，以其独特的方式融入具有突出价值的自然美之中，形成了具有极高美学价值的、与中华民族精神和文化紧密联系的文化景观。

作为整个华夏文明中不可多得的历史文化瑰宝，庐山文化以其丰富的文化内涵和独特的文化魅力为世界所瞩目。1923年夏，太虚在庐山发起世界佛教联合会并连续成功举办两届，吸引了来自英国、德国、芬兰、法国、挪威、日本等国的宗教人士和学者积极参与，提出了“庐山学”概念。1928 年，著名学者胡适游历庐山，对庐山文化的内涵和影响作了高度概括：“庐山有三处史迹代表三大趋势：(一)慧远的东林，代表中国‘佛教化’与佛教‘中国化’的大趋势。(二)白鹿洞，代表中国近世七百年的宋学大趋势。(三)牯岭，代表西方文化侵入中国的大趋势。”

当然，这三大趋势远远不是庐山文化的全部。以宗教而论，庐山集佛教、道教、天主教、基督教、伊斯兰教五教于一山；以书院教育而论，周敦颐创办的濂溪书院、朱熹复兴的白鹿洞书院成为天下书院的样板；以山水田园诗而论，陶渊明、谢灵运开创了中国的山水田园诗，此后李白、白居易、苏轼等众多文化名人游历庐山，都留下了山水诗歌的名篇；以历代政权而论，三国的鼎立、东晋的南迁、南朝的兴废、南宋的偏安、太平天国的兴亡、民国的夏都以及近现代诸多重大政治历史事件与领袖人物，都与庐山有着深切的关联；以军事而论，一代名将周瑜、岳飞都曾在这里鏖战，而朱元璋鄱阳湖大战的传奇至今仍然广为流传；以经济而论，九江在历史上位列“三大茶市”之冠，成为“四大米市”之一，九江海关的收入在全国位居前列。此外这里还有江西诗派的开创者黄庭坚，中国近现代著名人物“陈门五杰”，等等。一个个彪炳青史的人物，一桩桩影响深远的政治历史事件，在中国文化研究的版图中，毫无疑问有着举足轻重的分量。在中国众多的文化名胜中，庐山文化始终以其特有的清新隽永之神韵、恢宏旷达之气象令历代文人学士向往。

秀美的山川自然、厚重的庐山文化，抒写着这方天地的古今传奇，滋养了这方天地的教育沃土。2002 年，在原解放军财经高等专科学校、九江师范高等专科学校、九江医学高等专科学校和九江教育学院的基础上，合并组建了九江学院。作为扎根于庐山脚下的唯一一所综合性本科院校，九江学院理应承担起传承千年文明的使命，承担起文化传承创新的重任。使优秀的庐山文化发扬光大，既是每一个文化工作者积极参与民族文化建设的需要，也是九江学院加强内涵建设、凝练学科特色的自觉需求。大学人文精神的培育，是高校办学的基本目标之一，也是在新时代高等教育发展背景中，从规模扩张向内涵建设转变的根本途径。而培育高校的人文精神，既要有先进的办学理念作引领，也要以深厚的历史文化为根基。

九江学院的地方历史文化研究，一直注重挖掘地方的历史文化资源，突出研究特色。其中像陶渊明研究、周敦颐研究、黄庭坚研究等，都已在多年的努力中取得了一些有影响的研究成果。《九江学院学报》的“陶渊明研究”专栏自 20 世纪 80 年代创立以来，坚持了三十余年，产生了广泛的影响，成为全国知名的栏目。在此基础上成立的九江学院庐山文化研究中心于 2008 年成为江西省人文社科重点研究基地。庐山文化研究中心以学术研究、学术交流、文化建设、素质教育为己任，多方聚合资源，广泛开展活动，使九江学院的地方历史文化研究获得了长足的发展。2014 年，依托庐山文化研究中心的研究力量和取得的系列研究成果，通过与清华大学、郑州大学、南昌大学和庐山管理局的通力合作，九江学院成功申报获批江西省“庐山文化传承与传播”协同创新中心。

编纂出版《庐山文化研究丛书》是庐山文化研究中心的一项重任。《庐山文化研究丛书》以挖掘庐山及赣北地区的历史文化资源为内容，致力于九江地域文化与中国传统文化关系的研究，重点关注其中八个研究专题：

1. 九江历史上的重大政治、军事、经济等事件的研究，包括三国、东晋、南朝在江州发生的重大历史事件，南宋岳飞在九江的活动，太平天国在九江的历史，民国政治与庐山，毛泽东与庐山等研究，以及九江的米市、近代的开埠、九江与鄱阳湖黄金通道的关系等研究；

2.庐山的宗教文化研究，包括东林寺净土宗佛教，云居山佛教，庐山太平宫道教，近代庐山基督教、伊斯兰教等研究；

3.庐山的教育文化研究，包括周敦颐的濂溪书院、朱熹与白鹿洞书院、宋代书院与宋明理学、明代书院与阳明心学等研究；

4.庐山山水旅游文化研究，包括以谢灵运、李白、白居易、苏轼等为代表，历史上众多文人名士游览庐山的佳篇为主要内容的山水旅游文学的研究；

5.陶渊明诗文、思想、生平、文化影响研究和以陶渊明为代表的隐逸文化的研究；

6.地方文化名人及其典籍的系列研究，例如黄庭坚、陈寅恪等地方文化名人的研究；

7.建筑文化的系列研究，例如庐山近代别墅的研究，具有地方文化特色的建筑风俗研究；

8.九江地区民风民俗、民间文化的研究，如湖口青阳腔、瑞昌剪纸艺术、武宁打鼓歌等民间艺术的研究。

《庐山文化研究丛书》以开放的研究平台和精诚合作的研究机制，吸纳国内外精英人士参与庐山文化研究，并支持出版他们的研究成果，努力打造具有较多学术创见和研究特色的学术精品。每一部收入《庐山文化研究丛书》的著作，应具有专题明确、资料丰富、挖掘深入的学术品格，同时要具有兼顾学术性与可读性的特点。

《庐山文化研究丛书》计划每辑推出五部学术专著。第一辑于2007年12月出版,包括《慧远法师传》《湖口青阳腔》《陶渊明寻阳觅踪》《点击大师的文化基因——庐山新说》《白鹿洞书院艺文新志》五部专著。第二辑于2009年8月出版,包括《庐山文化大观》《庐山文化读本》《瑞昌剪纸》《陶渊明与道家文化》《黄庭坚诗歌传播与接受研究》五部专著。第三辑于2011年9月出版,包括《〈论语〉的公理化诠释》《庐山道教史》《武宁打鼓歌》《早期庐山佛教研究》《鄱阳湖地区古城镇的历史变迁》五部专著。第四辑于2014年3月出版,获2014年度国家出版基金资助,包括《〈孟子〉的公理化诠释》《朱子白鹿洞规条目注疏》《庐山与明代思潮》《朱熹庐山史迹考》《庐山佛教史》五部专著。第五辑于2016年10月出版,包括《〈老子〉的公理化诠释》《九江濂溪志》《庐山近代外来宗教文化研究》《庐山藏书史》《陶渊明的映像》五部专著。

作为庐山文化研究的系统工程之一,《庐山文化研究丛书》的编辑出版成为九江地方文化建设的一个凸显亮点,成为高校参与地方经济文化建设的一种有益实践;同时也为打造九江学院的人文精神奠定了扎实的基础。本丛书应具有丰富的内容、开阔的视野、高远的目标,既显示庐山文化的大气,也显示九江学院努力追求的目标和境界。

文化是一个国家、一个民族的灵魂。习近平总书记指出:“历史和现实都表明,一个抛弃了或者背叛了自己历史文化的民族,不仅不可能发展起来,而且很可能上演一幕幕历史悲剧。”在“四个自信”中,文化自信是更基础、更广泛、更深厚的自信,是更基本、更深沉、更持久的力量。没有高度的文化自信,没有文化的繁荣兴盛,就没有中华民族的伟大复兴。中国特色社会主义文化源自中华民族五千多年文明历史所孕育的中华优秀传统文化,熔铸于党领导人民在革命、建设、改革中创造的革命文化和社会主义先进文化，植根于中国特色社会主义伟大实践。发展中国特色社会主义文化，就是以马克思主义为指导，坚守中华文化立场，立足当代中国现实，结合当今时代条件，发展面向现代化、面向世界、面向未来的，民族的科学的大众的社会主义文化，推动社会主义精神文明和物质文明协调发展。要坚持为人民服务、为社会主义服务，坚持百花齐放、百家争鸣，坚持创造性转化、创新性发展，不断铸就中华文化新辉煌。我们要深入挖掘中华优秀传统文化蕴含的思想观念、人文精神、道德规范，结合时代要求继承创新，让中华文化展现出永久魅力和时代风采。这对我们的文化传承创新工作提出了更高要求和更明确指导。2018 年 3 月，九江学院第三届教职工代表大会第一次会议胜利召开，会议号召全校师生为把学校建设成为特色鲜明区域领先的综合性大学而努力奋斗。《庐山文化研究丛书》第六辑的编纂工作写进了校长工作报告，并作为 2018 年的重点工作之一。庐山文化传承与传播是我校一个显著的特色，已经融入我校的优势学科建设。《庐山文化研究丛书》的编纂工作是我校践行高等学校文化传承创新使命，落实中共中央办公厅、国务院办公厅《关于实施中华优秀传统文化传承发展工程的意见》和教育部《完善中华优秀传统文化教育指导纲要》的重要举措，也是我们贯彻习近平新时代中国特色社会主义思想，增强文化自信的切实行动。感谢江西人民出版社对《庐山文化研究丛书》的高度关注和厚爱，同时感谢各位专家学者特别是丛书作者与审稿专家对九江学院庐山文化研究事业的支持和帮助。我们衷心期待：通过我们的共同努力，为中华优秀传统文化的传承发展增添新的光彩。我们共同期望：庐山文化的研究事业，能够如群峰竞秀，跃上葱茏，屹立于长江之滨、鄱湖之畔。

目 录

图一 （民国）庐山总图

资料来源：吴宗慈《庐山续志稿》第一册，卷首地图

前　言

庐山地处江西省北部，主峰海拔1474米，北枕长江，东、南面濒鄱阳湖。大江、大湖与大山的浑然交汇，形成了庐山秀丽的风景，气候宜人，交通便利。自东晋以来，诸多佛教僧人、道教徒、士大夫和西方传教士相继来到庐山，留下了大量的历史遗迹，从而使庐山积累了丰厚的文化遗产。

庐山东林寺与慧远僧团，标志着佛教的“本土化与中国化”；唐玄宗敕建的“九天使者庙”，反映了民间道教的正统化与国家化；朱元璋塑造庐岳神，康熙皇帝推崇儒僧与儒道，促成了庐山文化与王朝政治的结合；朱熹复兴白鹿洞书院，清初创建紫阳祠，树立了庐山的理学道统。晚清至民国时期，西方传统教士凭借不平等条约，到庐山租地、划界、建立“牯岭特区”，国人相继仿效，创建了“莲谷新村”“小天池新村”“太乙村”及“庐山三大公建”等新型社区，显示了中国传统文化的转型过程。

在儒释道互动及中西文化交流过程中，不同文化因子不断被加入、改造、融合，最终形成具有多元文化结构的庐山文化系统。1996年，庐山因其深厚的历史文化底蕴与秀丽的自然风光，以及依然不断有机演进的多元文化元素，入选世界文化景观遗产名录。世界遗产组织给它的定位是：

> 江西庐山是中华文明的发祥地之一。庐山的历史遗迹，以其独特的方式融汇在突出价值的自然美之中，形成了具有极高美学价值的与中华民族精神和文化生活紧密相连的文化景观。①

面对中国第一例世界文化景观遗产，摆在我们面前的首要任务是如何揭示一个整体的、连续的与多元的庐山文化，从而让文化、自然与景观融为一体。

在庐山丰厚的文化遗产当中，有一类遗产值得引起我们重视，那就是庐山丰富的文献系统。已有研究成果表明，自东晋以来，众多的宗教信徒、文人墨客及诸侯帝王创作了大量的寺院道观志、山志、府县志、书院志、游记、摩崖石刻、旅游指南等文献资料，形成了极为庞杂的庐山文献系统。这些历史文献建构并承载了庐山丰富、多元的文化，为研究庐山文化景观遗产提供了丰富而系统的素材。研究表明，文献是特定的人在特定的时代背景下编出来的，它是历史的记录，同时也是文化的建构。② 面对丰富的庐山文献，历史研究者不仅需要对各种文本作诸如版本、校勘、目录、注释、考证、辨伪、辑佚等传统文献学范畴的研究工作，更需要

---

① 中国庐山政务网：http://www.china－lushan.com/heritage/#whyc。

② 郑振满：《新史料与新史学——郑振满教授访谈》，《学术月刊》，2012年4月，第159页。

突破传统领域，更多地应从社会和文化领域发问。[①] 从而进一步思考如何从文献的生产过程、流传过程、使用过程去看蕴藏于文本背后更为宏观的思想、社会、政治及文化走向。[②]

基于这样的认识，当我们面对每一种庐山文献时，都必须思考如下问题：文献是如何被创作的？是在怎样的背景下创作的？包含了什么内容？这些内容在后世又是如何流传的？对后世有哪些影响？后人如何解读这些文献？后人的解读如何反映时代的变迁？

概而言之，全书试图从社会文化史的学术视野，对庐山文献进行系统研究和深度解读。通过还原文献的历史，重建庐山多元文化景观形成的过程。

---

① 相关理论可参见刘志琴：《社会文化史与史学新转向》，2012 年 9 月 17 日《北京日报·理论周刊》；罗检秋：《从"新史学"到社会文化史》，《史学史研究》，2011 年第 4 期；危兆盖：《社会文化史：史学研究的又一新路径》，2010 年 8 月 17 日《光明日报·理论周刊》；梁景和：《关于社会文化史的几个问题》，《山西师大学报（社会科学版）》，2010 年 1 月；黄向春：《区域社会文化史研究的视野与经验》，2009 年 12 月 8 日《光明日报·理论周刊》；韩晓莉：《从文化史到社会文化史——谦论文化人类学对社会文化史研究的影响》，《华东师范大学学报（哲学社会科学版）》，2009 年第 1 期。

② 参见郑振满：《新史料与新史学——郑振满教授访谈》，《学术月刊》，2012 年 4 月，第 159 页；刘平等整理：《区域研究·地方文献·学术路径——"地方文献与历史人类学研究论坛"纪要》，《中国社会历史评论》卷十，2009 年，第 342—365 页；郑振满：《民间历史文献与文化传承研究》，《东南学术》，2004 年 12 月；［美］梅尔清：《印刷的世界：书籍、出版文化和中华帝国晚期的社会》，《史林》，2008 年第 4 期。

第一章

东林寺与慧远传说:以《庐山记》为中心

庐山的早期佛教,以东林寺为基地,糅合儒、道与民间信仰,完成了佛教"通俗化"与"本土化"的弘法使命,成为其时主导庐山甚至全国的宗教信仰。[①] 这一历史进程非常集中地体现在几个典型的慧远传说上。《庐山记》的编纂、出版及对慧远传说的全面记录,形象地诠释了这一历史过程,历经宋、元、明、清、民国,慧远传说经历了质疑、解构,或是重拾记忆,或是被重新整合到新的文化元素中间等不同解读过程,《庐山记》文本也有一个卷目分析、散佚、流传国外与回归国内的过程。本章以慧远传说为主线,以《庐山记》为资料中心,考察庐山佛教文化自慧远以来的一个变迁过程。

第一节　早期庐山佛教与慧远传说

一、从安世高"度化庐山神"到慧远"建斋立誓,共期西方"

佛教传入中国的两汉之际,正是汉皇室信奉黄老之学和神仙方术兴盛之时,为了得到统治者的支持并在民间立足,传教者给

---

① 参见魏斌:《宫亭庙传说:中古早期庐山的信仰空间》,《历史研究》,2010 年第 2 期;许怀林:《江西史稿》,江西高校出版社 1998 年版,第 98 页。

佛教教理、斋戒、祭祀仪式及佛的名称等都披上一层道教或是民间信仰的外衣。形成了奇特的“佛道混合式佛教”或“民间佛教”，整体上反映了汉代初传佛教的基本特征。[①]

这一特征在安世高度化庐山宫亭庙神的传说中得以充分体现。

安世高(生卒年不详)，本名清，安息王嫡后之子，是中国佛教史的第一人，更是南方佛教史、庐山佛教史的第一人。[②] 他于汉桓帝建和初年(147)来到洛阳，致力于译经传法。在洛阳的二十余年间，共“译出三十余部经，数百万言”[③]，“宣经事毕，值灵帝之末，关洛扰乱，乃振锡江南”[④]，在途经江南的豫章、浔阳(今江西九江)、会稽等地，流下了许多弘扬佛法的神奇故事。对此，《高僧传》卷一《汉洛阳安清传》叙述甚详，汤用彤先生视其为“怪诞”而“不录”。[⑤] 而武汉大学魏斌教授则指出：不同时期、不同文献中出现的内容相似、情节相异的“神怪小说”或“神异叙事”虽不可信，但背后反映了传承过程中信仰环境的变化。研究者不要过于纠

---

① 相关阐述可参见汤用彤：《汉魏两晋南北朝佛教史》，北京大学出版社 1997 年版，第 55、100—101 页；(荷)许理和著，李四龙等译：《佛教征服中国》，江苏人民出版社 2005 年版，第 29 页；魏斌：《宫亭庙传说：中古早期庐山的信仰空间》，《历史研究》，2010 年第 2 期。

② 参见(荷)许理和著，李四龙等译：《佛教征服中国》，江苏人民出版社 2005 年版，第 33 页；李勤合：《早期庐山佛教研究》，江西人民出版社 2011 年版，第 24 页。

③ 汤用彤：《汉魏两晋南北朝佛教史》，北京大学出版社 1997 年版，第 43—44 页。

④ (南朝梁释)慧皎撰，汤用彤校注，汤一玄整理：《高僧传》卷一“汉洛阳安清传”，中华书局 1992 年版，第 5—6 页。梁启超对此解释道：“然以情理度之，世高盖从海道来，在广东登岸，经江西北上，而在江淮间最久。江左人士受其感化甚深，故到处有其神话也。”见《中国佛教史研究》，上海三联书店 1988 年版，第 17 页。

⑤ 汤用彤：《汉魏两晋南北朝佛教史》，北京大学出版社 1997 年版，第 63 页。

结于它们的可信与否，而更多的应考虑文本背后的文化意义。[1]在此认识基础上，魏斌对安世高在浔阳庐山度化宫亭庙神的传说进行了深度解析。传说情节作者概述如下：

> 宫亭神前世是安世高的同学，因易怒转世为庙神（原形是一条蟒蛇）。安世高南游路过庐山，宫亭神求见，希望能以佛法度化其转世。安世高为之说法，庙神蟒蛇化为少年。[2]

通过考察这个传说在流传过程中产生的不同版本在时间、发生地点、度化者与被度化者等诸多细节表述上的差异，魏斌进一步分析认为，宫亭度化传说表达出来的是佛教面对江南民间信仰时的立场和态度。他认为，在佛教徒不具备儒家官僚所拥有的官府权力背景下传扬佛法时，大多只能采取宣扬佛教僧人神通、感化民间神的方式进行。在安世高生活的中古早期，庐山的信仰元素非常多元，整座庐山及其周边地区，儒、道、佛及民间信仰等各股势力的接触，主要围绕山南的宫亭神庙展开。作为一种彻底的外来势力，安世高要在庐山立足，他就必须面对占有信仰先机的庐山山神、为争取信众获取生存空间。在他法力降服下，山神最终信仰了佛教。这种度化庐山神的手段，是最具说服力的辅教宣传策略。从吸纳信众角度而言，其效果显著。与此同时，它也使佛教蒙上了一层民间信仰的色彩。分析至此，魏斌最后指出，佛教就是在这种日益兴盛的民间信仰化或者说所谓“民间佛教”背

---

① 魏斌：《安世高的江南行迹——早期神僧事迹的叙事与传承》，《武汉大学学报（人文科学版）》，2012 年 7 月，第 39—48 页。

② 魏斌：《宫亭庙传说：中古早期庐山的信仰空间》，《历史研究》，2010 年第 2 期，第 57 页；故事原文可见（南朝梁释）慧皎撰，汤用彤校注，汤一玄整理：《高僧传》卷一“汉洛阳安清传”，中华书局 1992 年版，第 5—6 页。

景下逐步完成了它的本土化过程。[①]

应该说，以安世高为首的洛阳僧团[②]仅是开启了佛教本土化的序幕及“佛经汉译与民间传法”的基本模式。此后，在魏晋近两百年(220—420)时间里，佛教经历了借方术以推进、依附于玄学及依凭王朝统治者的崇奉等过程[③]，更多的以“士大夫佛教”或“王室佛教”的形式出现。[④] 至东晋一朝，在道安“终生致力于探索佛法最原初的含义”与慧远终生致力于“使佛学契合于有教养的中国人的根器”的共同努力下，[⑤]佛教逐渐脱去“佛道混合式佛教”、“民间佛教”、“士大夫佛教”或“王室佛教”外衣，而完成了它的本土化。或许是某种巧合，这场佛教本土化帷幕亦是在浔阳庐山落下。而无论从佛理，还是弘法的基本模式来看，道安师徒所持守的，都与安世高有一脉相承之处。

释道安(312—385)，俗姓卫，常山扶柳(今河北正定县)人。七岁读书，十二岁出家。约公元335年，游学邺都(今河南临漳县)，师事佛图澄(232—348)，因悟性甚高而颇受佛图澄奖掖。公元348年，澄师逝世后，为了逃避频繁的战乱与王朝的更替，颠沛

---

① 魏斌:《宫亭庙传说:中古早期庐山的信仰空间》,《历史研究》,2010年第2期,第58、64页。

② 这个僧团是一个相当异质的群体。其中有两位安息人:僧人安世高和优婆塞安玄;三位月氏人:支娄迦谶及其弟弟支亮、支曜;两位康居人:康孟祥和康巨;三位印度人:竺朔佛、竺大力和昙果。他们在洛阳度过了最辉煌的时期,但随着汉政权的瓦解,僧团成员四散,最终繁荣不在[详情参见(荷)许理和著,李四龙等译:《佛教征服中国》,第34—38页。]

③ 参见汤用彤:《汉魏两晋南北朝佛教史》,北京大学出版社1997年版,第133—135页。

④ “士大夫佛教”“王室佛教”与“民俗佛教”的概念由荷兰学者许理和提出。详情参见(荷)许理和著,李四龙等译:《佛教征服中国》,第4页。

⑤ 参见汤用彤:《汉魏两晋南北朝佛教史》,第133—135页;(荷)许理和著,李四龙等译:《佛教征服中国》,第4、254页。

于冀、晋、豫、鄂及秦之间。一生大致经历了“不遑宁处（349—365）、襄阳弘法（365—379）及长安译经（379—385）”三个时期。[①]期间，矢志不渝于佛法的弘扬，致力于佛经的译、注、疏及编目，僧制的创设，徒众的分张派属。[②] 梁启超誉其为“中国佛教界第一建设者”[③]。汤用彤先生在梳理其一生行止的基础上评价“道安在佛学上之地位”，在现有研究成果中，颇具权威性，摘引如下：

> 综自汉以来，佛学有二大系：一为禅法，一为般若。安公实集二系之大成。又魏晋佛学有三变。一、正始玄风飙起，《般若》《方等》因颇契合而极见流行。释法师兼擅内外，研讲穷年，于法性之宗之光大至有助力。二、安公晚年译经，已具三藏，多为罽宾一切有部之学。安公没后，其弟子庐山慧远继其师业，亦曾兼弘一切有部《毗昙》，颇为一时所从风。三、在远公晚年，罗什至长安，既精译《般若》《方等》，又广传龙树提婆之学。然当安公初至长安，即闻罗什之名于僧纯。每劝坚迎什。什亦远闻安风，谓是东方圣人，恒遥而礼之。则罗什之来，固亦由于道安。[④]

汤先生所总结的道安在佛教方面如上三方面的建树，总括来说主要是在佛经翻译、研习与传讲方面的承上启下的贡献。针对

---

① 参见（南朝梁释）慧皎撰，汤用彤校注，汤一玄整理：《高僧传》卷五“晋长安五级寺释道安”，第177—185页；郭朋：《中国佛教简史》，社会科学文献出版社2012年版，第37—40页。

② 详情参见张平：《道安在中国佛教史上的贡献及地位》，《现代哲学》，2008年第5期。

③ 梁启超：《中国佛教史研究》，第87页。

④ 汤用彤：《汉魏两晋南北朝佛教史》，第161—162页。

汉末安世高及其学派所译的"数百万言"简要却又晦涩难解的佛经著作，道安带着浓厚的兴趣进行再度翻译、注释及编目，在此基础上进行深度研究。[①] "禅法"与"般若"是安世高译经的两个主题[②]，道安最终"集二系之大成"，自是其苦心经营的结果。而让"禅法"与"般若"在中国土地上生根发芽、开枝散叶的却是上引文献中提到的道安弟子"庐山慧远"。

慧远(334—416)，本姓贾，雁门楼烦(今山西代县)人。十三岁随舅舅令狐氏游学河南许昌、洛阳，"博综六经，尤善《庄》《老》"。二十一岁时有隐遁避世思想，"欲度江东，与范宣子共契嘉遁"。时值"中原寇乱，南路阻塞，志不获从"。恰逢释道安立寺于太行恒山，宣讲《般若经》等佛学知识，慧远闻听，视先前所学"儒道九流为糠秕"，携同其弟慧持"投簪落彩"，皈依佛门，师事道安。晋孝武帝太元三年(377)，符丕攻陷襄阳，道安为朱序所留，就此"分张徒众"。慧远一行数十人，由襄阳经荆州，欲往罗浮山，途经浔阳，见"庐山清静，足以息心"，就此定居庐山，直至终老。[③]

慧远一生大体与东晋一代相始终，历经了"早年求学、追随道安及高居庐山"三个阶段。其思想历程，基本是先儒家世典，再道家老庄，后以佛理为归趣。[④] 而"卜居庐阜"的三十余年，他采取

---

① 参见(荷)许理和著，李四龙等译:《佛教征服中国》，第237—238页；汤用彤:《汉魏两晋南北朝佛教史》，第147—161页；张平:《道安在中国佛教史上的贡献及地位》，《现代哲学》，2008年第5期。

② (荷)许理和著，李四龙等译:《佛教征服中国》，第35页。

③ 参见(荷)许理和著，李四龙等译:《佛教征服中国》，第305—314页(附录《释慧远传》)；方立天:《魏晋南北朝佛教论丛》，中华书局1982年1版，第51—57页。

④ 赖永海:《中国佛性论》，江苏人民出版社2012年版，第26页。

“有意识地以‘消化了’的、力图使之通俗化的”[1]方式开展一系列弘法活动，“提婆之毗昙，觉贤之禅法，罗什之三论”由此广布于南方[2]，庐山一度成为江南的佛教中心。而其于元兴元年(402)组织僧俗弟子“建斋立誓、共期西方净土”的仪式与组织，更是结束了传统的“掺杂中国固有观念或习惯”的传教方式，开启了一种“地地道道的佛教方式”，成为他“终结第一阶段、启动下一阶段”佛教的标志性事件。[3] 研究表明，慧远在庐山的弘法活动，开启了中国佛教的新时代：

> 在这一时代，佛教最终渗透到了社会的各个阶层，从刘宋朝王室到信佛的朝臣，直到没有文化的社会大众，并最终成为中国文化不可分割的组成部分。在义理研究领域，中国传统的概念术语在此之前的那种影响力现已大为减弱。这个时代展开了专门性的研究，并出现了更好的译本，也有了更多的佛学知识，因此对佛法少了几分猜测。[4]

概而言之，这即是一个“佛教通俗化”的新时代，它是从安世高到道安，一直在探索、追寻，直至庐山慧远在他们的基础上，“把所有士大夫佛教的特质融合进他的个人生活及其讲经说法”中才最终实现。其间，慧远及其追随者在庐山共同演绎的不少传说故事，让我们得以窥见它的过程。

---

① (荷)许理和著，李四龙等译：《佛教征服中国》，第276页。

② 汤用彤：《汉魏两晋南北朝佛教史》，北京大学出版社1997年版，第239、247页。

③ (荷)许理和著，李四龙等译：《佛教征服中国》，第254页。

④ (荷)许理和著，李四龙等译：《佛教征服中国》，第283页。

二、慧远传说

现有研究慧远的史料来源大致有两途，一是慧远本人的著作[①]，一是他人撰写或讲述的慧远个人传记[②]。前者基本是慧远上庐山以后撰写的，系统阐述了佛教的宇宙观、人生观、形神观和伦理观等诸多重大问题。[③] 后者基本是慧远逝世后，他的同学、弟子及关系亲近的僧人或信奉者、士族官僚等对他生平事迹的追述。其追述的重点基本都落在慧远"高居庐山"三十余年的弘法经历。

情景梗概如下：慧远于太元三年（378）与道安分别，离开襄阳，前往罗浮山，途中被庐山所吸引，而落脚"龙泉精舍"，客座西林寺。随着师事弟子日益的增多，龙泉精舍与西林寺愈显狭促，在江州刺史桓伊的资助下，"东林寺"创建。寺成，绘天竺"佛影"于殿中。同时，广州渔夫发现的"金文殊菩萨像"被迎至寺内。在寺、殿、佛影与菩萨像一应俱全后，元兴元年（402），慧远集僧俗弟子百二十三人于无量寿像前"建斋立誓，共期西方"。居山三十

---

① 据《高僧传·释慧远传》载，此类著作有十卷五十余篇。现流传下来的有《沙门不敬王者论》《明报应论》《三报论》《沙门袒服论》论文四篇，《庐山出修行方便禅经统序》《大智论钞序》《阿毗昙心序》《三法度论序》《念佛三昧诗集序》序文五篇，还有书信十四篇以及一些铭、赞、记、诗等，主要收集在《弘明集》《广弘明集》《出三藏记集》和《高僧传》中。新中国成立前，上海佛学书局印行的《慧远大师集》和苏州弘化社印行的《庐山慧远法师文钞》，集中慧远遗文，颇便参考。中华书局 1981 年出版的《中国佛教思想资料选编》第一卷，收编了慧远的著作，也可供研究参考。详情参见方立天：《慧远及其佛学》，中国人民大学出版社 1984 年版，第 21—33 页。

② 此类文献现有《出三藏记集》《高僧传》《莲社高贤传》（陈舜俞《庐山记》及释志磐《佛祖统记》载有）及谢灵运的《庐山慧远法师碑》和《庐山慧远法师诔并序》，张野的《远法师铭》，李演的《远公影堂碑》，元皓和明教大师分别作的《远公影堂记》等。详情参见方立天：《慧远及其佛学》，中国人民大学出版社 1984 年版，第 14 页。

③ 详情参见方立天：《慧远及其佛学》，中国人民大学出版社 1984 年版，第 24 页。

年，影迹不至尘俗。晋义熙十二年(416)逝世，春秋八十三。[①]

如上梗概基本概述了慧远落脚庐山，定居庐山，直至成为一山之主的弘法过程。这个过程，随着后人的不断追述，文献的推陈出新，而充满了“神异叙事”的传说故事。

1.“龙泉精舍”传说

释慧皎(497—554)编纂的《高僧传》，成书于梁武帝中大通五年(533)。[②] 其中的“释慧远传”首次完整地叙述了慧远离开襄阳、前往罗浮山、落脚庐山时的“龙泉精舍”传说：

> 远于是与弟子数十人南适荆州，住上明寺。后欲往罗浮山，及届浔阳，见庐峰清静，足以息心，始住龙泉精舍。此处去水大远，远乃以杖扣地，曰：“若此中可得栖立，当使朽壤抽泉。”言毕，清流涌出，后卒成溪。其后少时，浔阳亢旱，远诣池侧读《海龙王经》，忽有巨蛇从池上空，须臾大雨。岁以有年，因号精舍为龙泉寺焉。[③]

这一传说在此前更早的慧远碑铭[谢灵运《庐山慧远法师塔铭(并序)》与《庐山慧远法师诔(并序)》][④]及个人传记中(《出三

---

① 详情参见《出三藏记集》《高僧传》，陈舜俞《庐山记》，释志磐《佛祖统记》，谢灵运《庐山慧远法师碑》和《庐山慧远法师诔并序》，张野《远法师铭》，李演《远公影堂碑》，元皓和明教大师《远公影堂记》(版本、页码信息见以下各脚注及文后参考文献)。

② 参见纪赟：《慧皎〈高僧传〉研究》，2006 年 4 月复旦大学博士学位论文，第 28 页。

③ (梁)释慧皎撰，汤用彤校注：《高僧传》，中华书局 1997 年版，第 212 页。

④ (晋)谢灵运：《慧远法师塔铭(并序)》，(清)毛德琦《庐山志》卷十二，第 49—53 页。

藏记集·释慧远传》)[①]并未提及。只是“诵读《海龙王经》、巨蛇、大雨”等故事情节,在元嘉三年(426)前后成书的志怪小说集《异苑》中,有相似叙述:

> 沙门释慧远,栖神庐岳,常有游龙翔其前,远公有奴以石掷中,乃腾跃上升,有顷,风云飚烨,公知是龙之所兴,登山烧香,会僧齐声唱偈,于是霹雳回向投龙之石,云雨乃除。[②]

在佛教界,“蛇”代表小龙。两段引文共同叙述了“远公通过唱偈,具有降龙、呼风唤雨之神力”。《高僧传》的成书,比《异苑》晚了近一个世纪,其间内容的传承,可以想见。此后与慧远相关的文献,基本都承袭了这一传说叙述模式。如唐代民间艺人创造的敦煌话本《庐山远公话》中,有“远公以锡杖撅石,水从地而涌出,至今号为锡杖泉”与“庐山千尺潭龙,来听远公说法”的描述;[③]开元十九年(731)李邕(678—747)撰写的《复东林寺碑》、熙宁五年(1072)陈舜俞编纂的《庐山记》及咸淳年间释志磐(1195—1274)编纂的《佛祖统纪》等都以不同的方式复述了这一传说。[④]

---

① (梁)释僧祐撰,苏晋仁、萧炼子点校:《出三藏记集》,《中国佛教典籍选刊》,中华书局1995年版,第566—570页。

② (南北朝)刘敬叔:《异苑》卷五,《四库全书》子部“异苑”,第1042册,第499页。

③ (唐)《庐山远公话》,见潘重规编著《敦煌变文集新书》,文津出版社有限公司1994年版,第1048页。

④ 详情见李邕:《复东林寺碑》,吴宗慈《庐山志》副刊《庐山金石汇编》,第1册,第18—21页;陈舜俞:《庐山记》卷三“十八贤传第五”,吴宗慈《庐山志》副刊本,第36—37页;(宋)释志磐:《佛祖统纪》卷二十六,《续修四库全书》子部·宗教类,第1287册,第303—304页,上海古籍出版社1995年版。

2.“神运殿”传说

初入庐山的慧远,来往于龙泉精舍及其同门慧永主持的西林寺道场。近三年后(约386年),慧永向江州刺史桓伊请求为远公另建一寺:

> 慧永谓刺史桓伊曰:“远公方当弘道,今徒属已广,而来者方多,贫道所栖褊狭,不足相处,如何?”桓乃为远复于山东更立房殿,即东林是也。①

《高僧传》中的如上叙述,在更早的《出三藏记集》中仅有一句“远乃迁于寻阳,葺宇庐岳,江州刺史桓伊为造殿房”②简要描述。而现存的唐代若干种文献中,开始出现“山神助远公建寺殿”的情节。如《庐山远公话》有一段“山神造寺”的描述:

> 山神是日夜拣炼神兵,闪电百般,雷鸣千种,彻晓喧喧,神鬼造寺。直至天明,造得一寺,非常有异。且见重楼重阁,与忉利而无殊,宝殿宝台,与西方无二。树木丛林,拥(蓊)郁花开,不拣四时;泉水傍流,岂有春冬断绝。更有名花嫩蕊,生于觉悟之傍;瑞鸟灵禽,飞向精舍之上。于是远公出庵而望,忽见一寺造成……曰:“非我之所能,是他大涅槃经之威力。”③

① (梁)释慧皎撰,汤用彤校注:《高僧传》,中华书局1997年版,第212页。

② (梁)释僧祐撰,苏晋仁、萧炼子点校:《出三藏记集》,《中国佛教典籍选刊》,中华书局1995年版,第566—570页。

③ 《庐山远公话》,潘重规编著《敦煌变文集新书》,文津出版社有限公司1994年版,第1045—1047页。

《庐山远公话》是唐代民间艺人创作的民间佛教宣传文本，它杂合了庐山慧远的生平事迹与隋代京师净影寺慧远的相关传说，[①]对东林寺殿创建，只有神力描述，而无人力参与。而更晚一些出现的李邕《复东林寺碑》中，则出现了“桓玄柄国”与“山神显灵”的描述：

> 东林寺者，晋太元九年，慧远法师之所建也。……当是时也，桓玄司人柄，干国钧，以福庄严，因憧檀施。书日力之费，尽土木之功。缭垣云连，厦屋天耸。如来之室，宛化出于林间。帝释之幢，忽飞来于空外。[②]

“桓玄柄国、严幢涌出、宝塔飞来”，此处“桓玄”或是“桓伊”之误（有待考证）。牛僧儒太和四年（830）自武昌还朝经过庐山东林寺，为书其榜“神运之殿”四字。又有木数尺，南唐元宗为其题名为“神运木”。[③] 诸多蛛丝马迹表明：“神运殿”传说在隋唐时期已基本成形，且在坊间盛传。至北宋初年陈舜俞编纂《庐山记》时，综合诸多记录，整理出了一个完整的“山神”与桓伊共创“神运殿”的传说：

> 慧永禅师谓刺史桓伊曰：“远公弘道，学者日集，贫道所栖狭，不足处，奈何？”时又梦山神请曰：“此山足以栖神。”一

---

① 钟明立：《敦煌话本〈庐山远公话〉故事源流初探》，《九江师专学报》，1996年第2期。

② （唐）李邕：《复东林寺碑》，见吴宗慈《庐山志》副刊之一《庐山金石汇编》，第1册，第18—21页。

③ （宋）陈舜俞：《庐山记》卷一“叙山北篇第二”，见吴宗慈《庐山志》副刊本，第10页。

夕忽有雷雨震击，诘旦，林麓大阙，唯素沙布地，兼有楩枏文梓良材，桓乃即其地，更立房殿，名其殿曰“神运”，以在永师所居之东，故号东林。[①]

3.“阿育王像”传说

随着东林寺的创建，慧远根据西域道士的叙述描摹出“天竺佛影”挂于寺殿中。[②] 同时，因他的“祈心奉请”，阿育王像从海上飘然而至：

> 浔阳陶侃经镇广州，有渔人于海中见神光，每夕艳发，经旬弥盛。怪以白侃，侃往详视，乃是阿育王像，即接归，以送武昌寒溪寺。寺主僧珍尝往夏口，夜梦寺遭火，而此像屋独有龙神围绕。珍觉驰还寺，寺既焚尽，唯像屋存焉。侃后移镇，以像有威灵，遣使迎接，数十人举之至水，及上船，船又覆没。使者惧而反之，竟不能获。及远创寺既成，祈心奉请，乃飘然自轻，往还无梗。方知远之神感。[③]

与前述“龙泉精舍”传说类似，《高僧传》中叙述的上引传说内容，在此前谢灵运碑铭与诔中及《出三藏记集·释慧远传》中，都未有提及。而此后的文献基本都承袭了这一叙述。如前引李邕《复东林寺碑》中有“观其育王赎罪，文殊降形。蹈海不沉，验于陶侃。迫火不爇，梦于僧珍。愿苟存诚，祈心通感。既多雨以出

① （宋）陈舜俞：《庐山记》卷三“十八贤传第五”，见吴宗慈《庐山志》副刊本，第36—37页。

② 参见（梁）释僧祐撰，苏晋仁、萧炼子点校：《出三藏记集》，《中国佛教典籍选刊》，第566—570页；（梁）释慧皎撰，汤用彤校注：《高僧传》，第214页。

③ （梁）释慧皎撰，汤用彤校注：《高僧传》，第214页。

日，乍积阳以作霖。则有影图西来，舍利东化。或塔涌于地，或光属于天”①的描述，正是对这一传说的复述。至陈舜俞上庐山游览东林寺时，看到了专为安放“阿育王像”的文殊瑞像阁，对于此阁的来历，陈氏又重述了这个传说。②

4.“莲社”传说

伴随着东林寺的创建，佛影的描摹及阿育王像的飘然而至，慧远的弘法道场日渐完备，佛法造诣日益深厚。于是“谨律息心之士，绝尘清信之宾，并不期而至，望风遥集”③。慧远已然成为庐山佛教的教主，吸引众多僧俗弟子追随其左右：

> 彭城刘遗民、雁门周续之、新蔡毕颖之、南阳宗炳，并弃世遗荣，依远游止。远乃于精舍无量寿像前建斋立誓，共期西方。乃令刘遗民著其文。④

这是目前所见最早一份描述慧远组织僧俗弟子“建斋立誓”的文字，稍后的《高僧传》重述了这一内容，仅在人名上增加了“豫章雷次宗及张莱民、张季硕等”三人。至唐代中期以来，围绕着“建斋立誓”这一事件，陆续在一些诗文中出现了“莲社”字样。

唐兴元年间(784—785)抚州刺使戴叔伦(732—789)有《赴抚

① 李邕:《复东林寺碑》，见吴宗慈《庐山志》副刊之一《庐山金石汇编》，第一册，第18—21页。

② (宋)陈舜俞:《庐山记》卷一“叙山北篇第二”，见吴宗慈《庐山志》副刊本，第10—11页。

③ (梁)释僧祐撰，苏晋仁、萧炼子点校:《出三藏记集》，见《中国佛教典籍选刊》，第566—570页。

④ (梁)释僧祐撰，苏晋仁、萧炼子点校:《出三藏记集》，见《中国佛教典籍选刊》，第566—570页。

州对酬崔法曹夜雨滴空阶五首》，其中第二首全文为：“高会枣树宅，清言莲社僧。两乡同夜雨，旅馆又无灯。”[①]这是目前能找到的最早出现“莲社”一词的诗作。此后僧灵彻(745—816)有“谁能来此焚香坐，共作炉峰二十人”、白居易(772—846)有“缅彼十八人，古今同此适”、崔涂(854—?)有“非因送小朗，不到虎溪边”、温庭筠(812—866)有“白莲会里如相问，说与游人是姓雷”等诗句，都是诗人以“莲社”及社中成员共相往来，谈佛论道场景为素材而创作出来的诗作。[②]

从这些诗文的表述看，“白莲社”的传说在唐中后期即已形成并盛传，但目前能找到的最完整表述却是直至北宋初年的《庐山记》：

谨律之侣，绝尘之客，四方不期而至。彭城刘遗民……张诠等，凡百有二十三人与师同修净土之社，乃令刘遗民著《发愿文》。

远公与慧永、慧持、昙顺、昙恒、竺道生、慧叡、道敬、道昺、昙诜、白衣张野、宗炳、刘遗民、张诠、周续之、雷次宗、梵僧佛驮耶舍、佛陀跋陀罗十八人者同修净土之法，因号“白莲社”……东林寺旧有《十八贤传》，不知何人所作，文字浅近，以事验诸前史，往往乖谬……予因旧本，参质晋、宋史及《高

① (清)曹寅：《全唐诗》卷二百七十四，影印文渊阁《四库全书》集部·诗文评类，第1425册，上海古籍出版社2003年版，第591页。

② 详情参见孙昌武：《慧远与“莲社”传说》，《五台山研究》，2000年第3期；龚斌：《陶渊明与慧远关系之探测》，《华东师范大学学报(哲学社会科学版)》，2000年7月；袁行霈：《陶渊明谢灵运与慧远》，《中国典籍与文化》，1992年第4期。

僧传》,粗加刊正。[①]

参与此次“建斋立誓”的人数,从《出三藏记集》叙述的四五人,到《高僧传》的七八人,经过唐宋僧俗界的演绎,至《庐山记》则增至百二十三人,且其中核心的十八人共同组建了“白莲社”,同修“净土之法”。

5.“虎跑泉”“翻经台”与“虎溪三笑”传说

唐宋以来,僧俗两界的诗人、词人围绕着“莲社”构想出远公与社中成员谈佛论道的情景及远公邀请哪些人入社、拒绝哪些人入社、哪些人要求入社、哪些人拒绝入社等种种传说[②],“虎跑泉”“翻经台”与“虎溪三笑”即是它们的代表。应该说,它们与“莲社”传说是一脉相承的。

“虎跑泉”传说现有文献记录较少,现存最早的仅见《庐山记》中“上方舍利塔之北有虎跑泉。昔远公与社贤每游此峰顶,患去水甚远,他日虎辄跑石出泉”[③]的描述。而桑乔《庐山纪事》中有引用《慧远年谱》中的一句“义熙四年,师与社贤游上方塔,患水远,有虎跑石出泉”[④]引文。两段文字中的“社贤”当指“莲社诸贤”,《慧远年谱》当是慧远逝后他的同学或是弟子追述的文献,现已不存。如从“莲社”传说出现的时间推测,此文献应是唐中后期

---

① (宋)陈舜俞:《庐山记》卷三“十八贤传第五”,见吴宗慈《庐山志》副刊本,第36—37页。

② 参见孙昌武:《慧远与“莲社”传说》,《五台山研究》,2000年第3期;龚斌:《陶渊明与慧远关系之探测》,《华东师范大学学报(哲学社会科学版)》,2000年7月;袁行霈:《陶渊明谢灵运与慧远》,《中国典籍与文化》,1992年第4期。

③ (宋)陈舜俞:《庐山记》卷一“叙山北篇第二”,见吴宗慈《庐山志》副刊本,第13页。

④ (明)桑乔:《庐山纪事》卷十一,第617页(版本信息见文后参考文献)。

出现的。

“翻经台”传说是唐宋文人以谢灵运“予志学之年，希门人之末，惜哉诚愿弗遂，永违此世”[①]及《出三藏记集》等文献中“临川太守谢灵运，负才傲俗，少所推崇，及一相见，肃然心服”[②]等相关文字记录为素材而创作出来的。《庐山记》载录如下：

> 神运殿之后，有白莲池。昔谢灵运恃才傲物，少所推重，一见远公，肃然心服，乃即寺翻涅槃经，因凿池为台，植白莲池中。名其台曰翻经台，今白莲亭即其故地。[③]

稍后的《佛祖统纪》在复述此一内容的基础上，加有“灵运尝求入社，远公以其心杂而止之”[④]的表述。

“虎溪三笑”传说则是唐宋直至明清在文人间广为传诵的一个故事。早在谢灵运塔铭中“三十余载，足不越山”[⑤]及《出二藏记集》等文献中“自卜居庐阜，三十余载，影不出山，迹不入俗，送

---

① （晋）谢灵运：《慧远法师诔（并序）》，见（清）毛德琦《庐山志》卷十二，第11册，第51—53页。

② （梁）释僧祐撰，苏晋仁、萧炼子点校：《出三藏记集》，见《中国佛教典籍选刊》，中华书局1995年版，第566—570页；（梁）释慧皎撰，汤用彤校注：《高僧传·绪论》，第217—221页。

③ （宋）陈舜俞：《庐山记》卷一“叙山北篇第二”，见吴宗慈《庐山志》副刊本，第11页。

④ （宋）释志磐：《佛祖统纪》卷二十六，《续修四库全书》子部·宗教类，第1287册，第324页。

⑤ （晋）谢灵运：《慧远法师塔铭（并序）》，见（清）毛德琦《庐山志》卷十二，第11册，第49—51页。

客游履,常以虎溪为界"[①]等相关记录。至唐中期以来,其中的"足不越山""送客""虎溪"等元素越来越多地出现在唐人的诗作中。如孟浩然(689—740)有"日暮辞远公,虎溪相送出"[②]的诗句;李白(701—762)有"东林送客处,月出白猿啼。笑别庐山远,何烦过虎溪"[③]的表述。至唐末五代时期,陶渊明与陆修静开始出现在士人或僧人的诗画作品中。如唐末五代诗僧贯休(823—912)有"爱陶长官醉兀兀,送陆道士行迟迟。买酒过溪皆破戒,斯何人斯师如斯"的诗作。诗后贯休自作注释云:

> 远公高节,食后不饮蜜水,而将诗博绿醅与陶潜,别人不得。又送客不以贵贱,不过虎溪,而送陆修静过虎溪数百步,今寺门前有道士冈,送道士至此止也。[④]

贯休此诗是目前所能找到的最早把慧远、陶渊明与陆修静三人放在一处的诗作,[⑤]虽然不在同一场景。稍后于贯休的另一位著名诗僧齐己(864—937)一生主要栖居长沙道林寺、庐山东林寺及荆渚龙安寺,[⑥]在东林寺礼十八高贤堂时,作有《远公影堂》

---

① (梁)释僧祐撰,苏晋仁、萧炼子点校:《出三藏记集》,见《中国佛教典籍选刊》,中华书局1995年版,第566—570页;(梁)释慧皎撰,汤用彤校注:《高僧传·绪论》,第217—221页。

② (唐)孟浩然:《疾愈过龙泉寺精舍呈易业二上人》,清文渊阁《四库全书》第1071册《孟浩然集》,第441页。

③ (唐)李白:《东林寺僧诗》,见(明)桑乔《庐山纪事》卷十一,第632页。

④ (唐)释贯休:《再游东林寺作五首》,陆永峰著《禅月集校注》卷二十一,巴蜀书社2006年版,第433页。

⑤ 李勤合:《早期庐山佛教研究》,江西人民出版社2011年版,第235—241页。

⑥ 马旭:《诗僧齐己研究》,2011年4月四川师范大学中国古典文献学硕士论文,第7页。

一诗:

> 白藕花前旧影堂,刘雷风骨画龙章。共轻天子诸侯贵,同爱吾师一法长。陶令醉多招不得,谢公心乱入无方。何人到此思高躅,岚点苔痕满粉墙。[①]

齐已此诗承继了贯休的表述,并增加了前述"翻经台"传说"谢灵运要求入莲社而被拒绝"的元素。此后,五代宋初释赞宁(919—1001)所撰《大宋僧史略·总论》中有"为僧莫若道安,安与习凿齿交游,崇儒也;为僧莫若慧远,远送陆修静过虎溪,重道也"[②]的表述,"崇儒重道"道出了《大宋僧史略》所处时代与编纂目的。[③] 释赞宁承袭贯休的诗文而来,"陆修静"正式出现在僧人所修佛教典籍之中,为此后进一步的创作提供了灵感与素材。

继赞宁之后,以画著称的蜀高士孙知微(976—1022)作有《惠(慧)远送陆道士图》,而丘文播(生卒不详)、石恪(生卒不详)分别做有《三笑图》,此三图都仅见文献著录,未见留传。[④] 从作品名称来看,此时,陶渊明、陆修静与慧远已经成为创作主题,"虎溪三笑"传说此时已基本成形,这可从稍后苏轼(1037—1101)所作《书三笑图后》读出端倪:

---

① (五代)齐己:《远公影堂》,见陈舜俞《庐山记》卷四"古人留题篇第六",吴宗慈《庐山志》副刊本,第 56 页。

② (宋)释赞宁:《大宋僧史略》卷下"总论",《续修四库全书》子部·宗教类,第 1286 册,第 699 页。

③ 李亚男:《赞宁〈大宋僧史略〉研究》,2012 年 3 月华东师范大学中国古典文献学硕士学位论文,第 15 页。

④ 参见邹绵绵:《"虎"年摭谈〈虎溪三笑〉》,《收藏界》,2010 年第 5 期;曹虹:《中韩诗文中的三笑题咏》,《南京大学学报(哲学·人文科学·社会科学)》,2002 年第 4 期;吴怿:《庐山"虎溪三笑"的文化意蕴》,《九江学院学报》,2007 年第 5 期。

近于士人处见石恪画此图，三人者皆大笑，至于冠履衣服手足，皆有笑容，其后三童子罔测所谓，亦大笑。世言侏儒观优而笑，或问其所见，则曰“彼岂欺我哉?”此画正类此。写呈钦之兄，想亦当捧腹绝倒，抚掌卢胡，冠缨索绝也。①

苏轼此文，并没有指明“三人”具体名姓，但联系前此贯休、齐己与赞宁的诗文及孙知微的画作，再加上此后黄庭坚（1045—1105）如下两首诗：

邀陶渊明把酒碗，送陆修静送虎溪。胸次九流清似镜，人间万事醉如泥。

二豪之所争，不满三隐之一笑。三隐之所笑，不解耶舍之颜。耶舍之印，雾锁云埋，九年面壁，此印方开。②

可以明确，此三人即是慧远、陶渊明与陆修静。至陈舜俞编《庐山记》时，综合上述诗文、图、图序及图赞，最终呈现了一个完整的“虎溪三笑”传说：

流泉匝寺，下入虎溪。昔远师送客过此，虎辄号鸣，故名焉。时陶元亮居栗里山南，陆修静亦有道之士，远师尝送此二人，与语道合，不觉过之，因相与大笑。今世传“三笑图”，

① （清）毛德琦：《庐山志》卷十二，第12册，第38—39页。

② （宋）黄庭坚：《豫章黄先生文集》，《四部丛刊》初编卷十一集部，上海书店1989年刻本，第六页。

盖起于此。[①]

这一传说及此前的“莲社”传说，成为稍后的名画家李公麟(1049—1106)创作《莲社十八贤图》的基本素材。该图未见存世，但其友李元中(生卒待考)所作《莲社十八图记》却为我们了解图的大概提供了文字记录。[②] 稍后的《佛祖统纪》全文复述了这一传说内容[③]，最终“虎溪三笑”成为两宋、明清僧俗两界久传不衰的一个传说。

三、慧远研究

慧远因在佛教史上举足轻重的地位而备受研究者关注，他们分别从哲学史、思想史、佛教史、佛学史等不同角度进行研究，成果颇多。[④] 其中尤以汤用彤、方立天、许理和、罗骧、曹虹及李勤合等人的成果为著。[⑤] 研究者通过对慧远的生平事迹与学术思想等方面的详细考察，对慧远在中国佛教史上的地位基本达到的一个共识是：“他在诸多方面均成了启动下一个阶段中国佛教的关键，

---

① (宋)陈舜俞：《庐山记》卷一“叙山北篇第二”，见吴宗慈《庐山志》副刊本，第11页。

② 详情见(宋)李元中：《莲社十八图记》，出自(清)毛德琦《庐山志》卷十二，第12册，第21—25页。

③ (宋)释志磐：《佛祖统纪》，顾廷龙主编《续修四库全书》卷二十六，第1287册，上海古籍出版社1997年版，第324页。

④ 详情参见罗骧：《慧远与东晋佛教的变迁》“绪论·国内外研究现状”，2010年5月南开大学中国古代史博士学位论文，第4—10页。

⑤ 分别为：汤用彤：《汉魏两晋南北朝佛教史》，北京大学出版社1997年版；方立天：《慧远及其佛学》，中国人民大学出版社1984年版；(荷)许理和著，李四龙等译：《佛教征服中国》，江苏人民出版社2005年版；罗骧：《慧远与东晋佛教的变迁》，2010年5月南开大学中国古代史博士学位论文；曹虹：《慧远评传》，南京大学出版社2011年版；李勤合：《早期庐山佛教研究》，江西人民出版社2011年版。

同时也是我们所要研究的第一阶段中国佛教的最为彻底的终结者。"①

对于慧远所"终结"与"启动"的，汤用彤等人的研究成果大部分是以"慧远本人的著作及他人撰写或讲述的慧远个人传记"两种史料为研究基础，他们依靠这些文献尤其仰赖慧远的文字，着重从佛理层面分析慧远对佛教初传以来的对道教、玄学及帝王将相的依附性的"终结"，及对此后净土宗、禅宗等宗派创立而显示出来的中国本土佛教的宗教性与自觉性的"启动"。然而，我们知道，佛教的这个关键性转折是慧远高居庐山三十余年完成的。那么，在庐山这座"活体文献"上，是否依然留有慧远所"终结"与"启动"的标志？诸如亭台楼阁之类的建筑与景观、碑刻、传说、仪式及纸质的庐山文献，等等。

汤用彤先生在考察"慧远与弥陀净土"一节时，对陈舜俞《庐山记》中所载"白莲社"传说及"莲社十八高贤传"进行了一番考察。作者从"莲社"取名、"十八高贤"说法的文献来源及十八贤中各人的出生日期与建社时间的矛盾等方面考证，得出的结论是"《十八高贤传》乃妄人杂取旧史、采摭无稽传说而成"，作者更是由此推论说"庐山怪异不经之说甚多，所言极不经"之论。② 对此，武汉大学魏斌却不如此看待。

魏斌在考察中古早期庐山的信仰空间分布情形时，认为佛教在与儒、道、民间信仰争夺信仰空间的过程中逐渐占上风的原因在于它通过宗教组织化的力量深入庐山，并给自己披了一层"民

① （荷）许理和著，李四龙等译：《佛教征服中国》，第254页。其他相似表论述可参见汤用彤：《汉魏两晋南北朝佛教史》，第239页；方立天：《慧远及其佛学》，第170—177页；罗骧：《慧远与东晋佛教的变迁》，2010年5月南开大学中国古代史博士学位论文，第1—4页；曹虹：《慧远评传》，南京大学出版社2011年版，第342—362页。

② 详情参见汤用彤：《汉魏两晋南北朝佛教史》，第258页。

间信仰”外衣，正是这层外衣让它完成了“本土化”。对此，作者在文章结尾处引用《庐山记》卷二记录的一则趣事，予以形象化地说明：

> （太虚简寂观）藏中铜天尊像。耆旧云：“是像也，本归宗寺之佛。会昌之毁寺也，为道士所得。寺虽复而不还。故其像衣沙门服而加冠焉。”闻者哂之。

“衣沙门服而加道士冠”，作者认为这是僧人或道士幼年在鬼神信仰环境中完成其社会化过程而留下的鬼神信仰印记，佛教就是在这种背景下逐步完成了本土化的过程。①

在已有的慧远研究成果中，陈舜俞《庐山记》无疑都成为它们的文献来源之一，而引用最多的，即是《庐山记》中所载、前文所述的“慧远传说”。他们或如汤先生所持的“质疑、考证”态度②，或如魏斌所认为的“是某种文化留下的印记”③。那么，到底是“怪异不经”还是“文化的印记”呢？

已有的慧远研究成果成为笔者了解慧远的基石，它们使笔者熟知慧远在佛理层面所“终结”与“启动”的东西。与此同时，魏斌等人的研究也启示笔者，是否可以通过对《庐山记》的考察，重回陈舜俞时代，去看慧远的思想在庐山是如何体现的，在东林寺是如何体现的？是否可以通过庐山当地残存下的文献、建筑、景

---

① 魏斌：《宫亭庙传说：中古早期庐山的信仰空间》，《历史研究》，2010 年第 2 期，第 64 页。

② 参见罗骧：《慧远与东晋佛教的变迁》，2010 年 5 月南开大学中国古代史博士学位论文，第 72—76 页。

③ 参见李勤合：《早期庐山佛教研究》，江西人民出版社 2011 年 9 月版。第 165—177 页。

观、礼仪、传说等,更加详实地展现慧远的思想与灵魂?

《庐山记》是熙宁五年(1072)陈舜俞花六十日的时间,走遍庐山每一条路线、每一个角落而编成的。它是现存最早的一部庐山志,记录了作者所走每一条路线所见所闻的每一座寺庙、道观建筑及景观、碑刻、诗文、传说、仪式等。陈氏生活的时代与慧远时代相距近七个世纪,无论从编纂时间,还是文本记录的上述内容,都引领着笔者大胆一试,去追寻慧远的踪迹。

第二节 《庐山记》与慧远传说

一、宋初士大夫的佛教情结与《庐山记》的创作

《庐山记》是北宋初陈舜俞编纂、留传至今的最早的一部庐山志书。历经宋、元、明、清、民国,有多次重版、再版与影印版,并有卷目的散佚与分析。[①] 目前比较常见的有三卷本与五卷本(详情参见本章第三节表2—1),笔者文中所用版本为民国二十二年(1933)上海仿古书局铅印版"吴宗慈《庐山志》副刊本",为五卷完本(以下简称"《庐山志》副刊本")。[②]

① 详情参见徐效钢:《庐山典籍史》,江西高校出版社2001年版,第66—72页;李勤合:《陈舜俞〈庐山记〉版本述略》,《图书馆杂志》2010年第10期;胡耀飞:《宋人陈舜俞〈庐山记〉所见吴·南唐史料考论》,《长江文明》第七辑,河南人民出版社2011年版,第50—71页;虞万里:《陈舜俞〈庐山记〉卷帙辨证》,《中国典籍与文化》,2012第1期。

② (民国)吴宗慈:《庐山志》卷十二,民国二十二年(1933)上海仿古书局铅印本,竖排宣纸线装,6开本,洋20元;8开本,洋16元,14册。江西师范大学图书馆藏;胡迎建校注:《庐山志》上、下两册,江西人民出版社1996年版;《庐山志》除正刊外,还有副刊五种:《庐山金石汇考》四册;《庐山古今游记丛钞》上、下两卷,两册;《庐山历代文广存》一册;《庐山历代诗广存》三册;宋陈舜俞《庐山记》一册。1933年与正刊同时出版。1996年胡迎建校注本只对正刊进行了整理,副刊没在整理之列,特此说明。

作者陈舜俞(1026—1076),字令举,湖州乌程人。庆历六年(1046)进士,嘉祐四年(1059)中制科第一。熙宁三年(1070),知山阴县。熙宁五年(1072)因反对青苗法上书自劾,被贬至南康。熙宁九年(1076)卒于嘉善。历任都官员外郎、屯田员外郎知山阴县、监南康军盐酒税,以胡瑗、欧阳修为师,与司马光、苏轼、刘涣、释契嵩等为友,著有《都官集》三十卷、《庐山记》五卷。卒后祀乡贤祠。①

陈氏一生,从中举,到为官,再到遭贬的仕途履历,是宋初士大夫官场生涯的一个缩影。而其结交的师友,或是禅僧(契嵩),或是好禅的士大夫(胡瑗、欧阳修、苏轼),则是与官场生涯息息相关的宋初士大夫的另一个宿命。②

佛教在战乱频仍、灾难深重的魏晋南北朝(220—589)时期,采取“佛道混合”“民间信仰化”或依附于玄学等多种方式而完成了它的本土化,其过程已如本章第一节所述。随着佛经的大量翻译,佛典的深度理解与融化,至隋唐时期,“所习不同,所见各异”的佛教宗派先后出现。③ 其间,集大成者为天台宗、净土宗与禅宗。历经五代,此三宗因根据地在南方而得到长足发展。④ 且流行于南方的南禅,因僧徒众多,进一步分化为南岳、青原两大系

---

① 参见(元)脱脱等撰:《宋史》卷三三一“列传第九十”,中华书局 1985 年版,第 10663—10664 页;(清)永瑢:《四库全书总目》卷七十史部二十六,清乾隆武英殿刻本,第 1202 页;朱一舟:《从陈舜俞看北宋士大夫群体之分裂》,《湖州师范学院学报》,2013 年 10 月。

② 详情参见潘桂明:《中国居士佛教史》,中国社会科学出版社 2000 年版,第 486—488 页、513—528 页。

③ 详情参见林尹:《中国学术思想大纲》,华东师范大学出版社 2006 年版,第 97—109 页。

④ 详情参见中国佛教协会编:《中国佛教》第一册,知识出版社 1980 年版,第 54—88 页;许怀林:《江西史稿》,第 169—193 页。

统,下分沩仰宗、临济宗、曹洞宗、云门宗、法眼宗。至北宋时期临济宗又再分为黄龙、杨歧两宗。合称五家七宗。① 与释氏此种如火如荼发展趋势相反,这一时期士大夫赖以安身立命的儒学却因其日益脱离实际、不重实学的倾向而渐显淡薄。与此同时,因“陈桥兵变”而来的宋帝室,对文武官员骨子里充满着不信任,这使得士大夫为官上任如履薄冰,遭贬黜乃是家常便饭。在此“儒门淡薄,收拾不住。官场虽闹,却是无常”大环境下,佛教禅宗以它活泼洒落的风格及入世归儒的特殊倾向而吸引了大批文人士大夫“归其门下”,“皇帝崇信释氏,士大夫好禅”成为宋初政治文化的一个基本特征。②

陈舜俞正是生活于这一时代的“一位颇有风骨的士大夫”③。带着与同时代文人士大夫共有的“致君行道”④理想,他走上了科举为官之路,并敢于大胆陈说自己的政治主张。这集中反映在熙宁三年陈舜俞上《奉行青苗新法自劾奏状》疏,反对王安石行青苗法。

针对王安石实施青苗法所谓“振民乏绝而抑兼并”的初衷,疏文指出“使十户为甲,浮浪无根者毋得给俵,则乏绝者已不蒙其惠。此法终行,愈为兼并地尔”。陈氏敏锐地指出青苗法“根据民户财产多寡决定贷款额度”的形式,实际是“依靠国家权力,变相地向百姓增收赋税的强制形式”。它只能导致在不该贷款的时候, 向不需要贷款的民户贷款,从而使得贫者愈贫,富者愈富,终

① 许怀林:《江西史稿》,第185页。

② 详情参见潘桂明:《宋代居士佛教初探》,《复旦学报》,1990年第1期,第55—56页;余英时:《宋明理学与政治文化》,吉林出版集团有限公司2008年版,第65—98页。

③ 余英时:《宋明理学与政治文化》,第75页。

④ 参见余英时:《宋明理学与政治文化》,第29页。

致兼并大昌其道。

针对“青苗钱一年两贷的方式”，疏文谈到：青苗钱“虽分为夏秋二科，而秋放之月与夏敛之期等，夏放之月与秋敛之期等，不过展转计息，以给为纳”①。陈氏明确指出官府每年两次发放的青苗钱和收归本息，不仅没有方便农民，反而让他们在所借青苗钱基础上倒贴了利息，变相加重了百姓的负担。②

疏文最后指出“使吾民终身以及世世，每岁两输息钱，无有穷已。是别为一赋以敝海内”，青苗法“无去疾苦、抑兼并之效，却有增加赋入之实”，实“非王道之举”！③ 疏文言辞恳切，士大夫那种“为民请命、醉心王道”之使命感溢于言表。

然而正是这一纸奏疏，使他由山阴知县一贬而至南康。职场的无常，是宋初士大夫的共同命运。而参禅问道、与佛教过从甚密则又是他们受挫之后的心灵慰藉之途。④ 遭贬之前，陈舜俞即与具有“创士大夫‘谈禅’风气之统帅”⑤称谓的禅僧契嵩（1007—1072）关系甚密：

> 契嵩，藤州人。尝著《原教论》……韩琦、欧阳修皆尊礼之。初居佛日，嘉祐中陈舜俞以其宅为光德庵，俗名荒墩，在

---

① （宋）陈舜俞：《都官集》，清文渊阁《四库全书》卷五，第1096册，第447—448页。

② 详情参见方宝璋：《略论宋代青苗法的弊端》，《江西财经大学学报》，2008年第5期。

③ 详情参见（宋）陈舜俞：《都官集》，清文渊阁《四库全书》卷五，第1096册，第447—448页；方宝璋：《略论宋代青苗法的弊端》，《江西财经大学学报》，2008年第5期。

④ 参见潘桂明：《宋代居士佛教初探》，《复旦学报》，1990年第1期，第56页。

⑤ 余英时：《宋明理学与政治文化》，第75页。

今嘉善治东五里,延嵩焚修其中。[①]

嘉祐年间(1056—1063),陈舜俞以家为庵,请契嵩到其家中修行。熙宁五年,契嵩圆寂。熙宁八年(1075),陈氏为其撰写碑铭,对契嵩阻碍古文运动的排佛功势及开创士大夫“谈禅”风气[②]的行为与过程给予了高度概述与评价:

> 契嵩,字仲灵……当是时,天下之士,学为古文,慕韩退之排佛而尊孔子。东南有章表民、黄聱隅、李泰伯尤为雄杰,学者宗之。仲灵独居作《原教》《孝论》十余篇,明儒、释之道一贯,以抗其说。诸君读之,既爱其文,又畏其理之胜,而莫之能夺也,因与之游。遇士大夫之恶佛者,仲灵无不恳恳为言之。由是排佛者浸止,而后有好之甚者,仲灵唱之也。[③]

面对来势凶猛的排佛攻势,契嵩以佛教徒的身份对儒家经典表示出浓厚兴趣。通过精研外典、撰写文字,他希望打通儒、释之阻隔,达到儒、释共同关心的人间秩序的重建。[④] 契嵩的此种入世归儒的取向吸引了大批士大夫追随其左右,其中自然包括上引碑铭作者本人。为契嵩写完碑铭的第二年(1076),陈舜俞亦离开人世。三年后(1079),同为好禅的好友苏轼撰有《祭陈令举文》:

---

① (清)沈季友:《槜李诗系》,清文渊阁《四库全书》卷三十,第1475册,第717页。

② 参见余英时:《宋明理学与政治文化》,第75页。

③ (宋)陈舜俞:《都官集》,清文渊阁《四库全书》卷五,第1096册,第499—500页。

④ 参见余英时:《宋明理学与政治文化》,第73—78页。

鸣呼哀哉！天之生令举，初若有意厚其学术，而多其才能，盖已兼百人之器。既发之以科举，又辅之以令名，使取重于天下者，若将畀之以位。而令举亦能因天之所予而日新之，慨然将以身任天下之事。夫岂独其自任，将世之士大夫，识与不识，莫不望其如是。是何一奋而不顾，以至于斥，一斥而不复，以至于死。鸣呼哀哉！天之所付，为偶然而无意耶？将亦有意，而人之所以周旋委曲辅成其天者不至耶？将天既生之以畀斯人，而人不用，故天复夺之而自使耶？不然，令举之贤，何为而不立，何立而不遂！使少见其毫末，而出其余弃，必有惊世而绝类者矣。予与令举别二年而令举没，既没三年，而予乃始一哭其殡而吊其子也。鸣呼哀哉！①

“令举之贤，何为而不立，何立而不遂”，祭文哀耸恸人，它既是在祭陈舜俞，也是在祭那个时代包括作者自己在内的所有遭贬而“归入释氏”的士大夫。

贬至南康的陈舜俞，在此结识了挂冠隐归庐山的筠州人（今江西高安）刘涣（字凝之）(1000—1080)。二人乘黄犊往来山中，共同演绎了一首悠游于山水间的《骑牛歌》②及一幅“骑牛入庐山图”③。在享受山水带来愉悦的同时，他们共同创作了流传至今的、追寻慧远踪迹的《庐山记》：

---

① （明）董斯张辑：《吴兴艺文补》卷十四“苏轼·祭陈令举文”，《续修四库全书》集部·总集类，第1678册，第291—292页。

② 参见（清）陶元藻：《全浙诗话》卷十“陈舜俞”，《续修四库全书》集部·诗文评类，第1703册，第164页。

③ （清）吴嵩梁：《香苏山馆诗集》“古体诗钞卷九·宝峰”，《续修四库全书》集部·别集类，第1490册，第56页。

> 予雅爱庐山之胜，弃官归南，遂得居于山之阳，游览既久，遇景亦多，或赋或录，杂为一篇，将欲次之而未暇也。熙宁中，会陈令举以言事斥于是邦。山林之嗜既同，相与乘黄犊往来山间，岁月之积，遂得穷探极观，无所不究。令举乃采予所录，及古今之所纪，耆旧之所传，与夫耳目之所经见，类而次之，以为纪。其详盖足以传后。①

在刘涣已有创作的基础上，陈舜俞花六十日的时间往来山中，而重新编纂出了一部带有路线、景观图的五卷本《庐山记》。然而，它的出版却是在陈氏逝世之后：

> 熙宁五年，嘉禾陈令举舜俞……以六十日之力……成书凡五卷。后三年，余守吴兴，令举扁舟相过，以余山前之人也，出稿见授，请镂诸版，藏之山间，会余蒙恩移济南，遽与之别，令举寻复物故，余益以事役奔走四方，思一旋归，茫不可得。辄叙其撰述之勤，贻好事君子庶几成令举之志。充秘阁校理李常序。②

熙宁五年《庐山记》已经创作完成，熙宁八年陈舜俞求助于在吴兴任职的庐山本地人李常（1027—1090），李常因忙于公务而无暇顾及，从上述引文中可看出，直至陈氏逝去，《庐山记》都没能出版。而苏东坡（1037—1101）于元丰七年（1084）由黄州移汝州，途经九江，游庐山期间，留下的记文中有“仆初入庐山，有以陈令举

① （宋）刘涣：《庐山记序》，陈舜俞《庐山记》，吴宗慈《庐山志》副刊本，第3页。

② （宋）李常：《庐山记序》，见陈舜俞《庐山记》，吴宗慈《庐山志》副刊本，第2页。

《庐山记》见寄者，且行且读”[1]之表述。由此可推测，《庐山记》出版于1077—1084年之间。

二、《庐山记》的叙述模式

《庐山记》全书八篇五卷，近六万余字。“总叙山水篇第一”与“叙山北篇第二”为卷一，“叙山南篇第三”为卷二，“山行易览篇第四”与“十八贤传第五”为卷三，“古人留题篇第六”为卷四，“古碑目第七”与“古人题名篇第八”为卷五。

纵观整部志书，作者基本是按照一种总分总的模式，把庐山分成山南、山北两个区域，叙述南北各条路线上的景、物、人与文。此种模式，基本奠定了后世庐山志书分庐山为南北、“景以地分，文以景附”的叙述体例。[2]

从其各篇的内容来看，“总叙山水篇第一”概述了庐山的位置、庐山名称的由来、山的特点、山的东南西北四至及历代行政区划沿革等；“叙山北篇第二”与“叙山南篇第三”叙述了包括太平兴国观、东林寺、简寂观、开先寺等在内的山北两所道观、五十五所寺庙、山南九所道观、九十三所寺庙及沿途的其他建筑与景观；“山行易览篇第四”叙述了北宋时山南、山北的寺庙存废情况及各条路线上的寺庙、道观与其他相关建筑、景观彼此间的距离，堪为当时的游山指南；“十八贤传第五”是作者对传说中的“莲社十八贤”中的释十二人、儒六人所做的个人传记；“古人留题篇第六”择录了慧远、刘遗民、谢灵运等唐以前人在庐山的唱和、赋咏并在“山翁野老口中相传不绝”的八十三篇诗；“古碑目第七”录太平

---

① （宋）苏轼：《记游庐山》，见（清）毛德琦《庐山志》卷十四“艺文上”，第9—10页。

② 桑乔《庐山纪事》、毛德琦《庐山志》、吴宗慈《庐山志》与《庐山续志稿》都是分山南、山北两大区域，山南再分若干路线，山北再分若干路线进行“景以地区，文以景附”一线串珠式的描述（详情参见后续四章）。

观、太一观、东林寺、西林寺、简寂观等五寺观五代以前人所作碑志、爵里、岁月之目,共四十一目,碑文不载;"古人题名篇第八"录永泰已来颜鲁公等于庐山游览而所留题名可见者,共十七目。

对全书的资料来源,作者在"叙山南篇第三"篇尾有所交代:

余始游庐山,问山中塔庙兴废及水石之名,无能为予言者。虽言之,往往袭谬失实。因取《九江图经》,前人杂录,稽之本史,或亲至其处考验铭志,参订耆老,作《庐山记》。其湮泐芜没,不可复知者,则阙疑焉。凡唐以前碑记,因其有岁月甲子、爵里之详,故并录之,庶或有补史氏云云。①

悠游山水之间,却发现无论从人文到自然景观的历史,已无人能道其详,即便有能说出一二处的,也是"袭谬失实",居于这样的一种感慨与认识,作者通过借阅、实地考察、采访等诸种途径获得诸如纸质的出版物、碑刻、建筑、先贤耆旧、自然景观等不同类型文献,然后再经过对各种文献之间的排列、比对、校勘等方式,按"景以地分,文以景附"的体例把不同文献对同一胜迹的描述整合到一起。

如在"总叙山水篇"中,陈氏如是介绍山的情景:

释慧远《庐山略记》曰:山在江州寻阳,南滨宫亭,北对九江,九江之南,江为小江……又《豫章旧志》云:匡俗……父东野王,与吴芮佐汉定天下而亡,汉封俗于鄡阳,曰越庐君。俗兄弟七人,皆好道术,遂寓情于洞庭之山,故谓之庐山。张僧

① (宋)陈舜俞:《庐山记》卷二"叙山南篇第三",见吴宗慈《庐山志》副刊本,第31页。

> 鉴《寻阳记》云：庐山东南有三宫，所谓三天子都也。……山高二千三百六十丈，圆基周回二百五十里……《郡国志》曰：庐山叠障九层，崇襄万仞，怀灵抱异，包诸仙迹；《伏滔游山序》曰：庐山者，江阳之名岳……《王彪之山赋叙》曰：庐山彭泽之山也……实峻极之名山也；《孙放山赋》曰：寻阳南有庐山，九江之镇也。临彭蠡之泽，接平敞之原。①

通过摘引《庐山略记》《豫章旧志》《寻阳记》《郡国志》《伏滔游山序》《王彪之山赋叙》《孙放山赋》等相关文献的记载，描绘庐山的得名、山高、广、四至等基本情况。

再如介绍太平观：

> 由云溪二里至太平观……《录异记》云：唐开元十九年八月二十一日，玄宗梦神仙羽卫千乘万骑……李泚《使者灵庙碑》曰：敕置庙，使内供奉将使者真图建立祠庙，章醮行道……《使者祥验记》：开元二十年壬申三月八日辛亥，宣义郎行彭泽县尉潘观撰述祥验之事五，略曰。②

通过《录异记》、李泚碑刻、《使者祥验记》等文本与碑刻的相互比对，叙述太平兴国观的来历、祥异情况。

再如介绍东林寺：

---

① （宋）陈舜俞：《庐山记》卷一“总叙山水篇第一”，见吴宗慈《庐山志》副刊本，第4—5页。

② （宋）陈舜俞：《庐山记》卷一“叙山北篇第二”，见吴宗慈《庐山志》副刊本，第9页。

是寺也……裴休书其牓“观音殿”，东壁有大中十一年宛陵洪锴摹张僧繇画维摩居士，其余壁画亦大中、广明、咸通中所写，虽俗笔，亦近世画工所不能及。《法华资圣院牌》，僧齐己书。又有“明皇铜像”“李通玄长者写真”，皆前世故物。本朝之改寺名也，徐铉常侍亲篆“太平兴国之寺”六字，今皆藏焉。昔传寺有远公袈裟、竺道生麈尾扇、梁武帝钵囊，远公袈裟即颜公所礼僧伽衣，今已腐朽。而有佛驮耶舍二尊者革舄、谢灵运翻经贝名叶五六片，余皆亡矣。《李邕碑》云：罗什致其澡瓶巧穷双口，姚泓奉其雕像工极五年。事亦具《高僧传》。年代浸远，宜无复存者。禅月贯休诗云：卢楞伽画苔漫尽，殷仲堪碑雨滴穿。①

陈氏把东林寺的建筑（观音殿）、碑刻（《法华资圣院牌》等）、宝物（明皇铜像等）、前人诗文（贯休诗与《高僧传》等）与实地考察结合起来，最大限度地还原东林寺的原貌。这是各种文献互相比较、核对、校勘而整合在一处的典型例证。相关的情况贯穿于整部山志，此不赘述。笔者综合整部山志，对各卷引用书目及保存诗文、碑目及题名初步整理出“《庐山记》文献系统简表”（见文后附录一）。

三、《庐山记》中的慧远传说

整部《庐山记》，既不是一部《慧远传》，亦不是一部《东林寺志》，它只是宋初的一部游山指南。然而，由于慧远在庐山与全国佛教文化的影响、庐山曾经的文化地位（全国佛教中心之一）以及作者所处时代士大夫普遍具有的佛教情结，使得这部游山指南充

---

① （宋）陈舜俞：《庐山记》卷一“叙山北篇第二”，见吴宗慈《庐山志》副刊本，第10—12页。

满着慧远的影子。

志书开篇“总叙山水篇第一”即全文转录慧远的《庐山略记》，且在其他篇卷中多处引用此记文；“叙山北篇第二”叙述了山北包括东林寺在内的各种景观，包括建筑、宝物、碑刻、诗文及各种传说事迹，其中尤以东林寺为重；“十八贤传第五”是对传说中的“莲社”十八贤人所作的个人传记；“古人留题篇第六”收录了慧远的诗篇和谢灵运、李白、白居易等人游览东林寺的诗作，共二十五篇，“古碑目第七”共收有东林寺碑目二十六通（全部四十一通），“古人题名篇第八”收录唐颜真卿等人途经东林寺的题名碑。

这些内容，有慧远时代的，有慧远逝世之后直至隋唐、五代时期的，还有作者陈舜俞所处宋初的。它们由作者杂取而糅合在一个文本中，巧妙地让庐山这座“活体文献”呈现出慧远在佛教史上所“终结”与“启动”的物质与精神实体。以下笔者即从《庐山记》文本内容出发，分而述之。

1. 慧远笔下的传说

文本篇首即全文引用慧远所作《庐山略记》[①]，此记是最早介绍庐山的游记散文。现存有《永乐大典》引《九江府志・碑碣》本、《四库全书》残本《庐山记》附录本、严可均辑《全晋文》本。[②]全文记述了庐山的地理位置、名称由来、形状胜景及史实等，记述过程中穿插的相关传说故事大有深意，并被后世广为传诵。

如“庐山”名称由来：

> 有匡裕先生者，出自殷周之际，遁世隐时，潜居其下。或

---

① 参见平慧善等著：《庐山历代游记选译》，江西人民出版社 1981 年版，第 1—5 页。

② 参见李勤合：《早期庐山佛教研究》，江西人民出版社 2011 年版，第 287 页。

云裕受道仙人，共游此山，遂托空崖，即岩成馆，故时人谓其所止为神仙之庐，因以名山焉。①

以匡裕所居“神仙之庐”给山命名，成为“庐山”得名广为接受的典故。再如“董奉成仙”的传说：

众岭中第三岭……下半里许有石室，即古仙之所居也。其后有岩，汉董奉馆于岩下，常为人治病，法多奇神，绝于俗医，病愈者，令栽杏五株。数年之中，蔚然成林。计奉在民间二百年，容状常如二十。时俄而升举，遂绝迹于杏林。②

从内容来看，慧远记述的这一传说应是采录更早时期葛洪《神仙传》中的记载：

董真人，名奉，字君异，闽中侯官人。少有道术。交趾太守士燮死已三日，奉以一丸药与服，以水含之，捧其头摇捎之，食顷，开目动手，颜色渐复，半日能起坐，四日能语，遂复常。后居庐山，治人之疾，不取赀币，使愈者人植杏五株，数年郁茂成林，奉乃作仓廪，宣言人贸杏者不须来报，但一器杏价一器稻，人有欺者，猛兽辄逐之。所积稻，复以施人。后上升，号碧虚上监。③

---

① （宋）陈舜俞：《庐山记》卷一“总叙山水篇第一”，见吴宗慈《庐山志》副刊本，第4页。

② （宋）陈舜俞：《庐山记》卷一“总叙山水篇第一”，见吴宗慈《庐山志》副刊本，第4页。

③ （宋）陈舜俞：《庐山记》卷一“叙山北篇第二”，见吴宗慈《庐山志》副刊本，第8页。

至陈舜俞上庐山时,“杏林”已不复存在,代之而起的是大中祥符观(旧名太一宫),而有关“杏林”的如上传说,被全文记录在大中祥符观之后。[①]

记文接下来的“其南岭临宫亭湖,下有神庙,即以宫亭为号”,简要描述却衍生出了“安世高变为宫亭神”的传说。这与陈舜俞在“即以宫亭为号”之后加有“安侯世高所感化,事在叙山(缺‘北篇’两字)”一句息息相关。严可均《全晋文》正是依据陈氏此条,而在“即以宫亭为号”之后加了“其神安侯也”。部分研究者即依据《全晋文》版《庐山略记》此条认为宫亭神由此变成安世高。进一步认为这是“佛教对民间信仰征服”的代表。[②] 而陈舜俞在游至山北“蛇冈”时,进一步转述了《高僧传》中所描述的“安世高度化庐山神”传说:

> 龙泉之南十里,有妙智院。由妙智五里,至蛇冈。《高僧传》云:安世高,安息国王之太子,让国于季父而出家。汉魏间行达宫亭湖,时湖神能分风上下,舟人敬惮。因与同旅三十余船奉牲请福,神忽降祝曰:吾昔外国与子俱出家学道,而性多嗔恚,故堕神报。今见同学,悲欣不可胜言。世高请神出形,神乃出大蟒头,不知尾之长见。世高向之胡语,赞呗数番,蟒悲泪如雨,须臾还隐,庙有绢千疋并杂宝物,世高为持去豫章造东寺焉。后人于山西泽中,见一死蟒,头尾数里,今

① (宋)陈舜俞:《庐山记》卷一“叙山北篇第二”,见吴宗慈《庐山志》副刊本,第8页。

② 详情参见魏斌:《宫亭庙传说:中古早期庐山的信仰空间》,《历史研究》,2010年第2期,第58页。

寻阳郡蛇村是也。故名其冈曰“蛇冈”。[①]

《高僧传》中并无“故名其冈曰‘蛇冈’”一句,想必是后人附会而增设的古迹。而无论是慧远《庐山略记》,还是《高僧传》与陈舜俞《庐山记》,都未曾有“安世高变为宫亭神”的文字表述。这一方面证明魏斌考证宫亭庙传说的相关误解是值得肯定的。[②]另一方面是否也可说明在佛教初入庐山之际,佛教神迅速取代民间神的不合理性?笔者接下来将有更详细的阐述。

记文最后涉及的传说是“沙门升仙”的故事:

> 七岭同会于东,共成峰崿,其崖穷绝,莫有升之者。有野夫见人著沙门服,凌虚直上,既至,则回身踞鞍,良久乃与云气俱灭。此似得道者,当时能文之士,咸为之异。[③]

比较记文上述的几种版本,发现“此似得道者,当时能文之士,咸为之异”似是陈舜俞引用过程中的注解语。[④]

就慧远记文中所述的上述“神仙之庐”“董奉成仙”“安侯度化庐山神”与“沙门升仙”一系列传说故事背后的意义来说,相关研究成果已有非常深刻的剖析:其一,它们反映了佛教进入庐山

① (宋)陈舜俞:《庐山记》卷一“叙山北篇第二”,见吴宗慈《庐山志》副刊本,第8页。

② 详情参见魏斌:《宫亭庙传说:中古早期庐山的信仰空间》,《历史研究》,2010年第2期,第58页。

③ (宋)陈舜俞:《庐山记》卷一“总叙山水篇第一”,见吴宗慈《庐山志》副刊本,第4页。

④ 详情参见李勤合:《早期庐山佛教研究》,江西人民出版社2011年版,第289页。

初期所面临的浓厚宗教氛围。[①] 其二,它们反映了佛教作为一种外来信仰势力进入庐山之时,面对庐山固有的信仰势力(诸如道教、民间信仰),而采取的借鉴、附会方式。[②]

然而,如果仅囿于慧远时代,上述解剖毫无问题。但若是从陈舜俞时代去解读,其意义或远不止如此。我们不能过于简单地忽视陈氏在引用慧远记文过程中附加的某些简略注解语及后人因附会传说而增设的某些古迹。站在慧远时代,佛教依然处在依附、借重道教、民间信仰的过程中;站在陈舜俞时代,这些注解语及后人增设的古迹即可说明佛教的这种依附、借重阶段已然成为历史,正在经历另一个"入世归儒"的阶段。这在陈舜俞描述与东林寺相关的所有景观、传说中有更好的说明。笔者接下来即将阐述此点。

2. 山北一线的慧远传说

《庐山记》"叙山北篇第二"叙述了山北江州延寿院至广福庵一线的所有寺庙、道观及蕴含其中的景观、诗文、碑刻、传说等。从对各景观方位描述用词来看,基本是以东林寺为中心。

(1)龙泉庵

距大中祥符观(即前述神医董奉升仙"杏林"处)北五里,作者见到了远公初上庐山的落脚之地"龙泉庵":

> 初远法师至于庐山,爱此闲旷,欲结庵焉。地无流泉,师以杖刺地,应时泉涌,浸为溪流。既而寻阳岁旱,远师诵龙王

---

① 李勤合:《早期庐山佛教研究》,第16页。

② 魏斌:《宫亭庙传说:中古早期庐山的信仰空间》,《历史研究》,2010年第2期,第59页。

经于池上,俄有龙起而上天,雨乃大足,故号龙泉。[①]

除了语词上的浓缩与精炼,上引"龙泉庵"传说与本章第一节提到的"龙泉精舍"传说内容上并无出入。龙泉之南十里为妙智院,妙智院五里为蛇冈(见前引文)。蛇冈之下五里,为太平兴国观(第三章将有论及)。距太平兴国观七里,即为太平兴国寺。

(2)太平兴国寺

太平兴国寺旧名东林寺。它建于晋武帝太元九年(384),唐会昌三年(843)废,大中三年(849)复建,北宋太平兴国二年(977)赐名"太平兴国寺"。[②] 至陈舜俞上庐山之时(1072),此寺经历了整整近七百年的历史。七百年中,寺院经历的兴与废、废与兴,为其间留下的包括亭台楼阁各种建筑与碑刻、宝物等景观与古迹赋予了各种传说佳话,它们都被陈舜俞收罗进《庐山记》此篇中。

依据《东林寺碑》,陈氏首先概述了东林寺的建寺历史。此碑历史,陈氏记述甚详:

寺碑……开元十九年(731)七月十五日前陈州刺史李邕撰并书。会昌三年(843),僧云皋始刻石焉。时裴休为江南西道观察使,张又新为江州刺史,实助成之。裴题诗于篇末……张作记于碑阴……河东裴光远篆额。[③]

① (宋)陈舜俞:《庐山记》卷一"叙山北篇第二",见吴宗慈《庐山志》副刊本,第8页。

② 参见(宋)陈舜俞:《庐山记》卷一"叙山北篇第二",见吴宗慈《庐山志》副刊本,第10页。

③ (宋)陈舜俞:《庐山记》卷一"叙山北篇第二",见吴宗慈《庐山志》副刊本,第10页。

碑文所述，不外乎"慧远初入庐山，如何来往于龙泉精舍与西林寺之间，慧永如何请求桓伊另建一寺"的建寺过程。对此，本章第一节已有所述，为省繁复之嫌，兹不赘述。此处，引起笔者更多兴趣的是，东林寺在经历了三百多年后的唐朝，寺僧与士大夫念兹在兹地依然是慧远个人及慧远时代。这在陈氏接下来一路游览的所见、所想与所述有更多的体现。

游观"神运殿"，陈舜俞见到了牛僧孺所书之榜额与南唐元宗所题之木，这些题字与实物，让我们得以重温"神运殿"的传说：

> 初远师之欲徙香谷也，山神告梦曰：此处幽静，足以栖神。忽于后夜，雷雨震击。明旦视之，惟素沙匝地，兼有楩楠文梓良木，既作殿，故名"神运"。牛僧孺太和四年(830)自武昌还朝，过之，为书其榜"神运之殿"四字。又有木数尺，南唐元宗题曰"神运木"。今并存焉。①

"会昌中，寺与林木并系户部毁卖。"大中三年，在江州刺史崔黯的倡捐与寺僧正言的主持下，寺殿得以重建，有《复东林寺疏》《复东林寺碑》及《捐资题名碑》为记。② 陈舜俞在寺中逐一见到了这些碑刻并收入志书碑目卷(参见文后附录一)，碑文字里行间表露出来的对慧远的推崇与敬重，想必也影响着陈氏：

---

① (宋)陈舜俞：《庐山记》卷一"叙山北篇第二"，见吴宗慈《庐山志》副刊本，第10页。

② 参见(宋)陈舜俞：《庐山记》卷一"叙山北篇第二"，见吴宗慈《庐山志》副刊本，第10页。

> 余尝观晋史，见惠远之事。及得其书，其辨若注，其言若锋，足以见其当时取今之所谓远师者也。吾闻岭南之山，峻而不秀；岭北之山，秀而不峻。而庐山为山，峻与秀两有之。……远师固为贤矣！是山也，以远师更清；远师也，以是山更名。畅佛之法，如以曹溪以天台为号者，不可一二。故寺以山，山以远，三相挟而为天下具美矣。①

寺、山与人，相得益彰。“寺以山显，山以人清，人以山名”，远公已然成为东林寺与庐山的灵魂。寺中无处不存在着与他有关的传说、建筑、宝物、文献、遗址。

寺院四围有流泉，流水汇入虎溪，见此情景，陈舜俞联系当下流行的以陶渊明、陆修静和慧远三人交往为主题的诗文与画作，而创作出“虎溪三笑”传说。神运殿之后，为白莲池，背后赋予的是谢灵运“即寺翻涅槃经”的翻经、种白莲的故事。与之一脉相承的还有“白莲社”传说。② 白莲池上有“像亡阁废”的文殊瑞像阁遗迹，后人在此基础上建有文殊殿，殿中崇奉金文殊菩萨像，见到此像，陈氏又一次让我们重温“阿育王像”传说。③

寺中有晋辇，传说为桓玄篡位时，迫晋平固王西上，逃窜之际而留于东林寺的故物。④ 寺东庑为经藏院，所藏之经为“贞元十三

---

① （唐）崔黯：《复东林寺碑》，影印文渊阁《四库全书·（康熙）江西通志》卷一百二史部·地理类，第517册，上海古籍出版社2003年版，第175页。

② （宋）陈舜俞：《庐山记》卷三“十八贤传第五”，见吴宗慈《庐山志》副刊本，第36—37页。

③ （宋）陈舜俞：《庐山记》卷一“叙山北篇第二”，见吴宗慈《庐山志》副刊本，第10—11页。

④ 参见（宋）陈舜俞：《庐山记》卷一“叙山北篇第二”，见吴宗慈《庐山志》副刊本，第11页。

年(797)"所写,有元和七年(812)朝请郎试太常寺协律郎李肇撰写的《东林寺经藏碑铭(并序)》,碑文提到:

> 释迦者流,有十二部经,犹儒之诗书易礼乐春秋,皆立言垂教之本。儒无文字,则天下久已大坏。三藏之说不行,西方圣人之教几乎息矣。……庐山山岳之神秀,而东西林为海内名刹,有慧远道安之遗风四百余年,钟磬之音不绝。然而三藏经论缺而无补。元和四年,云门僧灵澈流窜而归,栖泊此山,将去,言于廉问武阳韦公,公应之如响。①

接受云门僧灵澈的委托,元和四年(809)以后,韦丹以官俸资助东林寺建藏经阁,收贮全部佛教经论著述。此碑铭正是在此背景下撰写。碑铭让我们看到,唐代僧俗两界在译经与藏经方面,继承远公遗风的努力。

寺东北隅有白公草堂,它是因"言事忤执政"而被贬至江州任司马的白居易所建。东林寺的显耀、慧远的名望都吸引着他与之近距离接触。在游观东林寺时,白公见经藏中有远公与诸文士的唱和集,即萌生留下自创文集与之同置一室,以期达到沾慧远雨露和流传久远之目的。这一想法最后被付诸行动。

过草堂至半山有二泉,名为双玉涧。再上有上方舍利塔,为"莲社十八贤"之一佛驮跋陀罗禅师所立。上方之北有虎跑泉,是由慧远与社贤共同演绎的传说。再次有五杉阁。由上方而下,过滴翠岩,再至聪明泉,乃荆州殷仲堪访远公之处。再至而有佛影台,乃是义熙十八年(422),慧远逝后,罽宾禅师、南国律学道士共

---

① (唐)李肇:《东林寺经藏碑铭(并序)》,见吴宗慈《庐山志》副刊之一《庐山金石汇考》,第24页。

同创立。①

游观至此，太平兴国寺（即东林寺）的景观与古迹基本走完。对此，陈舜俞有所总结：

> 是寺也，最为庐山之古刹。自唐开元元和以来，迄于保大显德间，文士碑志，游人歌咏，题名班班有存者，今著其目于后篇。②

远公于晋义熙十二年（416）卒，葬于东、西二林之间，名其坟曰“凝寂之塔”，旁种二杉，甚是高大。谥号屡有变化，初谥“辨觉大师”。升元三年（939），谥“正觉大师”。兴国三年（978），谥“圆悟大师”。③

（3）其他传说

在凝寂塔之西百余步，即为西林寺。西林寺东南十里，为上化成院，“院为义熙年间远公所立”。祥符年间，赐名普照寺。东林寺至化成院，需半日路程。再上十里，至香炉峰，“东林寺正在其下”。④

过香炉峰至峰顶院，院前有辟蛇行者饮牛池：

---

① （宋）陈舜俞：《庐山记》卷一“叙山北篇第二”，见吴宗慈《庐山志》副刊本，第12页。

② （宋）陈舜俞：《庐山记》卷一“叙山北篇第二”，见吴宗慈《庐山志》副刊本，第14页。

③ （宋）陈舜俞：《庐山记》卷一“叙山北篇第二”，见吴宗慈《庐山志》副刊本，第14页。

④ （宋）陈舜俞：《庐山记》卷一“叙山北篇第二”，见吴宗慈《庐山志》副刊本，第15页。

远公始居山，多蛇虫。行者不知何许人，尝侍远公，善驱蛇，蛇为之尽去。故号“辟蛇行者”。常耕于峰顶，有辟蛇行者田，塍陇仿佛可辨，今无耕者。说者曰：盖山神云。故至今，山虽高深，樵苏弋猎之人不闻罹虫蛇之毒。山中人言“山有一虎，亦未尝伤人”。深蹊土中，但时有行迹，人谓之“游山虎”，或为游山之客道此事，恐涉讥嫌，亦谓之巡山虎也。①

由峰顶院五里至大林寺，宋初改名宝林寺。“古有平云庵、远法师果园、废寺基、辟蛇行者葬牛冢，皆在绝顶。”由宝林寺一里至掷笔峰，“昔远公制涅槃经疏于此，疏成，故以名其峰”。由掷笔峰九里至十八贤台，“平广可坐十余人。十八贤谓自慧远法师已下十八人者”。②

综上，从龙泉庵、神运殿、神运木、碑刻、流泉、虎溪、白莲池、文殊殿、晋辇、经藏院、白公草堂、上方舍利塔、虎跑泉、聪明泉、佛影台、上化成院、辟蛇行者饮牛池、掷笔峰，直至十八贤台，庐山山北一线充满着慧远的踪迹。它们背后被赋予的上述传说故事，是在不同时期被创作出来的。“龙泉精舍、神运殿、虎跑泉、聪明泉、辟蛇行者、掷笔峰”等意在建构慧远“神异大能”的传说基本形成于隋唐以前，且主要出自僧人之手，而“虎溪三笑、翻经台、白莲社、莲社十八贤”等意在建构慧远“糅合众家、建宗立派”的传说基本形成于隋唐、宋初时期，且主要出自士大夫之手。而不管是“神异大能”，还是“建宗立派”，对于这些传说，陈舜俞都不置一喙地

① (宋)陈舜俞：《庐山记》卷一“叙山北篇第二”，见吴宗慈《庐山志》副刊本，第16页。

② (宋)陈舜俞：《庐山记》卷一“叙山北篇第二”，见吴宗慈《庐山志》副刊本，第17页。

记录下来,甚至亦参与其中。它让我们看到佛教在庐山从慧远时代到陈舜俞时代一个有机、动态的发展过程。

3.《十八贤传》

与“莲社”传说一脉相承的还有《十八贤传》。更确切地说,《十八贤传》是“莲社”传说的具体化,是社中十八名骨干成员的个人传记。对于此传记的来源与价值,陈舜俞在前言中有所提及:

> 庐山岂独水石能冠天下?由代有高贤隐居以传。东林寺旧有十八贤传,不知何人所作,文字浅近,以事验诸前史,往往乖谬,读者陋之,使古人风迹用无知者,惜哉!予既作山记,乃因旧本,参质晋、宋史及《高僧传》,粗加刊正,或旧所脱略,今无有可考,亦末如之何也。①

《十八贤传》文本源于何时,至今未有确论。已有研究者据各种蛛丝马迹,认为应出在中唐之后。且认为是“妄人杂取旧史、采摭无稽传说而成。所言极不经”②。然而,若是把陈氏收录此中的十八个个体与《十八贤传》文本整体结合起来考察,我们会发现这是一个慧远时代与陈舜俞时代相结合的产物。

十八人中,儒门出身的有刘程之、雷次宗、周续之、宗炳、张野、张诠等六人,他们具有某些共性:博学多才,尤通诗书礼乐易春秋等儒学经典,热心佛学,拒绝当权者的征聘,师敬远公,与远公同社。

---

① (宋)陈舜俞:《庐山记》卷三“十八贤传第五”,见吴宗慈《庐山志》副刊本,第35页。

② 汤用彤:《汉魏两晋南北朝佛教史》,第258页。

释氏出身的有慧远、慧永、竺道生、慧持、佛驮耶舍、佛驮跋陀罗、慧叡、昙顺、昙恒、道昺、道敬、昙诜共十二人，他们或为慧远的同学（如慧永），或为慧远的朋友（如佛驮耶舍），或为慧远的弟子（如道敬），有着与慧远相似的某些特点：博学群经，“博览儒书，兼明至典”，“深达经律，涉猎外书，特深庄老”。

他们身上也不乏慧远曾经历过的神异事件。如慧永禅师所居屋中“尝有一虎，人或畏者，驱之上山。人去还复，驯伏”[①]；普济大师竺道生入吴郡虎丘山当年夏天，“雷震于青园佛殿，龙升于天。识者默叹曰：龙既去，生必行矣。师果辞众，复还庐山”[②]。佛驮耶舍“年十三，随师游于旷野，与虎相遇，师欲避之，耶舍曰：此虎已饱，必不食人。俄而虎去，中道果见余食。师密异之”。当时，鸠摩罗什在姑臧，遣信邀其同往，耶舍怕龟兹国人强留，“乃取清水一钵，以药投中，咒数十言，与弟子洗足，即便夜发，比旦行数百里，国人追之不及，问弟子曰：何所觉耶？曰：唯闻疾风之响，而眼有泪耳。耶舍又为咒水洗足，乃止”[③]。佛驮跋陀罗与同社学僧迦达多共游罽宾国，“于密室禅坐，忽见贤（佛驮跋陀罗汉名觉贤）来，达多惊问其意，答曰：暂至兜率，致敬弥勒。言讫便隐，达多乃知其神。其后益见神变”[④]。

“驯虎、飞龙升天、符咒法术与神变”无一不包涵着与此前所

---

① （宋）陈舜俞：《庐山记》卷三“十八贤传第五”，见吴宗慈《庐山志》副刊本，第39页。

② （宋）陈舜俞：《庐山记》卷三“十八贤传第五”，见吴宗慈《庐山志》副刊本，第39页。

③ （宋）陈舜俞：《庐山记》卷三“十八贤传第五”，见吴宗慈《庐山志》副刊本，第40页。

④ （宋）陈舜俞：《庐山记》卷三“十八贤传第五”，见吴宗慈《庐山志》副刊本，第41页。

述慧远传说相同的元素，这些元素正是慧远时代佛教的特征——依附于神仙方术或是玄学。

而这样一种由儒家与佛家弟子结合起来的组织（“莲社”）形式，正是佛教自慧远以后的一种主流发展形式。隋唐、五代直至宋初，众多佛教宗派先后出现且禅宗更是独树一帜，即是其发展结果的表现。从这点来说，《十八贤传》又是陈舜俞时代的产物。

以上种种传说与事迹都表明，自慧远以来的近七百年时间里，佛教在庐山甚至在全国得到了长足发展。陈舜俞在游完庐山山北、山南后，给庐山佛老寺院道观分布情况作了个总结，颇能说明问题：

> 右自宝严之南，云庆至于圆通，同隶江州，谓之山北，老子之宇二，同名观。佛之宇五十有五，或曰寺，曰院，曰庵岩，曰兰若，其实皆僧居也；由康王观至于慧日之北慈云，同隶南康，谓之山南，老子之宇九，佛之宇九十有三。[①]

无论山北的江州还是山南的南康，寺院数量远大于道观和民间神庙。从信仰空间分布来说，佛教在庐山已取得了它的决定性胜利。

第三节　《庐山记》的流传与慧远传说的解读

一、《庐山记》的流传

《庐山记》自被创作、出版以来，历经宋、元、明、清、民国，其文

① （宋）陈舜俞：《庐山记》卷二“叙山南篇第三”，见吴宗慈《庐山志》副刊本，第31页。

本有多次重版、再版与影印版，其间有卷目的散佚与分析。借助于相关游记、各私家藏书目录、国史艺文志及庐山地方文献的著录、引用情况，可大致还原其文本流传简史。

《庐山记》出版后的两宋时期，很大程度上成为众多官僚仕宦游览庐山的指南，前引刘涣序、李常序及苏东坡游记可窥一斑。南宋周必大（1126—1204）于乾道三年（1167）三月与十月两次游览庐山，《庐山记》均成为他游览途中的必备指南。且看他对自己十月这次"起自简寂观、终自落星石"前后八天游览的一番总结：

> 入西门，日已暮。昔白乐天记匡庐奇秀甲天下，诚非虚语。陈氏山记北起江州，尽圆通，乃转山南，起康王观，迄吴章岭，其序如此。余今自南而北，与之相反，故问津多误。然记中指名奇特处十得六七，其余当路者游，迂曲者略，异时再以旬日，穷探极览，可使无遗蕴矣。[①]

从山南到山北，周氏逆《庐山记》路线而行，虽"问津多误"，然而基本是以陈记为指南而游完全山。与周必大不同，淳熙六年（1179）三月赴南康军一职的朱熹（1130—1200），在怀揣着《庐山记》游览庐山的过程中，却是抱着重振儒学的宏大理想：

> 卧龙庵在庐山之阳，五乳峰下。……去岁蒙恩来此，又得陈舜俞令举《庐山记》读之……间以行田，始得至焉。则庵既无有而刘君亦不可复见。[②]

---

① （宋）周必大：《庐山后录》，见毛德琦《庐山志》卷十四，第18页。

② 朱杰人等编：《朱子全书》第24—25册，《晦庵先生朱文公文集》，上海古籍出版社2002年版，第3757—3758页。

臣假守兹土，到任之初，考按图经……乃知书院正在本军星子县界，而陈舜俞《庐山记》又载“真宗皇帝咸平五年尝敕有司重加修缮”。间因行视陂塘，始得经由其地……荒凉废坏，无复栋宇……既又按考此山老、佛之祠，盖以百数。①

在《庐山记》的指引下，朱熹寻找卧龙庵、白鹿洞书院等先贤旧址，对照志书记载的昔日“山川环合，草木秀润之区”与现实的“荒凉废坏”，希望重修旧址，重振儒风。他的这一努力获得了很大成功（见本文第五章）。

《庐山记》在两宋时期的游山指南功能或许可更多地从南宋初年出现的两部类书中看出端倪，它们分别是朱胜非（1082—1144）的《绀珠集》与曾慥（？—1155）的《类说》。此二书分别对《庐山记》抽出若干词条并附有简要介绍。《绀珠集》共抽出“匡裕先生、杏林、冷暖泉、香炉峰、山带、浪井、碧虚上监、分风、九天采访、神运殿、龙泉、三笑图、虎溪、白莲社、虎跑泉、聪明泉、香谷、辟蛇行者、游山虎、醉石、墨池、鸾溪、匾底池、玉膏、群玉洞府、停霞宝辇、崇虚馆、潮泉、金门羽客、擘流、庐君主簿、江湖桎梏、寻阳三隐、禄如腐草”②等三十四条，《类说》共抽出“湓城、匡俗先生、碧虚上监、井浪、九天采访、涌泉、神运殿、三笑图、辟蛇行者、游山虎、聪明泉、栗里、鸾溪、十三人学道、停霞宝辇、山带、泉潮、胡神宫亭、子女观祠、禄如腐草、金门羽客”③等二十二条。从两部类书

① （宋）朱熹：《晦庵集》卷十六“缴纳南康任满合奏禀事件状”，影印文渊阁《四库全书》集部·别集类，第1143册，第292—293页。

② （宋）朱胜非：《绀珠集》卷七，影印文渊阁《四库全书》子部·杂家类，第872册，第407—410页。

③ （宋）曾慥：《类说》卷七，影印文渊阁《四库全书》子部·杂家类，第873册，第125—127页。

出现时间与所抽词条来看，二书之间应该有互相参考或摘抄，此点不在本文考证之列，不拟讨论。在此，笔者关心的是，庐山之于两宋时期的官僚仕宦、《庐山记》之于庐山及慧远之于《庐山记》三者之间的关系。如上词条，证实了笔者本章第二节所述：慧远成为隋、唐、两宋时期庐山的灵魂。

对《庐山记》进行目录、提要式著录，最早的要属南宋初著名目录学家晁公武(1105—1180)。他在《郡斋读书志》中有如下著录：

> 《庐山记》五卷，皇朝陈令举舜俞撰，先是刘涣尝为记，令举因而增广之。又为俯视图，纪寻山先后之次云。①

晁公武的继承人、南宋另一位目录学家陈振孙(约1183年前后)的著录稍有不同：

> 《庐山记》五卷，屯田员外郎嘉禾陈舜俞令举撰，刘涣凝之、李常公择皆为之序，令举熙宁中谪居所作。②

元代马端临(1254—1323)的《文献通考》综合了晁、陈两人的著录内容：

> 《庐山记》五卷。晁氏曰：皇朝陈令举舜俞撰。先是刘涣尝为记，令举因而增广之。又为《俯视图纪》，寻山先后之次云。陈

---

① (宋)晁公武撰、孙孟校证：《郡斋读书志校证》卷八地理类，上海古籍出版社2011年版，第342页。

② (宋)陈振孙：《直斋书录解题》卷八地理类，上海古籍出版社1987年版，第263页。

氏曰:刘涣凝之、李常公择皆为之序,令举熙宁中谪居所作。[①]

至明代,《庐山记》开始出现卷目的散佚与分析,有"陈舜俞《庐山记》,二卷"[②]之说,只是著录内容出现前后不一致的情况。如成书于嘉靖四十年(1560)的《庐山纪事》又有"五卷"之说:

《庐山记》。宋陈舜俞,字令举,浙之嘉禾人。为屯田员外郎,以言新法谪监南康酒税,常骑牛往来庐山中。初刘凝之常为《庐山记》。舜俞因增广之。为五卷。又为俯视图记,寻山先后次第,刘凝之、李公择皆有序。[③]

从其内容来看,《庐山纪事》应是综合上述晁、陈二书或是马端临《文献通考》著录而来,他本人或许并未见到此书。这点,作者自序中有所交待:

古之名贤,如周景式《庐山记》、张僧鉴《浔阳记》诸篇,今不及见……而宋陈舜俞《庐山记》……亦购之不得,顾独以己意撰述。[④]

此后,万历年间的《国史经籍志》《世善堂藏书目录》,顺治、

① (元)马端临:《文献通考》卷二百六经籍考三十三,影印文渊阁《四库全书》史部·政书类,第614册,第445—446页。

② (明)柯维骐:《宋史新编》卷四十九,《续修四库全书》史部·别史类,第309册,第250页。《宋史新编》大约成书于嘉靖三十三年(1554)。参见朱仲玉《明代福建史学家柯维骐和〈宋史新编〉》,《福建论坛(文史哲)》,1984年第1期。

③ 桑乔:《庐山纪事》卷一,第77页。

④ 桑乔:《庐山纪事·自序》,第1—3页。

康熙年间的《续庐山纪事》、康熙《庐山志》均沿用《庐山纪事》的著录。[①] 而从实际分析来看，这些文献的编纂者都没能读到《庐山记》原书。这点可从《四库全书总目》的著录内容看出端倪：

《庐山记》三卷，附《庐山纪略》一卷（兵部侍郎纪昀家藏本）。宋陈舜俞撰……其目有总叙山篇第一，叙北山篇第二，叙南山篇第三，而无第四、五篇，图亦不存，勘验《永乐大典》所阙亦同，然北宋地志传世者稀，此书考据精核，尤非后来《庐山纪胜》诸书所及，虽经残缺，犹可宝贵。故特录而存之。释惠远《庐山纪略》一卷，旧载此本之末，不知何人所附入，今亦并录存之，备参考焉。[②]

《四库全书》的著录让我们看到，《庐山记》早在《永乐大典》编纂的时代就已经出现卷目的散佚与分析，只存"二卷三篇"本了。此后，丁仁《八千卷楼书目》、瞿镛《铁琴铜剑楼藏书目录》、嵇璜《续通志》书目均沿用了《四库总目》"二卷三篇"的著录内容。[③]

---

① 参见（明）焦竑：《国史经籍志》卷三史类・地理，《续修四库全书》史部・目录类，第916册，第371页；（明）陈第：《世善堂藏书目录》卷上，《续修四库全书》史部・目录类，第916册，第515页；（清）范礽：《续庐山纪事》卷一"杂志"，《四库全书存目丛书》史部・地理类，第229册，齐鲁书社1996年版，第360页；（清）毛德琦：《庐山志》卷一"杂志"，《四库全书存目丛书》史部・地理类，第239册，第597页。

② （清）永瑢：《四库全书总目》卷七十史部・地理类三，影印文渊阁《四库全书》总目・史部，第2册，第503页。

③ 详情参见（清）丁仁：《八千卷楼书目》卷八，《续修四库全书》史部・目录类，第921册，第171页；（清）瞿镛：《铁琴铜剑楼藏书目录》卷十一，《续修四库全书》史部・目录类，第926册，第208页；（清）嵇璜：《续通志》卷一百五十九・艺文略，影印文渊阁《四库全书》・史部・别史类，第394册，第499页。

由此我们可以看出,《庐山记》全书八篇五卷,历经宋、元、明、清,该书由原来的八篇五卷拆分为三篇三卷。[①] 宋、元时期,还可见完本,明嘉靖以来完本渐至稀见,至清乾隆以后,三卷本则已成定局,在国内沿用,八篇五卷本几乎在国内绝迹。此种情形于1909年罗振玉(1866—1940)客游东京、在德富氏成篑堂文库发现宋本《庐山记》,并于1917年影印出版于其《吉石庵丛书》二集中而结束,八篇五卷本重又回归国内。

而在罗振玉发现日本八篇五卷完本之前,日本学者内藤虎次郎(1866—1934)在对自己家藏八篇五卷本的题跋中就已提到《庐山记》在中国的残缺与在日本的完整。内藤家藏的这部《庐山记》是元禄十年(1697)和刻本,现藏日本帝国图书馆。相关的八篇五卷本还有日本内阁文库藏宋本、便利堂本、德富氏成篑堂藏高山寺宋配钞本和《大正藏》本,相关研究成果已非常成熟,此不赘述。[②]

继罗氏之后,民国十九年(1930)吴宗慈(1879—1951)编《庐山志》时,《庐山记》作为其副刊之一种,随正刊出版,学界通称"《庐山志》副刊本"。该版本的扉页上写有"《四库全书》所收《守山阁丛书》残本、日本大正刊《大藏经》所收(大谷大学藏本及元禄十年刊本)合校本",卷首为吴宗慈撰写的"宋陈舜俞《庐山记》合校本序",现摘录如下:

《庐山记》……清乾隆间以《守山阁丛书·史部》残本收

① "总叙山水篇第一"为卷一,"叙山北篇第二"为卷二,"叙山南篇第三"为卷三,以纪晓岚家藏本为祖本,后来的《四库全书》本,《守山阁丛书》本都依此而来。参见李勤合《陈舜俞〈庐山记〉版本述略》,《图书馆杂志》,2010年第10期。

② 李勤合:《陈舜俞〈庐山记〉版本述略》,《图书馆杂志》,2010年第10期。

入《四库》，计三篇……编为三卷。当时馆臣谓《永乐大典》本亦仅此三篇，其第四、五篇久佚云。书于何时佚去太半，盖明初已无可考。余重修《庐山志》，于《四库全书》内抄出《守山阁》本，检阅残编，讹夺弥甚，夙闻日本大正新修《大藏经》曾收此书（昭和三年印行），适于山友李一平君借得之。其书为日本大谷大学藏本，卷第一、第四、第五为古写，第二、第三为宋椠，并藉知日本刊本于宋椠外，尚有元禄十年刊（帝国图书馆藏本），亦完足本。全书为篇八，为卷五。……《四库》所收《守山阁》本，不但佚第四篇以下，其分卷亦非当时之旧。但检阅大正本，亦多讹夺，爰与《四库》本互为校勘……择其文义较是者为正文，别注异文于其下，其两本所载同，仍觉有疑义者，则以己意注之。文义未明，无从校正者仍之，以待续考，庶几缺疑之意云尔。其篇目、卷目悉从大正本……吴宗慈，时民国二十一年七月。①

通读此篇序言，发现吴氏犯了一个常识性的错误，即颠倒了《四库》本与《守山阁丛书》本的先后，应该是《守山阁丛书》本从《四库》本中抄出再出版的。对此，已有研究者指出。② 除此小小瑕疵外，吴氏此序言为我们梳理了《陈记》自明清以来的流传简史："三篇三卷"本的定型、"八篇五卷"本的回归，而由《守山阁丛书》本、大谷大学藏宋本与元禄十年刊本三种版本合校而成的"《庐山志》副刊本"是目前国内所见较完整的一个版本。

继吴宗慈后，四川大学出版社于 2007 年影印《四库全书》本

---

① （民国）吴宗慈：《宋陈舜俞〈庐山记〉合校本序》，见陈舜俞《庐山记》卷首，《庐山志》副刊本，第 1 页。

② 李勤合：《陈舜俞〈庐山记〉版本述略》，《图书馆杂志》，2010 年第 10 期。

《庐山记》,收在其出版的《宋元地理史料汇编》①中,这一方面说明《庐山记》对研究者的重要,另一方面也反映了《吉石盦丛书》本、《殷礼在斯堂丛书》本和《庐山志》副刊本在国内所见并不多。②

由此,《庐山记》自民国后,国内有三卷本与五卷本两种版本的流通,且三卷本有数种,五卷本亦有数种,详情如下列"《庐山记》卷目与版本简表"所示:

表2—1:《庐山记》卷目与版本简表

卷本	版本	时间/藏地	卷目
三卷本	《四库全书》本	为兵部侍郎纪昀家藏本。各大中图书馆均有藏	"总叙山水篇第一"为卷一,"叙山北篇第二"为卷二,"叙山南篇第三"为卷三
	清钞本,纪昀跋	现藏北京图书馆	
	《守山阁丛书》本	有道光二十四年(1844)钱氏据墨海金壶版重编增刻本、光绪十五年(1889)上海鸿文书局影印本 、民国十一年(1922)上海博古斋影印本;各大中图书馆均有藏	
	《守山阁丛书》的影印或重排本	有《说郛》本、《丛书集成初编》本、《山水风情丛书》本、台湾《丛书集成新编》本、《百部丛书集成》本、《笔记续编》本等;各大中图书馆均有藏	
	《宋元地理史料汇编》	2007年四川大学出版社影印《四库全书》本	

① 李勇先主编:《宋元地理史料汇编》,四川大学出版社2007年版。

② 胡耀飞:《宋人陈舜俞〈庐山记〉所见吴·南唐史料考论》,《长江文明》第七辑,河南人民出版社2011年版,第50—71页。

续表

<table>
<tr><th colspan="2">卷本</th><th>版本</th><th>时间/藏地</th><th>卷目</th></tr>
<tr><td rowspan="9">五卷本</td><td rowspan="5">日本</td><td>宋刻本</td><td>北宋末年刻本，日本内阁文库藏</td><td rowspan="9">“总叙山水篇第一”与“叙山北篇第二”为卷一，“叙山南篇第三”为卷二，“山行易览篇第四”与“十八贤传第五”为卷三，“古人留题篇第六”为卷四，“古碑目第七”与“古人题名篇第八”为卷五</td></tr>
<tr><td>高山寺宋配钞本</td><td>原藏高山寺，后归德富苏峰成篑堂文库，今存御茶之水图书馆；略晚于内阁文库本</td></tr>
<tr><td>日本元禄十年和刻本</td><td>1697 刻本，原藏日本帝国图书馆。罗振玉 1909 年亦购得此本</td></tr>
<tr><td>便利堂本</td><td>昭和三十二年（1957）用日本内阁文库本影印</td></tr>
<tr><td>《大正藏》本</td><td>日本大正十三年（1924）据日本大谷大学藏本、参以元禄十年帝国图书馆藏本刊</td></tr>
<tr><td rowspan="4">国内</td><td>《吉石庵丛书》本，1 册。</td><td>民国六年（1917）罗振玉据日本成篑堂文库影印。现藏江西省图书馆</td></tr>
<tr><td>《殷礼在斯堂丛书》本，1 册。</td><td>民国十七年（1928）东方学会排印。以元禄十年和刻本为底本影印。现藏江西省图书馆</td></tr>
<tr><td>《庐山志》副刊本，1 册。</td><td>民国二十二年（1933）吴宗慈以《守山阁丛书本》、《大正藏》本、元禄十年本对校、刊行。江西师范大学图书馆有藏</td></tr>
<tr><td>影钞明正德刻本。</td><td>现藏江西省图书馆</td></tr>
</table>

综上，历经宋、元、明、清、民国，《庐山记》文本流传有一个卷目分析、散佚、流传国外与回归国内的过程。其间，《庐山记》的文本功能经历了一个变化过程，它由最初的游山指南，变为编写庐山地方文献，或是道教文献、佛教文献的一部资料库。至晚清民

国时期，更多的成为文献考证、校勘的资料来源。而志书所记内容，尤其是“慧远传说”，亦经历了一个解读变迁过程。

二、慧远传说的解读

与陈舜俞编纂《庐山记》同时及稍后，还有另外一批士人与僧侣热衷于对慧远传说的讲述与演绎。典型的有王安石、苏东坡对“阿育王像”传说的讲述，张天觉对“神运殿”传说的坚信不疑，释志磐对各种传说的重述与再创作，等等，以下简要分析之。

元丰元年（1078）与元丰三年（1080），同遭贬黜的王安石（1021—1086）与苏轼[①]分别撰有《金像文殊现瑞记》、《菩萨泉铭并序》，均讲述了金文殊像（即阿育王像）得而复失、失而复得的传奇经历。王安石在《金像文殊现瑞记》中说：

> 番阳刘定，登庐山，临文殊金像所没之谷中，睹光明云瑞图，示临川王某，求记其事。某曰：有有以观空，空亦幻；空空以观有，幻亦实。幻实果有辨乎？然则如子所睹，可以记，可以无记。记无记，果亦有辨乎？虽然，子既图之矣，某不可以无记也。[②]

苏东坡在《菩萨泉铭并序》中说：

> 陶侃得金像……其后惠远法师迎像归庐山，了无艰碍。……会昌中，诏毁天下寺，二僧藏像锦绣谷，比释教复

① 参见张煜《王安石与佛教》，2004 年复旦大学博士论文；孔凡礼：《苏轼年谱》，中华书局 2005 年版，第 616—624 页。

② （宋）王安石：《金像文殊现瑞记》，见毛德琦《庐山志》卷十二，第 12 册，第 48 页。

兴，求像不可得，而谷中至今有光景往往发现……盖《远师文集》载，处士张文逸之文及山中父老传如此，今寒溪少西数百步别为西山寺，有泉出于嵌窦间，色白而甘，号“菩萨泉”，人莫知其本末。建昌李常谓余“岂昔像之所在乎？”且属余为铭。铭曰：像在庐阜，宵光烛天。旦朝视之，寥寥空山。谁谓寒溪，尚有斯泉。盍往鉴之，文殊了然。[①]

王记与苏序论及的是会昌毁佛、金文殊像失去后屡显瑞象的两段经历，从引文中可以看出：“阿育王像”传说被僧人、处士、山中父老及王安石、刘定、苏东坡、李常之流的士大夫广为传诵。

类似的情形还体现在张天觉（1042—1116）对“神运殿”传说的复述上。熙宁年间张天觉为渝州南川宰[②]，曾撰有《神运殿记》：

释迦文佛殿遍天下，以万计，而此殿独曰“神运”，何也？初远法师过江，将适罗浮，宿庐山逆旅，感山神托梦，徘徊登览，溪流散漫，无足庐者。一夕雷雨晦暝，山水暴至，向之中流，化为平陵，花木罗列其上。九江太守桓伊闻而神之，为之请建寺以居，神运之名，盖得诸此云。[③]

张天觉把慧远、山神、梁木、九江太守桓伊等传说元素有机结合，又一次完整地叙述了神运殿传说。

---

① （宋）苏东坡：《菩萨泉铭并序》，见毛德琦《庐山志》卷十二，第十三册，第15页。

② 详情参见罗晶：《中国古典文学百部》卷十四，青海人民出版社1998年版，第329页。

③ （宋）张天觉：《神运殿记》，见毛德琦《庐山志》卷十二，第12册，第5页。

南宋咸淳年间(1265—1274),释志磐(1195—1274)编纂《佛祖统纪》,杂合《出三藏记集》《高僧传》《庐山记》及李元中《莲社十八图记》等,对慧远传记进行全面梳理,扩充了许多素材。释志磐基本重述了《庐山记》中有关龙泉精舍、神运殿、阿育王像、虎跑泉、翻经台、掷笔峰、辟蛇行者、聪明泉的传说[①],并扩充了“不入社诸贤传”:

> 莲社百二十三人……陆修静……早为道士,真馆庐山。时远法师居东林,其处流泉匝寺,下入于溪。每送客过此,辄有虎号鸣,因名虎溪。后送客未尝过,独陶渊明与修静至,语道契合,不觉过溪,因相与大笑,世传为三笑图。……不入社诸贤传……陶潜……居寻阳柴桑,与周续之、刘遗民并不应辟命,世号寻阳三隐……尝往来庐山,使一门生二儿舁篮舆以行,时远法师与诸贤结莲社,以书招渊明,渊明曰“若许饮则往”。许之,遂造焉,忽攒眉而去。[②]

从王安石到释志磐,慧远传说被僧俗两界所传诵,内容越来越丰满。因此,东林寺逐渐成为官僚士大夫游观庐山山北的主要景观。乾道三年,周必大二度游庐山,东林寺即是重点之一:

> 次至东林,晋慧远法师道场。……虎溪在寺门之外。《山记》云:清溪有亭,牛僧孺太和四年书“神运之殿”。南

① (宋)释志磐:《佛祖统纪》卷二十六,《续修四库全书》子部·宗教类,第1287册,第303—328页。

② (宋)释志磐:《佛祖统纪》卷二十六。《续修四库全书》子部·宗教类,第1287册,第324页。

唐元宗题“神运”。水流泉匝寺，下入虎溪。殿后白莲池、晋辇、经藏院、白公草堂、双玉涧、明皇铜像、唐壁画等，上方舍利塔，颜鲁公题名，上方之外虎跑泉，五杉阁，甘露戒坛，其西石磴三百级，滴翠亭，殷仲堪聪明泉，佛影台，晋朝三杉。是寺最为古刹，而兵火后，岿然独存。入门楼阁华焕，宛如仙宫。长老本然，自号“混融师”，宦族也。共饭毕，同访远公塔。①

如上所述，《庐山记》中所提东林寺的亭台楼阁诸样景观，从虎溪到神运殿，直至佛影台，虽经兵火却“岿然独存”，“宛如仙宫”。周必大熟读《庐山记》，对围绕这些景观的各中传说，想必亦不陌生。

乾道六年(1170)九月，陆游(1125—1210)在赴任夔州军府事通判的路上，途经庐山，重点游览了太平兴国宫与东林寺。在其眼中与笔下的东林寺，与陈舜俞、周必大的描述略有差异：

遂至东林太平兴隆寺……九日至晋慧远法师祠堂及神运殿，堂中有耶舍尊者，刘遗民等一十八人像，谓之十八贤，远公侧有辟蛇童子侍立，《传云》：东林故多蛇，此童子尽投之蕲州。神运殿本龙潭，一夕神鬼塞之，且运良材以作此殿，不知实否？然“神运殿”三字唐相裴休书，则此说亦久矣。壁间有张文潜题诗。寺极大，连日游历，犹不能遍。唐碑亦甚多，惟颜鲁公题名最为时所传。又有聪明泉在方丈西，卓锡泉在

---

① (宋)周必大：《庐山后录》，见毛德琦《庐山志》卷十四，第15册，第18页。

远公祠后,皆久废不汲,不可食,为之太息。①

上述远公祠堂与十八贤像、辟蛇童子像,在《庐山记》及周必大游记中未曾提及。这究竟是因为先前未有,还是陈、周二人忽略未见?其实,周必大与陆游游庐山前后只差三年,比较合理的推侧应该是陈舜俞之前未有,陈舜俞之后增设,而周氏忽略未见。陆游所记"寺极大,连日游历,犹不能遍",与周氏描述的"宛若仙宫",反映了东林寺在两宋时期的繁盛情景。与此同时,陆游对神运殿传说"不知然否",似乎透露出他的一丝理性怀疑。稍后于陆氏的楼钥(1137—1213),亦表达了类似的怀疑:

坡书《三笑图赞》,不言为谁。山谷实以陶、陆、远公事。陈贤良舜俞《庐山记》亦云。举世信之,有宗室彦通,字叔达,作《庐岳独笑》一编,乃以为不然。谓:远公不与修静同时。余曾因其言细考之《十八贤传》,远公卒于晋义熙之十二年丙辰,年八十三。而吴筠所撰《简寂陆君碑》修静卒于宋明帝元徽五年丙辰,去远公之亡正一甲子。而修静年七十有二。推而上之,生于义熙之三年丁未。远之亡,修静才十岁,况修静宋元嘉末始来庐山,远之亡已三十余年。渊明之亡亦二十余年矣。渊明生于晋兴宁之乙丑,少远公三十一岁,卒于元嘉之四年丁卯,远亡时,渊明年已五十矣,固宜相从,姑志之,以示好事者。②

① (宋)陆游:《游庐山东林记》,见毛德琦《庐山志》卷十二,第13册,第15页。

② (宋)楼钥:《攻媿集》卷七十七"又跋东坡三笑图赞",影印文渊阁《四库全书》集部·别集类,第1153册,第248页。

楼氏受赵彦通的启发，细考《十八贤传》、吴筠《简寂陆君碑》等文献，认为远公亡时修静才十岁，修静上庐山时，远公已亡三十余年，所以陆修静与慧远不可能见面，可见“虎溪三笑”纯属虚构。除了赵彦通《庐岳独笑》之外，楼氏对于“虎溪三笑”传说的质疑，应属目前能找到的最早史料。因此，明清士大夫对慧远传说的全面解构，亦是受楼氏启发，后文将有详述。

陆氏与楼氏先后对慧远传说的质疑，在当时并未成为风潮。这是因为，元朝盛行崇佛之风，“凡天下人迹所到，精兰胜观，栋宇相望”。两宋有所衰退的佛教，至元代再度复兴。[①] 在此大背景下，东林寺几经修复，“慧远传说”成为各种建筑与景观兴复的依据。赵孟頫在《中峰明本禅师修东林寺疏》中说：

> 昔匡俗先生之隐庐山，高哉！自楼烦大士之来，吾道东矣。衣岩谷为锦绣，饰土木以金珠。宜神物之有归，岂毕方之能祟？过盛必毁。天官六丁而下取，将舍旧图新。祝融回禄之相吾子，看神运鬼输而至，有天造地设之奇。沼面回波，复见莲花之漏；空中掷笔，犹存贝叶之书。云锦九叠屏风，楼阁四时花雨。风幡动处，插竿竹，建精蓝；海印发光，尽天地，皆檀越。皇极五福，天子万年。[②]

赵孟頫（1254—1322）为宋末元初人，此疏的确切书写年代不详。他重新提起神运殿、掷笔峰、龙泉精舍等传说，尤其是“尽天地，皆檀越”的描述，似乎是在重新召唤慧远的灵魂。

---

① 杜继文主编：《佛教史》，江苏人民出版社 2011 年版，第 433 页。

② （元）赵孟頫：《中峰明本禅师修东林寺疏》，见毛德琦《庐山志》卷十二，第 13 册，第 18 页。

延祐庚申(1320),应东林寺住持庆哲之请,虞集(1272—1348)撰写了《重建东林寺碑》:

皇元仍改至元之二年,岁在丙子,太平兴隆禅寺住持庆哲重建寺成。……延祐庚申(1320),寺又尽毁。哲公……率其同事悉力为之。楠柏巨材,取之蜀江。杉竹,取之豫章。金铁瓦石,取之旁近。哲公游庐陵、淮甸,守宰咸感异梦,于是自佛殿、门庑、经楼、藏室,说法之堂,鸣钟之阁,及诸寮舍,乃至库庾、庖湢、垣途、亭馆,大小毕备,结构庄严,有加于昔。凡十余年而后成。……兹寺之作,几侔于国家所营建,而劳费不烦于有司,千年之迹,一撤而新之。宏大壮丽若此,诚不可不书以示来者。若夫净土之教,世多能言之。总公以来,二百年间,十师相望,而为其学者贞履实悟,亦或微矣。方来者无穷,尚无负哲公极力作寺之志乎?①

哲公为了东林寺的重建,游历庐陵、淮甸,各处"守宰咸感异梦"。于是,重建东林寺有如神助,各种建筑相继复兴,让我们仿佛看到了神运殿的再造。

延祐乙卯(1315)二月九日,李泂(1274—1332)过浔阳,游庐山东林寺:

遂肩舆过东林寺,方行林隙中,白云徐舒,青峰递明,心忽不定。久之,因憩三笑亭,由三笑、虎溪、莲社、苏白堂,遂升上方,望远公讲经台,慨然前人高风。东林后单山崛起,与

① (元)虞集:《重建东林寺碑》,见毛德琦《庐山志》卷十二,第13册,第19页。

匡阜对峙，若大屏居其上，谢灵运翻经台也。[1]

李洞看到了三笑亭、三笑堂、虎溪、莲社、苏白堂、上方塔、讲经台、谢灵运翻经台，可见当时东林寺还完好无损。这里记载的"三笑亭""三笑堂"，想必是从陈舜俞时代创作的"虎溪三笑"传说转化而来，这是目前能检索到的最早文献资料。这时距虞集所提到的"寺尽毁于延祐庚申"，大约有五年时间。

明朝开国皇帝朱元璋，经鄱阳湖一战打败陈友谅，奠定了明王朝的统治基础。他深知民间宗教与社会政治的密切关系，在强化理学专制思想统治的前提下，对佛教采取既利用又控制的方针。[2] 因此，宋元时期以"莲社"闻名的东林寺倍受冷落，慧远传说频频遭受质疑，与之相关的景观渐显落魄。

被朱元璋誉为"开国文臣之首"的宋濂（1310—1381），对"虎溪三笑"与"莲社十八贤"有如下议论：

右匡庐十八贤图一卷……其二人相向立，一人戴黄冠，手持衣袂，而扬眉欲吐言者，道士陆修静也。一人敛容而听之者，法师慧远也。其一人冠漉酒巾，披羊裘，策杖徐行，而萧散之气犹可掬者，陶元亮也。其一人蹑履抠衣，笑指元亮者，毕颖之也。……余则余忘之矣。……慧远命正信之士豫章雷次宗等百有二十三人集于庐山般若台精舍……今所画止十八人……或疑修静与远公不共时者，盖晋有两修静，此正世称简寂先生者也。当是时，晋室日微，上下相疑，杀戮

① （元）李洞：《庐山游记》，见毛德琦《庐山志》卷十四，第15册，第34页。

② 杜继文主编：《佛教史》，第436页。

大臣如刘草管，士大夫往往不仕，托为方外之游，如元亮、道祖、少文辈皆一时豪杰，其沉溺山林，而弗返者，岂得已哉？传有之“群贤在朝则天下治，君子入山则四海乱”，三复斯言，抚图流涕。①

所谓《匡庐结社图》，并非宋时李公麟的《莲社十八贤图》，宋濂亦未指明作者是谁。不过，其主题显然是根据“莲社”传说而来。陆修静与慧远生不在同时，已如南宋楼钥所指出，宋濂对此亦未回避，但他认为晋有两修静，此修静非楼钥所指的修静。然而，宋濂的用意并不在考证“虎溪三笑”传说的真实与否，而是希望通过这篇跋文来歌颂明朝政治的清明，所谓“群贤在朝则天下治，君子入山则四海乱”。由此可见，慧远传说成了宋氏为统治者歌功颂德的历史素材。

与宋濂同时的明初名臣王袆(1321—1372)，于至正二十六年(1366)九月经过庐山，游览东林寺，对上述两个传说曾有如下评论：

慧远亡时，修静才十岁尔。至宋元嘉末，修静始来庐山，时远公亡且三十余年，靖节死亦二十余年矣，安得所谓三笑乎？或曰晋盖有两修静也。自苏长公作三笑图赞，而黄太史以此三人实之……陈舜俞《庐山记》，其说亦与太史同，此其是非固未决者也。②

① (明)宋濂:《匡庐结社图跋》，见毛德琦《庐山志》卷十二，第12册，第29页。

② (明)王袆:《自建昌州还经行庐山下记》，见吴宗慈《庐山志》副刊《庐山古今游记丛钞》卷上，第26—27页。

楼钥的考证与宋濂的解释，王祎都有所提及，但似乎都不能让他信服。如果仅阅读这段文字，会让我们感觉似乎王祎更多关注的是“虎溪三笑”传说的真实与否，只是这种事实似乎无从考证了。再细读下面这段文字，或许我们就更能明白王祎的真正用意所在：

> 宋元丰间真净文禅师住归宗时，濂溪周先生自南康归老，九江黄太史以书劝先生与之游甚力，以故先生数数至归宗，因结青松社，若以踵白莲社者，又名寺左之溪曰鸾溪，以拟虎溪，其事为释氏所传。世皆谓先生实传圣贤千载不传之统，岂其有取于佛氏之徒，而愿从之游？甚者又谓濂溪之学，受于寿岩佛者，此又厚诬吾先哲者也。余以为不然，大贤君子于其道，既有得矣。其于形迹未尝以为累也。况先生之高，致如光风霁月，初无凝滞固执，奚必深辩之耶？①

宋元丰年间(1078—1085)，流传着与“虎溪三笑”传说类似的“鸾溪”传说，与“白莲社”类似的“青松社”，其主角是真净文禅师与周濂溪。士大夫普遍认为，这是僧人为宣扬他们的教义而制造出来的传说，是对儒家先哲的极大侮辱，因为濂溪先生的学问不需要向佛教界人士借鉴。王祎极力批判这种看法，他认为儒家圣贤并不应拘泥于形式，不应该有如此明显的释、道、儒之分。对于青松社、鸾溪的真实与否，没有多大的考证意义，“虎溪三笑”的传说又何必去深究呢？

---

① (明)王祎:《自建昌州还经行庐山下记》，见吴宗慈《庐山志》副刊《庐山古今游记丛钞》卷上，第26—27页。

正德八年(1512)夏六月,李梦阳(1472—1530)游览庐山,详细记述他所亲历的天池寺、御碑亭、竹林寺,而对于东林寺,只写下了“下游东林寺,观虎溪”八个字。在游记的最后一句,透露出作者厚此薄彼的原因:“是山名迹则肇自惠远,在山北。至李渤始有白鹿洞,在南。后又有周颠,其迹则绝顶。”[①]在他看来,慧远的东林寺已成昔日的历史,周颠才是他们这个时代的聚焦点。

正德庚辰(1520)三月,王守仁(1472—1529)在成功平定宸濠叛乱之后,畅游庐山,留下来不少诗作。其中《从东林寺登山诗》,表达了与李梦阳游记类似的想法:

> 昨日开先殊草草,今日东林游始好。手持青竹拔层云,直上青天招五老。万壑笙竽松籁哀,千峰掩映芙蕖开。坐俯西岩窥落日,风吹孤月江东来。莫向人间空回首,富贵何如一杯酒。种莲采菊两荒凉,慧远陶潜骨同朽。乘风我欲遗金庭,三洲弱水连沙汀。他年海上望庐岳,烟际浮萍一点青。东林日暮更登山,峰顶高僧有兰若。磴萝云道石参差,水声深涧树高下。远公学佛却援儒,渊明嗜酒不入社。我亦爱山仍恋官,同是乾坤避人者。我歌白云听者寡,山自点头泉自泻。月明壑底忽惊雷,夜半天风吹屋瓦。[②]

在王守仁看来,“种莲采菊两荒凉,慧远陶潜骨同朽”,属于慧远与陶渊明的历史已然逝去,现在就是我们乘风破浪之时。此后

---

① (明)李梦阳:《游庐山记》,见吴宗慈《庐山志》副刊《庐山古今游记丛钞》卷上,第33页。

② (明)王守仁:《从东林寺登山诗》,见吴宗慈《庐山志》副刊本《庐山金石汇考》第二册,第97页。

不久，王氏的诗被寺僧以"朱栏护之"。嘉靖年间途经九江、游览庐山的王世贞(1526—1590)，记述了如下观感：

已抵东林寺，即慧远十八人结社地也。其面为香炉峰，秀色插天，前有亭，榜曰"三笑"。跨一石桥，所谓虎溪者也。溪亦多阏塞，下有深草，暗流时伏。度溪可百弓，始及兰若。其殿曰"神运"。……周、陆记所称唐牛相僧孺署寺，裴相休署殿，二书今皆已亡之。独三世佛像存，而皆端严妙好，衣桹皆精绝云。……是殿后石壁陡起，古树数百，纷披若盖。其右为远法师影堂，中坐远像，傍十八像，则刘程之等六人，及远与慧持辈也。其更右则方丈，颇整洁。中左右六壁为王文成诗，僧以朱栏护之。然左右壁皆已漫漶不可读。……夸陶令之攒眉成一诗而出。访白司马草堂，仅影响耳。遂循虎溪而西步石桥，流泉潺湲，白石齿齿可念。①

这一时期，由慧远传说转化而来的三笑亭、虎溪桥、神运殿、佛像、古树、十八贤像等景观与古迹，已经或阏塞，或已亡，或漫漶不可读。然而，上引王守仁所题的诗文，却被东林寺僧以"朱栏护之"，成为新一时代的另一景观。

万历戊午年(1618)，徐宏祖(1587—1641)与其兄雷门、白夫在庐山游览了6日，写下长篇《游庐山日记》。其中对东林寺的描述，让我们看到了它的衰败景象：

戊午，余同兄雷门、白夫以八月十八日至九江，易小

① (明)王世贞：《游东林天池记》，见毛德琦《庐山志》卷二，第3册，第26页。

> 舟……过西林寺，至东林寺。寺当庐山之阴，南面庐山，北倚东林山。山不甚高，为庐之外廓。中有大溪，自东而西。驿路界其间。为九江之建昌孔道。寺前临溪，入门为虎溪桥，规模甚大。正殿夷毁。右为三笑堂。①

这时，虎溪桥、三笑堂依然存在，而神运殿却已荡然无存。崇祯十一年(1638)，时任九江关榷使的祁逢吉，捐俸倡建神运殿，希望重新找回逝去的慧远文化。他在《重建庐山东林寺神运殿碑铭》中说：

> 山有东林寺……千百余年以迄于今……已鞠为茂草……皇明崇祯十一年，余涖任浔阳……乃捐优俸给疏，以为之倡，命僧寂融董厥役。……鸠工之始，聚材千百余枝寄锁江楼河下，值狂飚暴作，尽失所在。越一夕，仍聚一处，惊澜怒涛，瞬息千里，匪伊神运，何繇济哉？余惟鬼神之事，儒者未尝乐道之，然不可谓无其验云。非必山海所图，齐谐所志，即得之耳闻目击，盖往往不绝焉。……儒者亦何得言无鬼神哉？胜业聿新，人天乐助，理同然也。今自神运而外，又为文殊阁、漱石亭阁中供海湧金像云，生宝刹绮合，香林鹫峰可接鹿苑，非遥种种殊胜，将益助匡庐之奇矣。②

新官上任的祁逢吉，对“鞠为茂草”的神运殿、文殊阁、濑石亭

① (明)徐弘祖：《徐霞客游记》卷一上，影印文渊阁《四库全书》史部·地理类，第593册，第79—83页。

② (明)祁逢吉：《重建庐山东林寺神运殿碑铭》，见吴宗慈《庐山志》副刊《庐山金石汇考》第2册，第148页。

阁等一一修复，慧远的灵魂仿佛又回到世间。这是因为，明末政治腐败，促使士人背离道学，再度向佛教的倾斜。[①]

明末世风日下，阳明学的末流大行其道，重蹈魏晋清谈之覆辙，弃国家民族于不顾。顾炎武、黄宗羲、王夫之等思振民族人心于既亡，力矫王学之弊，首倡经世致之道。[②] 受此影响，慧远传说受到了全面解构。但宗皋（1580—1643）与黄宗羲（1610—1695）结合各类文献，详细考证了相关传说的荒诞、乖谬之处。但宗皋秉承楼钥、宋濂、王祎对“虎溪三笑”的质疑，通过比对各种文献，论证传说中的主人翁生不同时，指出：

> 虎溪三笑事，《高僧》《东林》二传不载，独旧传载之。以沈璇、吴筠《简寂观碑》考之，则修静与慧远相去久远，似非其人。然宋濂《跋十八贤图》谓晋有两修静，此乃简寂先生，则又误矣。今姑仍传所疑焉。[③]

黄宗羲质疑“龙泉精舍”传说中的“以杖刺地，应时涌泉”，指出：“东林围绕水中，理无无泉之叹。”[④]与此类似，“虎跑泉”“聪明泉”“锡杖泉”等传说自然也是不成立的。[⑤]

他通过考察张天觉《神运殿记》与陆游游记、周必大游记及僧人现场所指之间的自相矛盾，认为“神运殿”传说纯属荒谬：

---

① 杜继文主编：《佛教史》，第447页。

② 林尹：《中国学术思想大纲》，华东师范大学出版社2006年版，第143页。

③ （清）毛德琦：《庐山志》卷十二，第12册，第40页。

④ （清）黄宗羲：《匡庐游录》，第491页。

⑤ （清）黄宗羲：《匡庐游录》，第491页。

> 神运殿。张天觉记云:"法师徘徊登览,溪流散漫,无足庐者。一夕雷雨晦冥,山水暴至,向之中流,化为平陵,花木罗列其上。九江太守桓伊闻而神之,为之建寺,神运之名,盖取诸此。"务观云:"神运殿本龙潭,一夕鬼神塞之,且运良材以作此殿。"益公云:"南唐元宗题神运木,今亡,寺僧因指阶前之池木所自出。"两说自相矛盾,其为荒唐也。①

关于翻经台传说,但宗皋与黄宗羲综合《远公年谱》《高僧传》《佛影铭》《远师诔》《远公塔铭》等不同文献记载,从谢灵运与慧远的年龄差、翻经事件张冠李戴、谢灵运是否上庐山、谢灵运是否与慧远有交集等四方面,论证翻此事根本不可能存在:

> 考《远公年谱》,太元十八年癸巳(393),谢灵运凿池种莲,是时远公已六十岁矣。至元嘉十年癸酉(433),灵运被刑,年才四十有九,则当癸巳之岁,灵运特九岁耳。九岁岂能会见远公,其可疑者一;考《高僧慧严传》,翻《涅槃经》,故在宋元嘉中。而《远传》载灵运即寺翻经,可疑者二;慧严与灵运翻经,本在建业,而严故未尝至庐山,今庐山乃有翻经台,可疑者三。灵运初守永嘉,似不曾至庐山,后作临川内史,始有《登庐山绝顶望诸峤》诗,然皆宋文帝时事,与远不相及也。即灵运为远作《佛影铭》,但称"庐山法师,闻风而悦。道秉道人,远宣意旨。命余制铭"而已,初不言面觌远公也。惟作《远师诔》有曰:"志学之年,希门人之列。诚愿弗遂,永违此世。"则是欲及门而未遂矣。再考灵运十

① (清)黄宗羲:《匡庐游录》,第492页。

五岁，则是晋安帝隆安三年己亥(399)，其作《远公塔铭》，则在恭帝元熙二年庚申(420)，即宋高祖永初元年。不知果以何岁登庐山也。岂义熙中谢瞻守安成，灵运尝一至庐山耶？然谢瞻于安成答灵运有诗五章，其卒章云“写诚酬来讯”，则又未必至庐山矣。然则灵运之见远公，似在隆安己亥以后，必不在太元癸巳岁。爰记所疑，以俟博雅订正云云。据此，则灵运在庐山翻经台并无其事，安能起古人而证之？①

关于“莲社十八贤”传说，但宗皋与黄宗羲综合《高僧传》《高贤传》《结社图》《张野塔序》，陈舜俞《庐山记》等诸种文献，指出十八贤生不同时，何来“晋武帝太元十五年结社”之说？②

关于“阿育王像”传说，但宗皋综合《东林传》《列塔像神瑞迹》《法苑珠林》《金汤编》等文献，论证“金文殊菩萨像”一事，乃是释志磐误把“高埋长干瑞像事”嫁接到庐山东林寺，纯属张冠李戴。③

至此，唐宋以来士大夫与僧众共同建构起来的慧远传说，被但宗皋与黄宗羲一一解构了。与此同时，东林寺一线的景观渐趋败落。清初学者潘耒(1646—1708)，在庐山游览时记述：

逾蛇冈五里至东林寺……东林之僧甚俗，画地分门，各营巢窟，委弃大殿，令戍兵得居之，弓刀挂壁柱，支灶李北海碑间，可痛也。幸十八高贤像尚存，长松清泉如挹道韵，宿三

① (清)毛德琦:《庐山志》卷十二，第12册，第42页。

② (清)毛德琦:《庐山志》卷十二，第12册，第39页。

③ (清)毛德琦:《庐山志》卷十二，第12册，第40页。

笑堂侧，徘徊白莲池。①

唐宋时期的碑刻用来搭建临时的灶台，在神圣的殿堂内充满着刀光剑影。在这里，慧远的神话与大能早已灰飞烟灭了。康熙壬申(1692)二月，查慎行(1650—1727)游庐山，眼中的东林寺依然如故：

> 出太平宫，度分水岭迤逦至东林寺。寺当庐山之麓。……谒远公影堂，旁列十八贤像。王文成《游东林》七古一章真迹，在影堂壁间。岁久，墨色渐退，粉垩亦落。今已缺数字……冰壶泉在影堂后，清甘可啖。聪明、古龙(一名卓锡)二泉覆以屋，久废不汲矣。……入神运殿，寻古碣，寥寥无几。殿西壁嵌虞伯生碑，尚完好。刻于元至元间。李北海碑在东壁。亦元时重摹。已中裂。……鲁公东西二林题名，昔人推为颜书之冠。竟无一字存者，可胜叹自。……从三笑堂西北行，沿溪竹树蒙密。汩汩闻水声，数十步为常总禅师塔。又西为远公塔。叠石如荔枝。王思任称为荔枝塔。旧有塔院，今圮。②

塔院倾圮，古碑断裂，泉水废汲，昔日的文化已一去不复返。一百多年后，洪亮吉(1746—1809)于嘉庆十年(1805)十月来到东林寺，所见更是颓然不堪，甚至可以用"凄瑟"来形容：

① (清)潘耒：《游庐山记》，见吴宗慈《庐山志》副刊之一《庐山古今游记丛钞》卷下，第48页。

② (清)查慎行：《庐山纪游》，见吴宗慈《庐山志》副刊之一《庐山古今游记丛钞》卷下，第17—18页。

又十五里抵东林寺……人境凄瑟，寺殿圮已久，仅存虎溪桥、三笑堂旧址。有二断碑卧道，则元至正中重刻。唐开元二年李邕碑记及元至元中虞集所刻寺碑也，堂基丈宽，碑石寸裂，云去不停，客来难驻。①

道光三十年(1850)，著名学者蒋湘南(1795—1854)游庐山，寻访昔日东林寺的胜迹，居然一无所获：

又南十里过东林市……东林寺者，晋法师远公道场也。嘉庆中已倾圮不治。访龙泉庵、讲经台、三笑亭、白莲亭、冰壶亭、莲花漏、十八高贤影堂诸胜迹，皆无可寻，惟远公影堂尚在，虎溪之水不胜一勺而已。寺面对香炉峰，旁带松光岭，烟忽云幻，龙觐鸟朝，素沙荒落中，犹可想清流环阶、白云生栋之概。②

寺殿久圮不治，胜迹无一可寻，虎溪之水不胜一勺。无论从建筑，到景观，都已经找不到慧远传说的遗存，其意义究竟何在呢？

民国元年(1912)五月，佛教居士高鹤年(1872—1962)由沪至匡庐，深感东林寺的凄凉：

---

① (清)洪亮吉：《游庐山记》，见吴宗慈《庐山志》副刊之一《庐山古今游记丛钞》卷下，第57—58页。

② (清)蒋湘南：《庐山纪游》，清光绪十四年(1888)长白豫山湖南臬署会心阁刻《春晖阁杂著》本，第2页。

> 寺内有出水池、神运殿、古龙泉，又有古铜塔，高丈余，万历间置。前有虎溪白莲池迹，今淤塞为田矣。远公塔场皆被土人占栽树木。寺内古碑颇多，李北海碑，今岁被人舁去。①

昔日寺宇宏阔的东林寺，被土人种田栽树，“神运殿”“莲社”“虎跑泉”等传说只能成为美好的回忆了。

1938年，日军攻陷九江，东林寺成为日军医务所驻地。1945年，九江收复，东林寺文物虽有遗失，所幸房屋尚完好。在妙理的住持下，东林寺重又兴复。②

宋以后《庐山记》文本的流传与慧远传说的解读过程，集中反映了庐山佛教在理学兴起、皇权强化的历史背景下，日益成为政治的附庸而渐趋没落。

---

① （民国）高鹤年著述，吴雨香点校：《名山游访记》卷三“由沪至匡庐游访略记”，宗教文化出版社2000年版，第101页。

② （民国）吴宗慈：《庐山续志稿》第2册，民国三十六年（1947）铅印本，第16页。

图二　东林寺—太平宫、西林寺一线景观分布图

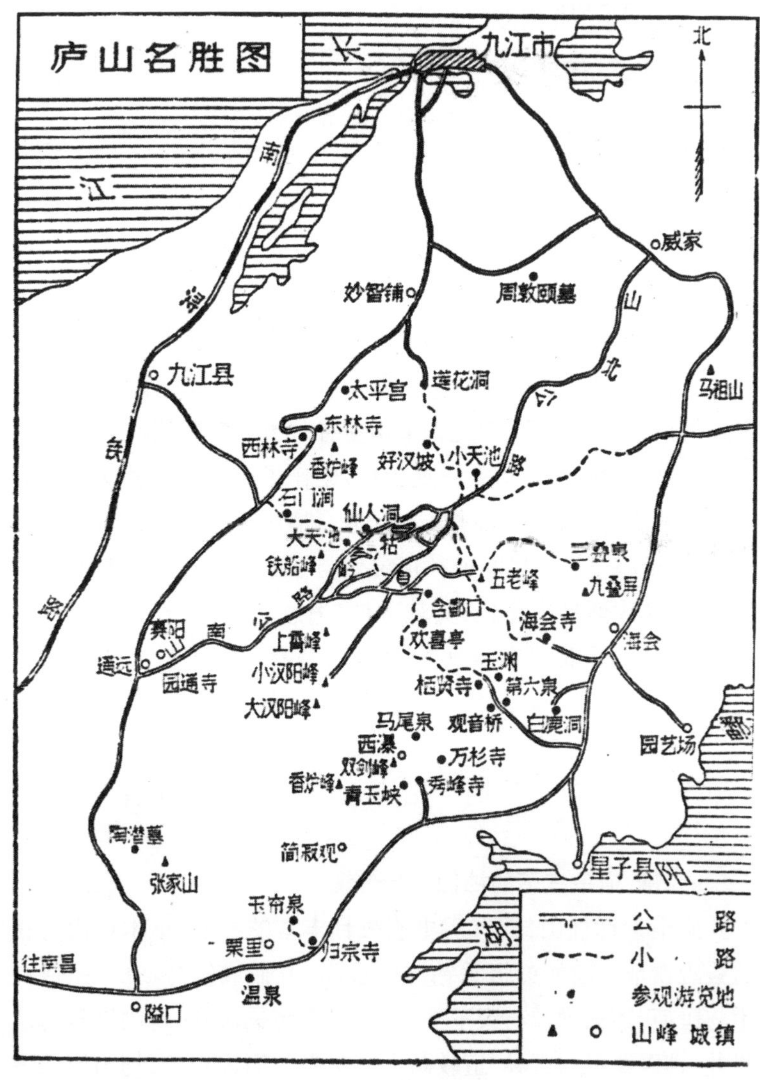

图片来源："庐山健步行"，经典庐山手绘地图之一(《庐山风光网》)

第二章
太平兴国宫与九天采访使者：以《采访真君事实》为中心

慧远去世后，陆修静入住庐山，致力于改造民间道教的教理教义、斋醮仪范，促使道教进入官方信仰体系。唐宋时期，帝王、官绅与道士共同塑造了“九天采访使者”的国家守护神形象，构建了太平兴国宫一线的道教景观遗址，创作了丰富的道教文献。宋元时期编撰的《采访真君事实》，记录了庐山道教文化这一发展历程，集中反映了庐山民间道教正统化与国家化的过程。明中叶以后，道教文化渐趋边缘化，文献散佚，遗迹湮灭，道教文物所剩无几。本章以《采访真君事实》为中心，考察庐山道教文化的历史变迁。

第一节　早期庐山道教与九天采访使者

一、佛、道争竞下的神仙附会传说

庐山素称仙山，拥有历史悠久且丰富的神仙、巫术传说与相关景观遗址。诸如彭祖垂钓与彭蠡湖、方辅成仙与辅山、匡俗得道与匡庐、康王隐遁与康王谷、灵溪武士与灵溪观、葛洪炼丹与炼丹井、神医董奉与杏林、道教高士陆修静与简寂观等，均为庐山道教文化景观。[①] 已有研究成果表明，庐山最早是以“敷浅原”之名出现于《禹贡》中。此后，司马迁《史记》有“南登庐山”之记载，这是孙吴以前庐山少见的人文活动记录之一。而庐山人文的真正兴起，却是迟至东晋后期。此后，慧远长居此山，凭借其宗教组织化的力量组建僧团、开展一系列宗教活动，最终完成了佛教的本土化。[②]

距慧远逝后四十五年（宋孝武帝大明五年，即公元461年），道教徒陆修静（406—477）登上庐山，并于庐山南麓创置“太虚观”（陆修静逝后易名“简寂观”）。致力于振兴道教的陆修静，面对庐山方兴未艾的慧远佛教，对道教进行了一系列改造。诸如纳儒家的纲常理论于道教领域，汲取儒家的礼法、道德规范以及佛教的“三业清净”思想，完善道教的斋戒仪范理论，大量编纂与整理道教经典等。[③] 经过陆修静及其后继者的努力，庐山一度成为南方道教的中心。自东晋迄于南朝，北麓的东林寺与南麓的简寂观成为佛、道两个中心的象征。在此情境下，“庐山究竟是佛教的宝刹丛林，还是道教的洞天福地？”对双方教徒来说，争竞必然存在。

庐山的“匡俗得道”传说与相关景观遗址，应是早期道教徒附会民间的神仙、巫鬼故事而编造与创建出来的。[④] 已故历史学家姚公骞先生认为，充满神仙、道教传说的慧远《庐山略记》（详细内

---

① 参见叶至明：《庐山道教初编》，第3、90、144页；吴国富：《庐山道教史》，第2—14页。

② 详情参见魏斌：《汉唐间江南名山的兴起——祀典·信仰·知识》，2009年8月（日）《唐代史研究》第12号，第10—11页；魏斌：《宫亭庙传说：中古早期庐山的信仰空间》，《历史研究》，2010年第2期，第57页。

③ 参见吴国富：《庐山道教史》，第44—45页。

④ 参见姚公骞：《匡庐之得名与慧远〈庐山记〉辩》，1981年3月《江西社会科学》，第93页；魏斌：《汉唐间江南名山的兴起——祀典·信仰·知识》，（日）《唐代史研究》第12号，第10—11页。

容参见本文第二章第二节），亦是道教徒托名慧远而创作出来的。[①] 这些在佛、道争竞下产生的神仙附会传说，融合了老子思想、神仙信仰与巫鬼方术等早期道教元素，体现了早期庐山民间道教形态。

1. “匡俗得道”的传说

庐山名称的由来，据说源自于“匡俗得道”的传说。[②] 其情节大致如下：周武王时，东野人匡俗为逃避朝廷征聘，结茅庐于鄱阳湖边大山上修道，颇受当时当地人的敬重。后得道仙去，留下空庐一座，其弟子悲哀痛哭，如乌鸦啼叫般凄厉。时人称其为“庐君”，称所结之茅庐为“神仙之庐”。“庐山”之名，即由此而来。[③]

较早提及这一传说的庐山文献，主要为《豫章旧志》、慧远《庐山记》与周景式《庐山记》等。姚公骞先生在考证这些文献的成书年代及内容的基础上，认为该传说应该形成于慧远时代，但因尚处于形成过程中，在具体表述上各有差异。[④] 此后，在道教徒的编造与附会下，传说内容渐趋丰满。至晋宋间张僧鉴编纂《浔阳记》时，讲述了一个较为完整的“匡俗得道”传说，而后人又在此基础上，专门建有祭祀匡氏的祠庙。[⑤] 南朝齐谢灏撰写的《广福观碑》，对此事记述甚详：

---

① 姚公骞：《匡庐之得名与慧远〈庐山记〉辩》，《江西社会科学》，1981年3月。

② 详情参见姚公骞：《匡庐之得名与慧远〈庐山记〉辩》，《江西社会科学》，1981年3月；叶至明：《庐山道教初编》，第2—3页；吴国富：《庐山道教史》，第4—9页；张国宏：《宗教与庐山》，江西人民出版社2008年版，第158—163页。

③ 叶至明：《庐山道教初编》，第2—3页。

④ 姚公骞：《匡庐之得名与慧远〈庐山记〉辩》，《江西社会科学》，1981年3月。

⑤ 参见姚公骞：《匡庐之得名与慧远〈庐山记〉辩》，《江西社会科学》，1981年3月；吴国富：《庐山道教史》，第7页。

谨按古《浔阳记》，先生名续，字子希，周时，师柱下史老聃，得久视之道，结茅于南障虎溪之上，修炼七百年，定王尝问柱下史伯阳父，方今神仙之在世者。伯阳父举五岳诸仙以对，先生其一也。王召之，先生不见。后二百载，威烈王复遣使以安车迓之，未至之二日，白日轻举，使者访其隐所，仅有草庐焉。回奏，因命南障山为靖庐山，邦人以先生姓呼匡山，又曰匡阜。至今其乡若社，因先生而命名虎溪。由是为三十六福地。汉初以潜之天柱为南岳，鄣山为之二。武帝元封五年南巡狩，登祀天柱，常望秩焉。既而射蛟浔阳中，顾问此山何神也，有对以先生成道此山者。由是封为南极大明公，建中靖国初，封为净明真人。①

在此，匡俗变为匡续，且在"匡俗得道"传说内核的基础上，加入了老子、五岳等道家元素，并于汉武帝时正式被授予大明公的封号。姚公骞先生据此认为："匡俗的传说，到了这里，不能看作是古代一般方士的附会，而应该是道教形成以后的产物，是道教附会于道家之后有意制造出来的。"②此后，在这一传说的基础上，还衍生出了康王谷(又叫匡王谷)的传说，并在此基础上建有康王庙、康王观。③ 种种迹象表明，匡氏家族久居庐山是不容置疑的历史事实，而其师事老子、修道成仙等神异事件很有可能如姚公骞先生所说，是道教形成后附会于道家而有意制造出来的。

---

① (民国)吴宗慈:《庐山金石汇考》卷上，《庐山志》副刊之一，民国二十三年(1934)刊印本。

② 姚公骞:《匡庐之得名与慧远〈庐山记〉辩》，《江西社会科学》，1981年3月，第89—90页。

③ 详情参见吴国富:《庐山道教史》，第9—12页。

2.“神医董奉与杏林”的传说

在庐山流传众多的传说中,除了上述匡俗传说流传较早与较广,其次就属“神医董奉与杏林”的传说了。它们也是慧远《庐山略记》中同时提到的两个与道教有关的传说。传说情节梗概如下:

三国两晋时期侯官(今福州市)得道高士董奉来到庐山紫霄峰下,采药炼丹,救人济世。以仙术为人治病,不取钱财,唯令治愈之人栽植杏树,久之成林。诸禽百兽嬉戏其中。以成熟之杏子易换谷物为人治病,并以所得谷物接济贫者。董奉在世前后达三百余年,最终得道升仙,时人尊其为“董仙”。[①]

董奉其人,既无史书传记可查,亦无本人文字可寻,唯一可借以寻觅其踪迹的就是葛洪《神仙传》中长达 1121 字的“董奉传”。[②] 后代所有对董奉与杏林一鳞半爪的描述,基本都是源于葛氏此传。葛洪大致通过对发生在董奉身上相关事件的记述,勾勒了一位具有“长生不老、起死回生、鸟飞尸解、驭禽治癞、祷雨即应、驭禽守杏、驱邪驭鬼”等方术的神医。[③] 葛洪《神仙传》大约成书于晋元帝建武、太兴年间(318—321)。[④] 其间,为了逃避深重的社会危机,统治阶级内部的一些高级氏族和豪门权贵对神仙道教深信不疑,甚至达到亲自实践的程度。葛洪即是在此背景下,全面系统地总结自战国、秦汉以来流传的方仙道术,试图建构一个

---

① 详情参见叶至明:《庐山道教初编》,第 5 页;张国宏:《宗教与庐山》,第 164—168 页;吴国富:《庐山道教史》,第 25—36 页。

② 参见钱超尘:《董奉考》,《江西中医学院学报》,2010 年 4 月。

③ 参见吴国富:《庐山道教史》,第 25—36 页;(晋)葛洪:《神仙传》卷十,影印文渊阁《四库全书》子部 · 道家类,第 1059 册,第 307—308 页。

④ 殷爽:《〈神仙传〉研究》,2010 年广西师范大学中国古典文献学硕硕士学位论文,第 2 页。

理论化的道教神仙信仰，为上层氏族的信仰与实践寻找一个正统的理论基础，《神仙传》即成为道教史上承前启后的具体作品与见证。全书贯穿着他的“神仙实有，长生能致，仙术有效”教旨。[①] 他自己也身体力行，炼丹以求升仙长生。庐山北麓即留有他的足迹“炼丹井”。[②]

董奉上述形象的勾勒即是体现其教旨的典型代表之一。至慧远时代，为了与方兴未艾的慧远佛教相抗衡，道教徒对董奉“长居庐山，种杏济贫，驭禽守杏林”一事多有附会：

> 奉居山不种田，日为人治病，亦不取钱。重病愈者，使栽杏五株，轻者一株，如此数年，郁然成林。乃使山中百禽群兽，游戏其下，卒不生草，常如耘治也。后杏子大熟，于林中做一草仓，示时人曰：“欲买杏者，不需报奉，但将谷一器置仓中，即自往取一器杏去。”常有人置谷米少而取杏去多者，林中群虎出吼逐之，大怖，急挈杏走路旁倾覆，至家量杏，一如谷多少。或有人偷杏者，虎逐之到家，啮至死。家人知其偷杏，乃送还奉，叩头谢过，乃却使活。奉每年货杏得谷，旋以赈救贫乏，供给行旅不逮者，岁二万余人。

“治病救人、惩恶扬善、起死回生、救乏解困”等医术与道术融汇其中。董奉逝后，后人尊其为“董真君”，并在其种杏处建有专门祭祀董奉的真君庙。慧远上庐山时，所见为“董奉馆”；陈舜俞上庐山时，所见为“大中祥符观（旧名太一宫或太乙宫）”（见本文

---

① 参见刘韶：《从葛洪〈神仙传〉看汉魏晋神仙小说盛行的原因》，《科教文汇》，2007 年 12 月。

② 参见吴国富：《庐山道教史》，第 21 页。

第二章第二节引文)。“神医董奉与杏林”的传说经历葛洪时期“神仙信仰理论化”下的总结,至慧远时代佛、道争竞下的编造与附会,内容日渐丰富与完整。[①] 与前述“匡俗得道”传说相类似,董奉其人在庐山及历史上应属真实存在,对于他们突出强调董奉所具有的“长生不死”等神异道述,则很有可能如姚公骞先生所说“是道教徒为了表达庐山本属道教基业的意愿”而编造或附会的。

然而,不管是“匡俗得道”传说还是“神医董奉与杏林”的传说,透过道教徒的编造与附会,我们更多的应该看到早期庐山所具有的丰富的民间道教元素。正如魏斌研究中古早期庐山的信仰空间而提到的:“无论是僧人还是道士,他们幼年的社会化过程,大都是在鬼神信仰的环境中完成的,成年后即便选择信仰佛、道,也很难摆脱鬼神信仰所留下的印记。”[②]佛教如此,道教亦然。前者因为慧远的到来而完成了这个过程,后者也因为陆修静隐居庐山,并在山上从事一系列宗教活动,而逐渐被纳入官方宗教体系。

庐山九天采访使者即是在此基础及背景下产生的一个国家道教神灵,它于唐玄宗十九年(731)落户“庐山九天使者庙”,此庙于南唐改名“通玄府”,两宋时期更名“太平兴国宫”。庙(宫)址坐落四围环境,让我们得以窥见这样一个国家道教神灵是直承先秦、两汉直至魏晋南北朝的民间道教传统而来:

本宫系真君亲择胜地,居庐山西北隅。……宫基正坐圣

① 姚公骞:《匡庐之得名与慧远〈庐山记〉辩》,《江西社会科学》,1981 年 3 月,第 89—90 页。

② 魏斌:《宫亭庙传说:中古早期庐山的信仰空间》,《历史研究》,2010 年第 2 期。

治峰前。……南接虎溪福地、康真人道场、葛仙翁炼丹之井，北跨咏真洞天董真君种杏上升之馆。后有吕仙药炉丹灶遗址存焉。背抵五老峰，倚天青壁，屏围于外。神人所居，是岂偶然者哉！①

“虎溪福地”即匡俗升仙之处，被道教人士列为三十六福地之一。② “康真人道场”即“匡俗得道”传说中的康王谷，为传说中的楚康王避兵修道处。③ “葛仙翁炼丹井”即董奉传说讲述者葛洪在庐山修道之处。④ “董真君种杏之馆”即为董奉升仙之处。“吕仙药炉丹灶遗址”为唐初吕洞宾得道升仙处。⑤ “九天使者庙”居处汇聚神仙、医术、炼丹、成仙之精华之地，如此佳山美水，神人所居，岂是偶然！

唐宋以来，围绕着这位神灵，帝王、朝臣与道士创造出了不少故事与灵异传说，它们与这处精心挑选的庙(宫)址一起，共同构建了一位直承民间道教传统而来的国家守护之神。

二、九天采访使者“采访三界，赏善罚恶”形象的塑造

关于九天使者，现存最早的文字记录要属唐代李泌撰写、并

---

① 《庐山太平兴国宫采访真君事实》卷一，《藏外道书》本，第385页。

② 吴国富：《庐山道教史》，第7页。

③ 参见(宋)陈舜俞《庐山记》卷二“叙山南篇第三”，见(民国)吴宗慈《庐山志》副刊本，第20页；吴国富《庐山道教史》，第11页。

④ 吴国富：《庐山道教史》，第21页。

⑤ 参见吴国富《庐山道教史》，第124—125页。

于开元二十年(732)正月二十五日立于庙中的《使者灵庙碑》。[①]此碑对九天使者庙的立庙缘起、时间、参与人物、中央与地方在此过程中的协作等叙述详尽。其中对使者形象有如下描绘:

青城、庐岳二山者,佐命群峰之望也。……开元十九年八月二十一日,降明旨曰:青城山丈人庙、庐山使者庙,宜准五岳真君庙例,抽德行道士五人焚修供养,仍委所管,拣择灼然道行者安置具年,名申所由,敕置庙使,内供奉将使者真图建立祠庙,并章醮行道、设斋使,大弘道观。法师张平公,粤自秦京,宣猷江服,焕丹青之饰,赐玄札之仪,驷传光临,云岩皎色。使持节江州诸军事、守江州刺史独孤正重镇柴桑,孚谣枳棘,时观武库,代伏文雄,经始干城,全搴益厉,崇规逸丽,壮思逾纷。朝散大夫行长史杨楚玉、行司马皇甫楚玉、浔阳县令魏昌等,恭惟圣善,式议灵场,道俗虔精,冥休推异。

爰初筑土,则雨霾烟蟑。俄顷伫立,而色霁霞标。宝龟奠枭之辰,金虬驿程之际,阴蒙涔密,黜晦遄交,注想玄空,肃思皇道,芬芳载洁,章醮翘襟,六虚窈冥,一夕融朗。半空之上,忽吐神辉,缀灼九激,频扬千仞,寙寮率抃,人吏并观。[②]

① (宋)陈舜俞:《庐山记》卷五“古碑目第七”,见(民国)吴宗慈《庐山志》副刊本,第58页。值得注意的是,该碑在全文收入《庐山太平兴国宫采访真君事实》卷六时,题名为《九天使者庙碑(并序)》,作者著录为李玭;明代桑乔的《庐山纪事》与清代毛德琦的《庐山志》都全文收录此碑,题为《唐李玭九天使者庙碑》;康熙《江西通志》与成书于嘉庆年间的《全唐文》全文收录了此碑,其题为《太平宫九天使者庙碑》,著者为李玭;民国二十二年(1933)吴宗慈编纂的《庐山志》将此碑文收入副刊《庐山金石汇考》,题为《李玭太平宫九天使者庙碑记》。

② (唐)李泚:《九天使者庙碑(并序)》,《庐山太平兴国宫采访真君事实》卷六“碑记类”,《藏外道书》本,第386页。

该碑在收入《采访真君事实》中，前有一段按语，很值得注意：

按：江州德安县抚州太守王阮录寄《事实》云：唐李泚有学不仕，至开元中，明皇梦神人称“庐山使者”，求立庙。诏刺史独孤正营建。下诸州，令所在学士制使者碑文，凡作者六百八十一人，独泚文入用，诏召不赴。《本宫旧记》所刊，才五百五十一字。淳祐乙巳，中书程沧洲于秘书省得全文，凡一千七百七十二字。但泚、玭字异，今两存之，余见程中书跋文。[①]

李泚碑文中关于使者形象的描绘，只有两点：其一，开元十九年八月二十一日，玄宗降旨令内供奉等拿着“使者真图”上庐山建立祠庙；其二，在建立祠庙过程中使者显灵：天气由“雨霾烟蟑”瞬间转到“色霁霞标”，半空中“忽吐神辉，缀灼九激，频扬干仞”。其中，并无“使者托梦玄宗，要求立庙”之说，而上引王阮录按语中所说“明皇梦神人称‘庐山使者’，求立庙”又是从何而来呢？

在《使者灵庙碑》立后不到两个月，庐山使者庙中又树起另一块碑，即《使者灵验记》[②]，碑文记载了发生在使者身上的五件灵异事件：

《使者灵验记》，宣义郎行彭泽县尉潘观纂……撰述祥验之事五，略曰：江水泛溢，吹栰近山，计木才登，水复旧，一也；

① （唐）李泚：《九天使者庙碑（并序）》，《庐山太平兴国宫采访真君事实》卷六“碑记类”，《藏外道书》本，第386页。

② （宋）陈舜俞：《庐山记》卷五“古碑目第七”，见吴宗慈《庐山志》副刊本，第58页。

野竹散材，则连岗距谷，丹粉杂色，则冗出崖生，二也；谢土之夜，风云空潜，仙灯远照，三也；渡彭蠡湖，谒庙者数百人，舟人所得，翊日皆纸钱，四也；骑从龙虎，刻削驭人，或土或木，入庙成列，忽有汗出其面者，五也。其碑岁久讹缺，治平三年重立。[①]

叙述了立庙经过的《使者灵庙碑》与记载灵异故事为主的《使者灵验记》两相结合，为我们全面了解庐山九天使者庙初置时的状况提供了基本信息。[②] 同时，也让我们看到九天采访使者从理论到实践的初步形象。此后，晚唐五代道士杜光庭（850—933）与唐末宋初士人徐铉（916—991）在此基础上进一步塑造了一位“采访三界，赏善罚恶”的使者形象。

杜光庭在其神仙怪异故事集《录异记》中讲述了一个有关“庐山九天使者”的故事：

开元中，皇帝梦神仙羽卫，千乘万骑，集于空中。有一人朱衣金冠，乘车而下，谒帝曰：我九天采访，巡纠人间，欲于庐山西北置一下宫，自有木石基址，但须工力而已。帝即遣中使诣山西北，果有基迹宛然，信宿有巨木数千段，自然而至，非人力所运。堂殿廊宇，随类致木，皆得足用。或云：此木昔九江王所采，拟作宫殿，沉在江州湓浦，至是神人运来，以供所用。庙西长廊柱础，架虚在巨涧之上，其下汩流奔响，涨官

① （宋）陈舜俞：《庐山记》卷一“叙山北篇第二”，见吴宗慈《庐山志》副刊本，第9页。

② 雷闻：《五岳真君祠与唐代国家祭祀》，见荣新江主编《唐代宗教信仰与社会》，上海辞书出版社2003年版，第42页。

不测。久历年岁，曾无危垫。初构庙时，材木自至，一夕巨万，皆有水痕。门殿廊宇之基，自然化出，非人版筑，常有五色神光照烛。庙所常如昼日，挥斤运工，略无余暇。人力忘倦。旬月告成。毕工之际，中使梦神人曰：赭垩丹绿，庙北地中寻之自得，勿须远求。于是访之，采以充用，略无所阙。既而建昌渡有灵官五百余人，若衣道士服者，皆言诣使者庙。今图像存焉。初玄宗梦神人日，因召天台炼师司马承祯以访其事。承祯奏曰：今名山岳渎，血食之神，以主祭祠太上虎其妄有威福以害蒸黎，分命上真监莅川岳有五岳真君焉。又青城丈人为五岳之长，灊山九天司命主九天生籍，庐山九天使者执三天之录，弹纠万神，皆为五岳上司，盖各置庙以斋食为飨。是岁五岳三山，各置庙焉。①

杜氏这段描述，有三层含意：其一，九天采访使者托梦于唐玄宗，要求玄宗为其在庐山置一祠庙，并告知庙址与建庙的素材都一应俱全，只需玄宗派人力成就即可；其二，建庙过程中的神异事件：木材神运而致，工人不知疲倦；其三，庙成后建康渡五百灵官朝拜使者的传说。

仔细分析这个故事，会发现杜氏是糅合了前述李泚碑文、潘观《使者祥验记》及东林寺慧远的“神运殿”传说等相关内容②而塑造出一个“九天采访，巡纠人间”的使者形象。应该说这是目前

---

① （五代）杜光庭：《录异记》卷一，《续修四库全书》子部·小说类，第1264册，第468页。

② 详情参见雷闻：《五岳真君祠与唐代国家祭祀》，见荣新江主编《唐代宗教信仰与社会》，第42页；常志静（Florian Reiter）：《The' Investigation Commissioner of the Nine Heavens' and the Beginning of His Cult in Northern Chiang－hsi in 731 A.D》，Oriens 31，1988，pp，266—289。

能查阅到的第一份关于“使者托梦玄宗，要求立庙”的史料，上述王阮录的按语估计即是来源于此。

杜光庭接着讲述了九天使者庙神的另一个灵异故事：

庐山九天使者真君庙门外有石如瓦甑，光滑莹洁。人尝看玩之，颇有灵异。或庙中秽触者，多被灵官执于石边扑之。忽有寄居士人家小童戏弄此石，或坐或溺，如此数四。俄有刘敦者，诣州陈状，讼此小童。州官差人就庙所追寻，但有小童戏弄此石之事，而无刘敦庙前居住踪迹。时有毛尊师寄止庙中，云近有官人刘敦，云在庙前居止，曾相访，言话甚是风流。稽古之人亦曾访之，不知居处。既言坐其头上，又云溺之，恐是此石耳。因与众人挖掘其下，才三四尺，即连大石，根甚广阔，众共神异，因立小亭，作纱窗以护净之。①

这个故事为我们展现了九天使者庙神的如下特点：其一，庙神以圣洁的石头现身；其二，庙神厌恶污秽；其三，庙神有执行神法的专职人员——灵官；其四，庙神以人（刘敦）的形象显现，让众人知晓其法力并敬畏它。

杜光庭之后，徐铉在他花二十年之力编成的《稽神录》②中进一步讲述了九天使者庙神“赏善罚恶”的三个故事。

其中“庐山卖油者”讲述的是一位孝子却无由被雷震死，其母亲天天哭泣于九天使者庙前，要向庙神讨个说法，庙神以托梦的形式告知这位母亲，其儿子虽然孝顺，但在卖油过程中却以鱼膏

---

① （五代）杜光庭：《录异记》卷四，《续修四库全书》子部·小说类，第1264册，第486页。

② 萧相恺：《徐铉及其小说〈稽神录〉》，《扬州大学学报》，2002年第9期。

参假谋取暴利，更有甚者，庙中所用斋醮的油正好是其儿子所卖之油，鱼膏的腥气玷污了神仙。所以其遭受雷劈是罪有应得。[①]“张怀武”讲述的是唐天佑以前蔡州军中副将张怀武用牺牲自身的方式避免了一场血战的故事，“上帝以微有阴功及物”，而配其为九天使者庙五百灵官之一。[②] “浔阳县吏”讲述的是唐大和年间一位县吏干没江西节度使徐知谏施舍给九天使者庙修殿堂的钱，而遭受九天使者庙神惩罚致死的故事。[③] 在这三个故事中，我们看到了九天使者庙神“圣洁、不喜污秽、惩恶扬善、法力不可预测”等特点。

此后，由李昉（925—996）主修、成书于太平兴国三年（978）的大型类书《太平广记》[④]全文转录了《录异记》与《稽神录》上述九天使者庙神的故事。最后，这些故事都全文收入《采访真君事实》卷七“应感类”，并成为该文本类似故事的蓝本。[⑤]

稍后，沈括（1031—1095）的《梦溪笔谈》收录了这样一个故事：

> 庐山太平观，乃九天采访使者祠。自唐开元中创建，元丰二年，道士陶智仙营一舍，令门人陈若拙、董作发地，忽得一瓶，封鐍甚固。破之，其中皆五色土，唯有一铜钱，文有“应

① （宋）徐铉、郭彖撰，傅成、李梦生点校：《稽神录·睽车志》卷一，上海古籍出版社2012年版，第13页。

② （宋）徐铉、郭彖撰，傅成、李梦生点校：《稽神录·睽车志》卷五，第60页。

③ （宋）徐铉、郭彖撰，傅成、李梦生点校：《稽神录·睽车志》卷六，第64页。

④ 参见曾礼军：《〈太平广记〉研究》，2008年6月上海师范大学中国古典文献学博士学位论文。

⑤ 《庐山太平兴国宫采访真君事实》卷七“应感类”共收有二十二个九天使者庙神灵应的故事，其中唐代的七个，两宋的十五个。基本上都是在此基础上的创作。

元保运”四字,若抽得之,以归其师,不甚为异。至元丰四年,忽有诏进号“九天采访使者”为“应元保运”真君,遣内侍廖维持御书殿额赐之,乃与钱文符同,时知制诰熊本提举太平观,具闻其事,召本观主首推诘其详,审其无伪,乃以其钱付廖维表献之。①

这本是一件很简单的事情:元丰四年(1081),宋王朝诏进号“九天采访使者”为“九天采访应元保运真君”。围绕这一事件,道士、内侍及提举太平兴国观创造了九天使者庙神在事情未发生的两年多前就通过钱文的形式告知将要发生的事情,最终国家“表献之”。这一事件充分反映了国家与道士为了彼此的需要,互相合作,致力于塑造庙神的神异大能形象。这一故事在此后不同文本中的转述、传诵②,最后被收入《采访真君事实》卷二“宋朝崇奉类”。

重和元年(1118)提点太平兴国宫洪刍(1065—1127)撰有《奉安玉册记》,与李泌、杜光庭、徐铉及王阮录等人不同的是,洪氏更多的想从道教理论去寻找“九天使者”的源头:

谨按《录异记》:唐开元十九年,明皇帝梦神人朱衣金冠,乘车而下曰:“我九天采访使者,当馆我于庐山西北隅。”明日又降于庭,命吴道子写之。遣内供奉持使者真图,建立祠庙

① (宋)沈括:《梦溪笔谈》卷二十,影印文渊阁《四库全书》子部·杂家类,第862册,第820页。

② 详情参见高承:《事物纪原》卷二,《丛书集成初编》第1209册,中华书局1985年版,第59页;洪遵:《泉志》卷十四“应元钱”,《丛书集成初编》第767册,第73页;江少虞:《新雕皇朝类苑》卷四十四“庐山钱文”,王民信主编《宋史资料萃编第三辑》,文海出版社1981年版,第1091页。

于山之阴，明皇帝亲书缪篆殿额以赐之，其文曰“九天使者之殿”。而无采访之称，其榜固在也。建庙之初，祥异甚夥，事见李泚庙碑、潘观《祥验记》、张景述《续浔阳记》、陈舜俞《庐山记》。故世谓使者之号，庐山之祠，皆权舆于有唐，发祥于明帝也。臣刍考之不然。按《五岳真形图》其说曰：五岳皆有佐命之山，嵩岱、华、恒以少室、武当、罗浮、括苍、地肺、女凡、河逢、抱犊为佐命，分治四岳。惟衡岳孤峙而无辅。故黄帝省方，南至于江，请命上帝，乃建潜、霍二山为南岳储君。又拜青城山为丈人、庐山为使者。则使者之名尚矣。《真形图》虽兴于中古，然历世方士祖袭授受，东晋之世辑而成书，不可诬也。开元中，天台司马子微谓五岳皆有上清真人降任其职，因敕五岳各立真君祠，其说盖出于《真形图》。而开元诏书青城丈人庙、庐山使者庙，选道士奉香火视五岳真君祠，则庐山房祀意自司马子微发之。其肸蠁昭晰，见于梦寐，不可知也。详考传记，使者之神，盖德镇之高真、祝融之夹辅云。其说见于东晋之前，而“九天采访”之名盖后世所加，其庙于庐山之北则自唐明皇帝始。至南唐改号通元府，本朝太平兴国二年始以纪元赐今名。世惑于俚俗肤浅之碑，齐诸志怪之说，弗加深考，以失事实。故并论其本末，以祛来者之惑焉。①

洪氏依据《五岳真形图》，认为“庐山使者”之号，远在黄帝时就已存在。《真形图》是历代道士传袭授受的理论著作。至玄宗时，司马子微凭自己的影响力，从《真形图》中寻找理论依据，试图

① （宋）洪刍：《奉安玉册记》，见《庐山太平兴国宫采访真君事实》卷六“碑记类”，《藏外道书》本，第391页。

改造国家的五岳祭祀系统，于是就有了五岳二山祠庙的建立。[①]庐山使者庙就是其中之一。所以，洪氏认为，庐山使者庙的建立是司马子微试图用道教理论改造国家祭祀蓝图中的应有之意，并不存在什么“使者托梦”之说。所以“九天使者”“九天采访”等都是后人编造、附会出来的，并无理论依据。

绍兴二十四年(1154)叶义问视事庐山、启其端，编辑《采访真君事实》文本，撮合上述各说，最终从理论与实践层面塑造了一位“采访三界，赏善罚恶。保边禳兵，护国救民”的使者形象。“采访三界，赏善罚恶”使者形象已如上所述，“保边禳兵，护国救民”使者形象本章第二节将有阐述，此不详述。

三、太平兴国宫与九天采访使者研究

唐宋帝王的崇道政策，为庐山太平兴国宫的产生、发展与繁盛提供了坚实的政治与物质基础。庐山因为太平兴国宫的存在而被誉为道教“咏真第八洞天”，且其中供奉的九天采访真君，也被统治者不断加封。对于这样一所宫观和这样一位神灵，目前研究者多从庐山历史、江西历史及唐宋历史出发，研究太平兴国宫及采访真君在其间的意义。[②]

《庐山道教初编》《庐山道教史》与《宗教与庐山》等著作从庐山出发，置太平兴国宫及九天采访使者于庐山道教史及庐山整个宗教史进程中进行考察。此种视角，让我们看到，太平兴国宫及九天采访使者在庐山整个道教史甚至宗教史中的重要地位是不容置疑的，但它们的研究呈现出来的只能是把太平兴国宫及九天

---

① 详情参见雷闻:《五岳真君祠与唐代国家祭祀》，见荣新江主编《唐代宗教信仰与社会》，第75页。

② 刘肖楠:《〈庐山太平兴国宫采访真君事实〉校注》，2013年6月江西师范大学历史文献学硕士论文，第12页。

采访使者分割在不同章节的某些片段。[①]

《江西通史·隋唐五代卷》《江西通史·北宋卷》《江西通史·南宋卷》及《江西道教史》等著作从江西出发，置太平兴国宫及九天采访使者于江西道教史及江西整体宗教史进程中进行考察。[②] 应该说它们的研究成果与上述从庐山出发的如出一辙，其呈现出来的亦只能是被分割在各个时期的一个个短暂的片段。

太平兴国宫属宋代"年号寺观"，是宋太宗太平兴国年间因年号获名的诸多寺观之一。[③]《宋代政教关系研究》即从"年号寺观"角度出发，考察在诸多太平兴国寺观中，庐山太平兴国宫最为著名。[④]

与上述研究稍有不同，雷闻《五代真君祠与唐代国家祭祀》从开元十九年至二十年（731—732）唐帝室在泰山、华山、衡山、青城山及庐山等地所立的六块碑刻出发，试图考察道教理论与国家祭祀的关系。作者指出，"太平兴国宫的建立并不是偶然，它与五岳真君祠、青城山丈人祠的建立'是一个整体事件，反映了道教的代表人物试图以自己的理论改造国家祭祀系统的努力'"，太平兴国

---

① 详情参见叶至明：《庐山道教初编》，华文出版社2000年版，第7页；吴国富：《庐山道教史》，江西人民出版社2009年版，第68—89页、158—180页、231—238页；张国宏：《宗教与庐山》，江西人民出版社2008年版，第194—198页。

② 详情参见陈金凤：《江西通史·隋唐五代卷》，江西人民出版社2008年版，第335—336页；许怀林：《江西通史·北宋卷》，江西人民出版社2009年版，第422—423页；《江西通史·南宋卷》，江西人民出版社2009年版，第460—461页；孔令宏等：《江西道教史》，中华书局2011年版，第113页。

③ 刘肖楠：《〈庐山太平兴国宫采访真君事实〉校注》，2013年江西师范大学历史文献学硕士论文，第13页。

④ 汪圣铎：《宋代政教关系研究》，人民出版社2010年版，第518页。

宫的建立是“由中央与地方共同完成的”。[①] 雷闻的关注点集中在太平兴国宫初建的唐玄宗时期。

常志静(Florian C. Reiter)《The “Investigation Commissioner of the NineHeavens” and the Beginning of His Cult in Northern Chiang-Hsi in 731 A. D.》以《采访真君事实》为文献基础,系统梳理了九天采访使者与太平兴国宫的发展历程,并与稍早且同时盛行于庐山北部的东林寺进行比较。在此基础上,作者认为太平兴国宫虽然繁盛一时,但九天采访使者之神只局限于庐山一地,并未在全国流行开来,其原因主要是受其信仰缺陷(本土化较重)和社会环境的影响。[②]

从上述这些研究成果,可以发现,它们存在两个共性:其一,无论从庐山历史,还是江西历史,甚至整个唐宋时期全国的历史来说,庐山太平兴国宫与九天采访使者都是一定历史时期的一处重要宫观与一位重要神灵;其二,无论是片断历史的研究,还是整体历史的研究,《采访真君事实》都是它们研究的基础文献。或许正是认识到它的重要性,江西师范大学历史文献学硕士刘肖楠即以此文本为中心,对其进行校注并有初步的研究。[③]

已有的研究成果为笔者提供了研究基础、思路与方法。它们让笔者思索这样的问题:真正要揭示这座宫观与这位神灵自唐宋

① 详情参见刘肖楠:《〈庐山太平兴国宫采访真君事实〉校注》,2013 年江西师范大学历史文献学硕士论文,第 12 页;雷闻:《五代真君祠与唐代国家祭祀》,载荣新江主编《唐代宗教信仰与社会》,上海辞书出版社 2003 年版,第 35—83 页。

② 详情参见刘肖楠:《〈庐山太平兴国宫采访真君事实〉校注》,2013 年江西师范大学历史文献学硕士论文,第 12 页;常志静(Florian Reiter):《The“Investigation Commissioner of the Nine Heavens”and the Beginning of His Cult in Northern Chiang－hsi in 731 A. D》,Oriens 31,1988,pp,266—289.

③ 刘肖楠:《〈庐山太平兴国宫采访真君事实〉校注》,2013 年江西师范大学历史文献学硕士论文。

至明清直至民国以来的兴衰史，要让那些曾经存在、现在已逝或已成废墟的，或是依然还可见的，或可听到的道教景观建立起某种联系，使它们以一个整体形式来揭示一个完整的庐山道教文化，是否可以借助于对《采访真君事实》文本的深度解读来达成？

《采访真君事实》是南宋叶义问开始编纂的一部道教文献，南宋、元之间有熊守中等住宫道士不间断地给予追补，至明初有住宫道士周洪宪对其进行最后增补。文本内容最终定格于明初。它是庐山现存唯一一部完整的道教宫观志，记录了太平兴国宫在宋元最繁盛时期的建筑、传说、斋醮仪式、碑刻及诗文，等等，从文本出现的时代到文本记录的内容及文本在后世的流传，笔者有理由认为，《采访真君事实》是解开庐山道教文化的金钥。

第二节　塑造国家守护神的《采访真君事实》

一、屡遭金兵困扰的南宋王朝与《采访真君事实》的编纂

《采访真君事实》是南宋叶义问编纂、元明之际不断有住宫道士增补的一部道教文献，文本流传至今有明刻八卷本与《正统道藏》七卷本两种版本，1949 年以后《道藏》丛书、《藏外道书》、《中华道藏》都是在这两种版本基础上的影印本。笔者主要采用《藏外道书》收录的明刻八卷本，文中及脚注一律简称《藏外道书》本。①

叶义问（1098—1170），字审言，严州寿昌（即现今浙江建德市）人。建炎初（1127—1130），登进士第，自此开始其仕宦生涯。历任临安府司理参军、江宁县知县、殿中侍御史、侍御史、吏部侍

① 胡道静等主编：《藏外道书》第 18 册，《庐山太平兴国宫九天采访真君事实》，巴蜀书社 1994 年版，第 356—421 页。

郎兼史馆修撰、侍读、同知枢密院事。[①] 其官场生涯终结于金兵对南宋王朝的困扰之上：

上闻金有犯边意，遣义问奉使觇之，还奏："彼造舟船，备器械，其用心必有所在。宜屯驻沿海要害备之。"金主亮果南侵，命视师。义问素不习军旅，会刘锜捷书至，读之至"金贼又添生兵"，顾吏曰："生兵何物耶？"闻者掩口。至镇江，闻瓜洲官军与敌相持，大失措，乃役民掘沙沟，植木枝为鹿角御敌，一夕潮生，沙沟平，木枝尽去。会建康留守张焘遣人告急，义问乃遵陆，云往建康催发军，市人皆媟骂之。又闻敌据瓜洲采石，兵甚众，复欲还镇江，诸军喧沸曰："不可回矣。回则有不测。"遂趋建康。已而金主亮被弑，师退。义问还朝，力请退，遂罢。

隆兴元年，中丞辛次膺论义问"顷护诸将几败事，且以官私其亲"。谪饶州。乾道元年，诏自便。六年卒。年七十三。[②]

南宋王朝是赵构在金兵南下，掳去徽、钦二帝之后而于临安建立的新王朝。虽因军民的奋勇抵抗，才得以保全其半壁江山。然而旷日持久的宋金战争几乎伴随南宋朝始终，成为南宋立国以

① (元)脱脱等撰:《宋史》卷三八四"列传第一四三",中华书局1985年版,第34册,第11816—11818页。

② (元)脱脱等撰:《宋史》卷三八四"列传第一四三",中华书局1985年版,第34册,第11816—11818页。

来日夜苦恼之事。[1] 叶义问生活的晚年，正遇上宋金对峙中的决定性战役——绍兴辛巳（1161）宋金大战。[2] 从上引文献中，我们可看出，文职方面颇为称职的叶义问，大敌当前却表现出无知、失策、手足无措及进退无方，虽然最后侥幸因为金兵内讧没能造成更大的损失，但叶氏深刻认识到自己作为一名将领的远远不足，因而引咎辞职。

叶义问"善文不善武"的特性，在南宋洪迈（1123—1202）《夷坚志》中讲述的《十八婆》故事亦有所反映：

> 叶审言枢密未第时，与衢州士人马民彝善，民彝素清贫，后再娶峡山徐氏，以赀入，因此颇丰赡。称其妻为十八婆。绍兴三十二年，叶公自西府奉祠归寿昌县故居，曰社塴。时方冬日，有两村夫荷轿舆一老妇人，自通为马先生妻，来相见，叶公命其女延之中堂。视其容貌，昔肥今瘠，绝与十八婆不类，问其故，答曰："年老多事，形骸销瘦，无足怪者。"皆疑之，扣其仆。仆曰："但见从店中出，指令来此，不知所自也。"叶氏客徐钦邻观此妪面色枯黑，觉其非人。又从行小奴携装匣在手，皆纸所为，已故弊乃送死明器耳，大呼而入曰："此鬼也，逐出之。"妪犹作色曰："谓人为鬼，何无礼如是。"既出门，轿不由正道，而旁入山崦间，遂不见。数日后，民彝至，言其

① 详情参见陈安金：《薛季宣思想研究》，2011 年浙江大学中国哲学博士学位论文，第 8 页；张云筝：《宋代外交思想研究》，2010 年河南大学中国古代史博士学位论文，第 98—107 页。

② 详情参见杨高崴：《陈康伯〈亲征诏草〉与绍兴辛巳宋金大战》，《江西师范大学学报（哲学社会科学版）》，2011 年 10 月。

妻，盖未尝出也(钦邻说)。①

故事讲述的是在叶义问隐退家乡时发生的事：白日见鬼。故事中涉及叶义问的朋友马民彝、朋友妻子十八婆、客人徐钦邻、女儿、仆人等相关人物。鬼以十八婆的形象显现，由徐钦邻揭穿并讲述，洪迈记录下来。故事的真实与否并不足论，笔者引述于此，试图说明，这样一位“善文不善武、对神鬼之事深信不疑”的官员，当面对困扰南宋朝廷的强大金兵之时，他将以何种方式自处？当感觉强大的金兵不是人力所能抵抗之时，或许他会想要借助于神力。绍兴二十四年(1154)，叶氏通判江州军州事，应太平宫道士向师尚之请而编纂《采访真君事实》，文本卷首有他的自序：

义问来九江，适太守大卿胡公纺以清静理郡政，民神协从。甲戌春，举行旧典，以义问摄祀事于大平兴国宫。因观山川之胜，穹窿磅礴，层见叠出，不可名状，是宜高真之所慎择也。宫之道士有向师尚者，清修自持，且有心于阐宗立教，以使者应化之迹泯泯未传，求义问编次，义问不敢以鄙陋辞，谨列于左方。绍兴二十四年中元日，左朝奉郎、通判江州军州事、兼管内劝军营田事、赐绯鱼袋叶义问序。②

序言并不能反映什么实质性的问题，但其所编文本充斥着两宋王朝特别是南宋王朝面对外敌入侵之时，屡屡祷于九天使者神前的祝祠、斋醮仪式及赐封等内容。这是否从某种侧面反映，面

① (宋)洪迈撰，何卓点校：《夷坚志·乙志》卷十七，中华书局1981年版，第333页。

② (宋)叶义问：《庐山太平兴国宫采访真君事实序》，《藏外道书》本，第356页。

对人力所不能抵抗的强大外敌，叶氏似乎想要借助于神力的保护？对此，笔者暂不详述（详情参见下文分析）。

前述引文已提到，叶义问卒于乾道六年（1170），而整部《采访真君事实》汇集了唐、宋、元及明初以来帝王、道士及百姓在太平宫的祭祀、封诰、祈祷及灵应等（下文将有论及）。由此可知，《采访真君事实》绝非出自叶氏一人之手，叶氏之后，必定有人对其进行增补。而文本中的一些蛛丝马迹，为笔者此种推测提供相关证据。如卷二“宋朝崇奉类”有如下一段文字：

> 臣熊守中谨沥愚衷，仰干天听……谨纂集《庐山古碑旧记》，所载九天采访应元保运真君在本朝灵验事迹，彰彰在人耳目者，编次为六：一曰创始源流，二曰宅灵始末，三曰崇奉彝则，四曰褒嘉典故，五曰像设仪制，六曰感应灵异。缮写为一册，用黄罗囊封，随状上进。伏望陛下少赐采览，体祖宗崇信之意，为社稷灵长之谋，遵故事于往时，举旷仪于今日。……嘉熙二年八月日江州庐山太平兴国宫前住持知宫兼管辖臣熊守中状奉。①

嘉熙二年（1238），太平宫住持熊守中编纂《庐山古碑旧记》，记载九天采访真君在南宋以来的灵验事迹，其“创始源流、宅灵始末、崇奉彝则、褒嘉典故、像设仪制、感应灵异”篇次与《采访真君事实》的各卷内容有很大相似性。据此，应该可以推断熊守中也是《采访真君事实》的纂辑者之一。

再如“卷八之首”对太平宫的历史有一段简要概述：

---

① 《庐山太平兴国宫九天采访真君事实》卷二，《藏外道书》本，第 367 页。

宫距德化县治南三十里,因九天采访真君,自唐开元辛未现梦于唐玄宗……勒石建祠,号九天采访祠,南唐更为通元府。宋太宗丁丑复隆重之,以太平兴国观为扁。绍定元年,道士熊守中截副宫位,增建云堂。嘉熙四年,褒崇纶涣,敕封九天采访应元保运妙化真君,改为太平兴国宫。元壬辰兵燹,已废。国朝洪武己酉,道士江梅高复兴。洪武辛未,编为丛林。正德丙寅,住持周洪宪继此葺修如昔,古今遗传诗文,收录刊印于后。①

太平兴国宫自唐玄宗至南唐直至北宋时期的简要历史,已如第一节所述。至元末,遭兵燹而废。洪武己酉(1369)、正德丙寅(1506)年,道士江梅高、住持周洪宪相继对其有所修复。引文中引起笔者兴趣的是"国朝"及"古今遗传诗文,收录刊印于后"的表述,它充分说明,《采访真君事实》卷八是由周洪宪增补的。

综上,就编纂方面来看,《采访真君事实》出现于屡遭金兵困扰的南宋时期,它由叶义问开其端,南宋、元之间有熊守中等住宫道士不间断地给予追补,明初有周洪宪对其进行最后增补。文本内容最终定格于明初,这与太平兴国宫的兴衰史是一脉相承的。就出版方面看,该文本有明刻八卷本与《正统道藏》七卷本,文本版本最终定格于明初,这依然与太平宫的发展史是一致的。对此,笔者下文将有详述。

二、《采访真君事实》的编纂体例

《藏外道书》本《采访真君事实》全书八卷,卷首叶义问《序》。卷一分真创始类,分考原、见祥、宅灵、应真、殿宇设像、莲花会及

① 《庐山太平兴国宫九天采访真君事实》卷八,《藏外道书》本,第412页。

采访行等七个类目，叙述“九天使者”来历及自唐朝建祠供奉至宋朝建太平兴国宫始末、宫观设置等情形；卷二、卷三宋朝崇奉类、卷四元朝崇奉类，叙述宋元帝王祭祀封诰之类事迹；卷五习仙类，叙修道者在庐山遇仙传说及遗迹；卷六碑记类，收集自唐李泚《九天使者庙碑》至元朝姚燧《太平宫新庄记》共十三篇碑文，具有丰富的史料价值；卷七应感类，共收有二十二个九天使者庙神灵应故事，其中唐朝七个，两宋十五个。卷八杂类，由明朝周洪宪收集建宫以来残存可见的疏、记、碑、诗、歌等杂文增补而成。①

从编纂体例来说，《采访真君事实》与同时期其他道教宫观志书大体类似，拥有比较完整的序（叶义问序），正文主要采用“横门分类，纵贯时间”的门类体（如上述的分真创始类、宋朝崇奉类、元朝崇奉类、习仙类、碑记类、感应类、杂类七个类目），类目设置主要从道教与帝室的关系（如宋朝崇奉类、元朝崇奉类）、道教与文人士大夫的关系（如碑记类、杂类）及道教本身的角度（如分真创始类、习仙类、感应类）等三个方面设立。②

就资料来源看，《采访真君事实》每一类目下的每一小篇记文（除去随时登录的），几乎都附有文字出处，这为研究者提供了宝贵的文献信息。笔者本章第一节梳理的塑造九天采访使者形象的文献：诸如李泚《使者灵庙碑》、潘观《使者祥验记》、杜光庭的《录异记》、徐铉的《稽神录》、李昉的《太平广记》等即是寻此而来。志书中另外提及的部分文献很有可能已遗佚了：诸如卷五“康仙生遇刘越”出张芸叟《南迁录》、“黄真人尸解”出《黄真人传记》，卷七感应类“杨泰明弃官学道于庐山”出《真仙感遇记》、“李

---

① 参见张志哲：《道教文化辞典》，江苏古籍出版社1994年版。

② 参见刘永海、郝秋香：《道教宫观山志略说》，《淮阴师范学院学报（哲学社会科学版）》，2008年第2期。

云卿医道有功”出《神药总录》、“向子文遇龚庆长”与“高云举读大洞经”均出《李文正公南行录》、“刘德本捐财赈饥”出《洞大灵迩记》、“张怀武阴功友物”出《张智官记》、“王琳放生葬死”与“何集虚信事使者双目再明”均出《缙绅传信录》、“张信立绘像奉事免风涛之厄”出《江湖录》、“周举神授十字经”出《赵学老》,等等。《南迁录》《赵学老》等文献现已无处可查,它们在当时或是流行一时的文献也未可知。此外,志书中有一频繁出现的另一文献出处,即“出本宫旧记”或“出本宫传记”。笔者推测这一表述,可能存在的两种情形,其一,在叶义问编纂《采访真君事实》之前,宫中可能已有志书出现。“本宫旧记”可能指较早的志书;其二,可能是出于熊守中、周洪宪等后来增补者的表述,“本宫旧记”所指可能正是叶义问的初编志书。因无更多史料可寻,笔者暂作此推论。

由此,我们可看出,《采访真君事实》基本是叶义问、熊守中、周洪宪等人撮合唐至明初产生的所有与九天采访使者有关的文献而成的一部道教宫观志书。虽然如此,志书各卷却是有它严密的内部逻辑的,它基本是一个由理论到实践层面的组合。

卷一分真创始类,分别从考原、见祥、宅灵、应真、殿宇设像、莲花会等六个方面交待了理论层面的六个问题:诸如九天使者为何神(考原)、它如何托梦玄宗(见祥)、如何选择庙址(宅灵)、宫殿如何构建(应真)、殿内神像如何设置与摆放(殿宇设像)、宫内道士如何修行成仙(莲花会)。接下来的卷二、卷三宋朝崇奉类、卷四元朝崇奉类及卷七应感类则讲述了九天使者如何在人间“采访三界,赏善罚恶,保边禳兵,护国救民”的,主要是实践层面的记录。

由此可看出,这部由多人撮合不同时期产生的不同文献而成的宫观志书，记录了九天使者“从托梦、选址、建庙、修道成仙，直至保护百姓、护卫国家”的一位完整的国家守护之神。

三、《采访真君事实》中的九天采访使者形象

前已述及，自开元十九年（731）八月唐玄宗敕建“九天使者庙”于江州以来，逐渐塑造了一位“采访三界，赏善罚恶”的使者形象。该庙在五代时期的沿革不明，唯一可查的记录是“南唐升元二年（938）就祠改通元府”。北宋太平兴国二年（977），改“府”为“观”；太平兴国三年（978）四月九日，“准敕春秋两祭”。自此，各种致醮仪式皆在太平兴国宫举行。《采访真君事实》记录了历次致醮的事由、青词、醮词、祭告祝版，以及朝廷给予的赏赐、蠲免等恩典。[①] 从中可以看出，宋元以来，九天采访使者长期受到帝王、朝臣、道士及普通百姓的崇信。在此过程中，唐以来所塑造的“采访三界，赏善罚恶”使者形象，[②]开始演变为“保边禳兵，护国救民”的使者形象。在持续不断的战乱中，崇信者希望使者可以驾驭风、雨、雪、雷电等自然力量，抵御外敌入侵、惩治叛军、保护虔诚信仰者。试以《采访真君事实》为中心，对此略作概述。

元丰四年正月，宋神宗所赐“应元保运”诏至太平兴国观时使者显现灵异：

> 元丰二年本观道士陶智仙治舍基，于地中得土缶，封缄甚固，破之，皆五色土，有铜钱一，其文曰‘应元保运’四字。当时罔测。至四年遣内侍廖维斋诏及御书殿额来赐，及与钱

① 详情参见《庐山太平兴国宫九天采访真君事实》卷一至卷四，《藏外道书》本，第356—384页。

② 《庐山太平兴国宫采访真君事实》卷七“应感类”二十二个故事中有十五个是两宋时期的，其中“鬻油秽杂斋醮之报”“马子简在官恣性之报”“文孝子取肝救父”“刘氏朝真晕死之异”等是讲述使者“赏善罚恶”的故事。

文符合。……至观之夕，直殿道士吴有终等闻仙乐之声惊走，开殿即止。其灵异如此。①

钱文与赐额不谋而合、仙乐及时响起，这些不同寻常的事迹，无不显示了使者的神异。

宣和六年七月二十七日，宋徽宗御笔改“太平兴国观”为“太平兴国宫”。在迎奉御书牌的途中，同样出现了灵异事件：

是时，迎奉御书牌，江行至太平州谢家湾，有顺济龙王登舟，现金鳞玉爪，长尺余，盘旋花枝之上，护舟至池阳清溪，有水兽三四昂首呼鸣。龙王自船中引首顾之，池州官民瞻拜，忽尔不见。戒途之初，预卜吉日，建醮本宫：“沿途阻风，将失期限。”忽在真州遇顺风，半月之程，数日而至，到岸则风逆如初。预期不爽，众皆异之。②

从龙王护航，到风为之转向，显示使者已经有了驾驭自然神的能力。

建炎元年，原真定府（今河北正定）马军张遇聚众起事，自淮西渡江，江州告急：

建炎元年冬，贼张遇聚数万众，自淮渡江，攻陷池州。十二月初十日，犯江州。时太守龙图阁待制陈彦文躬擐甲胄，

① 《庐山太平兴国宫采访真君事实》卷二“宋朝崇奉类”，《藏外道书》本，第363页。

② 《庐山太平兴国宫采访真君事实》卷二“宋朝崇奉类”，《藏外道书》本，第364页。

率众登城，誓以死守。贼兵攻陷凡三日，大势危迫。州人号呼请命，望山而拜。忽见旌幢现于云表，圆光被野中，有真相如乘狮子，又类龙马拥列骑从在云气中，合城共睹。须臾，大雪，贼不能露处，杀获甚众。有骑兵千余至宫中，随处举火，虽竹屋纸帏亦不能燃。睥睨殿门，若有所睹，仓皇逃遁。贼退，太守及州民建醮谢恩，相继月余。至今，江城士庶每年四月上七结会建醮，盖本诸此。①

当城池被攻陷时，军民都无力阻挡，呼天抢地，等待着被屠杀。此刻，使者在旌幢、云表、圆光的簇拥下，乘狮驭龙、降雪显贼，乃至宫室经火不坏，贼兵仓皇逃遁。在这里，我们看到了“护城救民”的使者形象。

同年，周举因使者的保护而躲过了兵灾：

周举，吴人。建炎元年，自京师归乡里。是时，伪贼万张，群盗四起。忽遇星冠羽衣人曰：“子明日死于兵难，若能诵十字经，可以免死，解冤延寿。”举跪地以请。羽衣曰：“九天应元雷声普化天尊，乃十字经也。”拜而受之，羽衣忽不见。举疑其神授，坚心默识。明日果遇盗逐之林间，窘惧之次，亟诵前号。声未绝口，而雷声大震。群盗惊走，遂得脱难。②

在这里，我们看到九天使者越来越多地借助于风、雪、雷电等自然神的力量来显示它的神异，也越来越被处于军事困境的南宋王朝所依赖。绍兴二十八(1158)年十月，太平兴国宫奉高宗皇帝

① 《庐山太平兴国宫采访真君事实》卷七“应感类”，《藏外道书》本，第409页。
② 《庐山太平兴国宫采访真君事实》卷七“应感类”，《藏外道书》本，第409页。

特旨,于采访殿后创建大殿,专一崇奉皇帝御容本命,并赐名“申福殿”。这充分表明,南宋王朝对使者极为尊崇与依赖。

绍兴三十一年(1161),金兵在江淮、荆襄、川陕同时发动进攻,前线全面告急。为此,朝廷派通判江州军州事郑建中,到太平兴国宫设醮,祈求神助。其“保禳祝版”祭文如下:

> 维绍兴三十一年辛巳十二月己亥朔十七日乙卯,嗣天子臣某,近为边鄙绎骚,朝廷用兵,乞赐阴助,扫除妖孽,以速万全。……敢昭告于九天采访应元保运真君:伏以国家祇奉神祇,载在祀典,春秋时享,罔敢不饬,钦惟明灵密垂护佑。蠢兹妖孽,犯我边疆,爰整王师,正繄神助,扫荡边氛,亟臻清平,嘉与含生,跻于仁寿。尚飨。①

隆兴二年(1164),金兵又一次大规模南下,迫近长江。为此,朝廷派待制知江州军州事唐文若,于太平兴国宫设醮,祈求神助。其“保边祝版”祭文如下:

> 隆兴二年岁次甲申十一月壬午朔二十八日己酉,嗣天子臣某,伏为边鄙敉宁,朝廷用兵,乞赐阴助。……敢昭荐于太平兴国宫九天采访应元保运真君:伏以妖孽侵边,尚肆虔刘之虐;师徒驻野,未收攘却之功,敢布忱诚,仰干英鉴,冀灵威之佑助,无妖祲之结蟠。尚飨。②

---

① 《庐山太平兴国宫采访真君事实》卷二“宋朝崇奉类”,《藏外道书》本,第364页。

② 《庐山太平兴国宫采访真君事实》卷二“宋朝崇奉类”,《藏外道书》本,第366页。

从频繁的醮仪祝词中，我们可以感觉到国事的窘迫、朝廷的无奈与对神助的渴求。于是，一位“保边禳兵，护国救民”的九天使者，就此应运而生了。

宁宗开禧二年（1206），在平章军国事韩侂胄的主战政策下，宋军全线出兵北伐抗金，由于未作充分准备，北伐全线告败。金军乘胜分路南下，四川宣抚副使吴曦叛变：

> 开禧二年十二月，四川宣抚副使兴州都统制吴曦叛。三年正月十八日，僭号蜀王，遣伪将禄禧部兵守夔门，本路帅臣蒋介解印付之，禧二月十九日至夔。介溯江而归，二十四日泊万州。介之客有赵潭者，善降诸神。是夕介命潭请祷卜其去就祸福。所执箕笔迅动异常，忽大书云：“吴曦世受国恩，敢谋僭叛，将陷四蜀于左衽。九天采访使者奏其事，上帝震怒，敕灭其族，事不出三月，秘之。”介惧泄神语，召祸，缄封甚密。三月初十日至忠州，逢露布，曦果以二月二十九日就诛。介聚十数客折缄，共睹惊叹。万去兴州二千余里，神之降先曦死盖五日，异哉！是年季夏之四日，宣教郎四川宣抚使司斡办公事、嘉定薛绂谨识。①

在金兵强大攻势下，四川宣抚副使兴州都统制吴曦叛变投金，自封为蜀王。其手下副将蒋介原来举棋不定，因九天使者“降笔诛凶之书”而坚定立场。二月二十四日，使者降笔预告“吴曦叛变将遭诛族之报”。二十九日，使者预言应验。开禧三年（1207），吴曦之叛被平定，淮南形势渐趋平稳。

---

① 《庐山太平兴国宫采访真君事实》卷七“应感类”，《藏外道书》本，第410页。

历经了战争的挫败、和约的签订及战后的种种修复,南宋王朝重归和平,似乎重新走上了正轨。这时,所有保国有功的神祇与保国有功的将帅,都同样需要得到奖赏:

> 绍定五年创三清宝阁,中塑九皇御座。左胁楼,九天丈人真君像;右协楼,唐元宗皇帝像。嘉熙四年闰十二月内,理宗皇帝赐御书"三清阁"三大字。修廊左右各二十五间,左画采访真君自三皇五帝以至于今降现异号,右画采访真君自兴置以来赏善罚恶、习仙祈嗣灵验事迹。转廊左右各五间,画五百灵官像,天冠绛服,如朝谒仪,相貌各异,皆以次列……修廊中有石坛三成,左有砖阁五层……右有砖阁五层,上塑朱陵大帝。①

重塑金身与庙宇扩建,体现了朝廷对神祇的肯定与奖赏。与此同时,"祠庙簇新壮观,位于庙中的神祇也就能够显示灵迹"②。太平兴国宫的住持知宫熊守中,为了得到朝廷的赐封而不懈努力。嘉熙二年(1238)八月,他向朝廷上"陈乞加封奏状":

> 臣熊守中……睹江州庐山九天采访应元保运真君,上自三皇五帝,下至于唐,逐代易名,显灵降祉,主天地国家之历数,掌祖宗储嗣之符图。在昔赐额拨田,褒封祈祷,具有成典。至于禳桧水旱,弭戢兵戈,应感灵验,载诸碑记。……臣

① 《庐山太平兴国宫采访真君事实》卷一"分真创始类",《藏外道书》本,第359页。

② 韩森著,包伟民译:《变迁之神——南宋时期的民间信仰》,浙江人民出版社1999年版,第54页。

本儒家子……误叨住持以来，剔蠹革弊，一新福庭，表率羽流，祝延圣寿。凡岁之丰凶、民之疾苦，夙夜斋心，精白祈祷，务求感应，仰赞明时。臣……谨纂集《庐山古碑旧记》所载九天采访应元保运真君在本朝灵验事迹，彰彰在人耳目者……伏望陛下少赐采览，体祖宗崇信之意，为社稷灵长之谋，遵故事于往时，举旷仪于今日。应元有自复太平兴国之风，保运无穷吁寿富多男之祝。皇图巩固，边祲澄清。臣不避鼎擭之诛，谨具奏闻。俯伏阙庭，伏望圣慈特赐睿旨，付尚书省检寻旧规，加封真君徽号，降香庐山太平兴国宫，设醮陈词，禳兵弭寇。①

嘉熙四年(1240)四月十四日，中书门下省礼部下“加封诰词”状，接受了熊守中的奏请：

昭得熊守中所陈真君事迹，自唐以来多著灵异，至我朝神庙始进号为“九天采访应元保运真君”。列圣钦崇，有加无替，拖详进册，铺叔六门。其启耀发祥，标符显应，固非其他神祠可比。至若水旱疾疫之灾，盗贼兵革之变，随事切祷，响答影从。真有助于国家，有功于生灵也。增隆徽号，用侈殊褒。其加封一节，欲照所乞申……可特封“九天采访应元保运妙化真君”。②

---

① 《庐山太平兴国宫采访真君事实》卷二“宋朝崇奉类”，《藏外道书》本，第367页。

② 《庐山太平兴国宫采访真君事实》卷二“宋朝崇奉类”，《藏外道书》本，第368页。

从“应元保运真君”到“应元保运妙化真君”，使者的形象越来越高大。崇信者希望通过朝廷的赐封，让使者更好地充当“保边禳兵、护国救民”的角色，而“神祇需要人类的承认，以便能够继续显灵”。①

南宋政权通过与金政权签署屈辱和约，过了十几年和平、安定生活。端平二年（1234），金朝灭亡，颇受金兵困扰的南宋政权似乎可以喘口气了。然而，更强大的敌人又来了。开庆元年（1259），忽必烈率蒙古大军攻打鄂州，宋将史岩之奉命率军驻扎江州以应援，随即祈求使者显灵：

> （岩之）自去秋祇戍，适值胡马透渡，被旨进黄援鄂。（岩之）闻命即行，但副阃事权素轻，江州又号内地，进当大敌则无将无兵，退守中流则城卑壕浅，舟师援鄂则风逆莫前，增戍保黄则星流告变。人心惶惶，士气不振，事关宗社，未知攸济，遂望真祠许设普天大醮三千六百分，保国禳兵。由是天乃返风，遣援无虞。②

大敌当前，史岩之（1193—1270）权轻事重、无将无兵，进退两难，手足无措。无奈之下，祈求使者“保国禳兵”。即刻，风为之转向，援路无碍，“江面再清，东南莫枕”。事后，史岩之、陆景思、印应雷相继向朝廷上奏，请求赐封使者。景定元年（1260）五月，史大资（岩之）上“申述灵验乞加封尊册事”：

---

① 韩森著，包伟民译：《变迁之神——南宋时期的民间信仰》，浙江人民出版社1999年版，第76页。

② 《庐山太平兴国宫采访真君事实》卷二“宋朝崇奉类”，《藏外道书》本，第367页。

本州太平兴国宫崇奉九天采访应元保运妙化真君……而本朝蒙福为多。建炎逆贼张遇攻犯江州，城中军民亲见真相现于云端，结成龙马，贼遂陨灭。开禧吴曦叛蜀，夔帅蒋介有神降革，谓采访已奏于上帝，行被族诛。今兹狂虏犯顺，实赖阴相，江面再清，东南莫枕。……灵响昭彰如此。……(岩之)窃念：神考……于应元保运妙化今号之上加上八字徽号，尊以册书，镂以嘉玉，收回元诰，赴礼部架阁。不惟消弭兵灾，肇开泰运，保国祚于有永，延圣寿以无疆；抑与列圣尊崇典礼不至背驰，岂胜宗社生灵之幸。[①]

史岩之请求于六字徽号之上再加两字，这是对使者神迹的肯定与褒奖，也是对使者显示更多神迹的企盼。同年九月，陆景思"再奏乞颁降封册事"，重申史岩之的请求：

臣景思照得本州太平兴国宫九天采访应元保运妙化真君：……今年虏哨入本州瑞昌县境，若有所制，讫不能前。阴护一方，全活甚众。致如甘雨时雪，消疫济荒，保边禳兵，护国救民，其所以孚佑者甚盛。……帅臣奉辞以告，崇报未极，众心歉焉。欲望圣慈降付尚书省，于应元保运妙化真君今号上加八字徽称……景定元年九月日。[②]

第二年五月，印应雷再次上奏"申乞加封册号事"：

---

① 《庐山太平兴国宫采访真君事实》卷三"宋朝崇奉类"，《藏外道书》本，第374页。

② 《庐山太平兴国宫采访真君事实》卷三"宋朝崇奉类"，《藏外道书》本，第375页。

(应雷)……伏闻九天采访真君……神功施及于今,名号未加其旧,或者其不谓礼。前守臣史资政、陆殿撰俱尝敷奏,乞颁徽号,以副舆情,未准回降。当今泰运方开,地弥天区,百神受职,灵绩既昭,表章可后。欲望公朝检会详酌。景定二年五月日。[1]

同年十一月,朝廷接受了史大资、陆景思、印应雷的请求,颁下“加封诰词”:

江州太平兴国宫九天采访应元保运妙化真君,冲澹而与造物游,变化而与阴阳运。吉凶悔吝存乎人,皆出于寂通感应之理。天愤不道之虏,乃能相王师清江面。……封极于真君,号极于八字,尊之至矣。可特封“九天采访应元保运妙化助顺真君”。[2]

特封使者为“应元保运妙化助顺真君”,这是极高的荣誉。然而再高的荣誉也救不了这个行将没落的王朝,抵挡不住蒙古军的铁蹄。德佑元年(1275),蒙古军占领九江,太平兴国宫受到严重毁坏。在周得一、周承源、吕师承等人的倡导、捐助与经营下,太平兴国宫重又兴起。据元代碑刻记载:

岁乙亥,国家混一六合,九江市不易肆,各得全生,而宫

① 《庐山太平兴国宫采访真君事实》卷三“宋朝崇奉类”,《藏外道书》本,第376页。

② 《庐山太平兴国宫采访真君事实》卷三“宋朝崇奉类”,《藏外道书》本,第377页。

> 去城差远，不无过中之扰。知宫事周得一、副宫事周承源慨然有感于宫庭之毁剥，田园之荒芜，欲图缮葺而无其力。左丞吕公时开大府，亟以告焉，随助以凛粟，贷以耕牛，俾招集羽流，经理旧业，越三年，租入渐复其故。于是废者兴，仆者植，殿堂廊庑，一时俱新。湖邑有周公叔者，悉以其家产为香火之奉。宫前之田，间有为豪家所据者，亦皆归疆。由是宫计始裕，道众日增，钟磬日响，九重遣使，降香东西，行者莫不举手加额。山灵改观，神人咸悦。①

元朝继续推崇九天采访使者，不断加封徽号，提高神格。延佑五年(1318)戊午，特加徽号为“九天采访使应元保运妙化助顺至德仁圣真君”。然而，至元朝壬辰年(1352)，太平兴国宫再次毁于兵火。明朝洪武己酉年(1369)，道士江梅高主持重建太平兴国宫；至嘉靖中，杨家穴人于此改祀许真君。② 那么，在国家崇道政策下建构起来的九天采访使者信仰，为何会被地方神所取代？这是下一节所要探讨的问题。

第三节 《采访真君事实》的流传与解读

一、《采访真君事实》的流传

《采访真君事实》自编纂、出版以来，历经宋、元、明，都有不同程度的增补。根据明清时期《澹生堂藏书目》《天一阁书目》《藏园群书经眼录》三种私家藏书目录，以及1949年以后的《北京图书馆善本书目》《道教文化辞典》和《庐山典籍史》等六种文献著

---

① 《庐山太平兴国宫采访真君事实》卷六“碑记类”，《藏外道书》本，第402页。

② 桑乔：《庐山纪事》卷十，第551—552页。

录，历代曾流传不同版本的《采访真君事实》。[①] 明清私家藏书目录的著录内容较为简单，兹引如下：

> 《太平兴国宫真仙事实》八卷，二册。叶义问。[②]
>
> 《庐山太平兴国宫采访真君事实》八卷，宋叶义问撰。[③]
>
> 《庐山太平兴国宫采访真君事实》八卷，宋叶义问辑。明刊本，十行二十字，黑口双栏。有绍兴二十四年中元左朝奉郎通判江州军州事兼管内劝农营田事赐绯鱼袋叶义问序。[④]

上引三家著录的书名、卷数、编纂者，并无多大差异。从傅增湘对《采访真君事实》版本内容的描述，大致可以推测，三家著录的文本应该都是“十行二十字”的明刊本，即周洪宪增补八卷本。

1949 年以后的北图著录内容，与上述三家稍有不同：

> 《庐山太平兴国宫采访真君事实》八卷，宋叶义问辑。明

---

① 详情参见（明）祁承㸁：《澹生堂藏书目》。《续修四库全书 · 史部 · 目录类》，上海古籍出版社 1995 年版，第 656 页；（清）范邦甸等：《天一阁书目》卷三之二“子部”，上海古籍出版社 2010 年版，第 322 页；（清）傅增湘：《藏园群书经眼录》卷十“子部四”，中华书局 1983 年版，第 911 页；北京图书馆善本部：《北京图书馆善本书目》卷五“子部下”，中华书局 1959 年铅印本，第 31 页；张志哲：《道教文化辞典》，江苏古籍出版社 1994 年版；徐效钢：《庐山典籍史》，江西高校出版社 2001 年版，第 131—132 页。

② （明）祁承㸁：《澹生堂藏书目》。《续修四库全书》史部目录类，上海古籍出版社 1995 年版，第 656 页。

③ （清）范邦甸等：《天一阁书目》卷三之二“子部”，上海古籍出版社 2010 年版，第 322 页。

④ （清）傅增湘：《藏园群书经眼录》卷十“子部四”，中华书局 1983 年版，第 911 页。

周洪宪增补。明刻本,四册。[1]

从书名、卷数与编纂者来看,与前引三家都相同,唯有的差异是多了“周洪宪增补”,且由祁承爜著录的“二册”变为“四册”。据这些简短的信息,笔者推测,北图著录的版本亦为“周洪宪增补八卷明刻本”,其文本特征为“八卷、四册、半页十行二十字,黑口双栏”。至于祁承爜著录的二册本,很有可能是残本。

1988年,上海书店、文物出版社、天津古籍出版社合作编辑《道藏》丛书,根据涵芬楼藏本,并辅以上海图书馆、上海白云观旧藏本,影印出版七卷本《采访真君事实》。张志哲的《道教文化辞典》,著录了这一版本:

《庐山太平兴国宫采访真君事实》,道教宫观志,元佚名撰。7卷。前附叶义问序。卷1分真创始类,叙“九天使者”来历及自唐建祠供奉至宋建太平兴国宫始末、宫观设置等;卷2、卷3宋朝崇奉类、卷4元朝崇奉类,皆叙帝王祭祀封诰之类;卷5习仙类,叙修道者在庐山遇仙传说及遗迹;卷6碑记类,较有史料价值;卷7应感类。收入《道藏》第1006—1007册。[2]

在这里,书名与此前四家著录相同,编纂者却由叶义问、周洪宪变为元佚名,卷数由八卷变为七卷,版本由明刊本变为《道藏》本。这是怎么回事?2001年,前庐山图书馆馆长徐效钢在《庐山

---

① 北京图书馆善本部:《北京图书馆善本书目》卷五“子部下”,中华书局1959年铅印本,第5册,第31页。

② 张志哲:《道教文化辞典》。

典籍史》一书中,对此说明如下:

> 《庐山太平兴国宫采访真君事实》8 卷,宋叶义问撰。明刻本,现藏北京图书馆。……该书明刻本为半页 10 行,行 20 字,黑口双栏。北京图书馆善本书目著录有“明周洪宪增补”一句,可知明刻本由周氏有所增补。此书虽有明刻本传世,但在明代以来,庐山各家志书中就不见引用与著录,如明桑乔,清毛德琦、蔡瀛,民国吴宗慈等修志大家均为如此。此又可知该书之稀罕。另外,在明代正统开始编纂的《道藏》之中,《庐山太平兴国宫采访真君事实》为 7 卷。①

徐效钢综合各家著录及庐山相关地方文献,注意到了《采访真君事实》有正统《道藏》七卷本与明刻八卷本两种版本。同时,他尝试从明、清、民国几部庐山志书中寻找《采访真君实事》的文本信息,发现有一部被频繁引用的《太平宫志》,但他并未进一步考证两种文本之间的关系。②

在历代流传的《采访真君事实》本中,明刻八卷本较少流通,普遍所见的是《正统道藏》七卷本。1988 年出版的《道藏》丛书本,正是以《正统道藏》七卷本为底本。③ 1994 年,胡道静等主编的《藏外道书》,却是以明刻八卷本影印出版,且不著作者,不予句读。④ 2004 年,张继禹等主编的《中华道藏》,仍以《正统道藏》七卷本为底本影印,且全文句读,这是目前仅见的七卷句读本。⑤

---

① 徐效钢:《庐山典籍史》,第 131—132 页。

② 参见徐效钢:《庐山典籍史》,第 132 页。

③ 张志哲:《道教文化辞典》,江苏古籍出版社 1994 年版,第 607 页。

④ 胡道静等:《藏外道书》第 18 册,第 356—421 页。

⑤ 张继禹:《中华道藏》第 460 册,华夏出版社 2004 年版,第 540—583 页。

在梳理太平兴国宫的历史时，笔者发现，在明、清、民国时期的四部《庐山志》中，比较集中与全面地介绍了此宫的历史沿革与相关景观。这四部庐山志，分别为嘉靖四十年(1561)桑乔编纂的《庐山纪事》、康熙五十八年(1719)毛德琦编纂的《庐山志》、道光四年(1824)蔡瀛编纂的《庐山小志》、民国二十二年(1933)吴宗慈编纂的《庐山志》①。这四部庐山志的资料来源，都是名为《太平宫志》的历史文献，但都没有提及《采访真君事实》。那么，在《太平宫志》与《采访真君事实》之间，究竟是什么关系？

关于《太平宫志》的真实面目，至今无人考证。在《庐山纪事》与《庐山小志》中，共有八处引用《太平宫志》，所引内容与《采访真君事实》原文相差不大。综合考察各种细节，笔者有理由推测，二者实为同一文本。详见下表：

表3—1:《太平宫志》与《采访真君事实》内容对应简表

出处	《太平宫志》中被引内容	《采访真君事实》对应内容
《庐山纪事》卷十，第548页	《宫志》：三山涧水源于松光岭，有三龙湫。其上一湫在绝壁，天将雨，辄有云气出湫中，樵者相传或见龙戏其上云。旧有龙王词，今废	《藏外道书》本卷一，第360页
《庐山纪事》卷十，第549页	《宫志》：飞云洞可坐三二十人。洞内壁复有小洞，洞口近生一石窒之，不可入。窥之黯然，其气腥	《藏外道书》本卷一，第360页

① 版本分别为：桑乔《庐山纪事》，成文出版社据明嘉靖四十年刊本影印；毛德琦《庐山志》，康熙五十八年(1719)版，民国四年(1915)汪知本补修本，江西师范大学图书馆藏；蔡瀛：《庐山小志》，国家图书馆数字方志收藏道光四年版；吴宗慈《庐山志》，民国二十二年(1933)上海仿古书局铅印本，江西师范大学图书馆藏。

续表

出处	《太平宫志》中被引内容	《采访真君事实》对应内容
《庐山纪事》卷十,第558页	《宫志》:墨仙泉,大平宫道士胡用琮遇道流于云堂,留之饮酒,既醉。道流以刀剑剜土沥酒漱津,和之成墨以授。用琮投之几上,铿然有声。翌日视之,紫磨金也。其剜土处有泉出焉,甘而不竭。人皆以为吕洞宾。故谓其堂曰授墨堂,泉曰墨仙泉。皇甫坦尝采其事,闻于德寿堂。今废,泉不知所在	《藏外道书》本卷六,第381页
《庐山纪事》卷十,第559页	《宫志》:宫有白玉蟾丹井,今不知处	《藏外道书》本卷一,第360页
《庐山纪事》卷十,第560页	《宫志》:驯鹿场在三山前,今不知处	《藏外道书》本卷一,第360页
《庐山纪事》卷十,第563页	《宫志》:唐陈伯宣者,陈宜都王叔明之苗裔也。自闽之仙游来庐山,隐居圣治峰阴。尝注司马迁《史记》,诏征不赴,就拜著作郎	《藏外道书》本卷六,第398页
《庐山纪事》卷十,第564页	《宫志》:黄知微得道,佯狂。人谓之黄风(疯)子。一衲百结,寒暑弗易。行尝携两囊随,所得襍投其中而不臭秽,名曰"锦香"。又善噫气,噫辄经时不绝,响彻云汉。素不攻诗而多佳句。如:"溪云拂地送残雨,谷鸟向人啼落花。万里碧云开暮色,一条银汉在秋天"之类,皆可讽咏。后死宫侧	《藏外道书》本卷五,第383页

续表

出处	《太平宫志》中被引内容	《采访真君事实》对应内容
《庐山小志》卷十,第2页	《太平宫志》:使者化为道士,从陈氏乞地。一夕,风雷迁其宅于山之南崦。唐开元建,额曰"九天采访祠"。宋宣和改太平兴国宫。明洪武二年,道士江梅高重建,罗洪先题额曰"仙家采访第八洞天"。内有钟鼓楼二,璇玑玉衡一	《藏外道书》本卷八,第412页。内容稍异

注:1.《庐山纪事》中的《宫志》应是《太平宫志》的简称;2.《庐山纪事》与《庐山小志》引用《太平宫志》应属间接与片断引用,引用过程中夹杂了编纂者的话语。

除了上表《庐山纪事》与《庐山小志》提及《太平宫志》外,在康熙《庐山志》与民国《庐山志》中亦有提及,但比对各自的引文,发现后者都是从《庐山纪事》中转引而来,可见他们都没有见到原书。通过综合上表比对《庐山纪事》《庐山小志》引文与《采访真君事实》的文本,发现其内容大体类似,唯一不同的是《庐山小志》中的那段引文。明嘉靖《九江府志》中有一段文字,与《庐山小志》中的那段引文颇为相似,引起了笔者兴趣。嘉靖《九江府志》记载:

> 太平宫,在城南三十里庐山之北。唐开元辛未建,立扁曰"九天采访祠",南唐更为"通元府",宋改为"太平兴国宫",元壬辰兵毁。我朝洪武二年,道士江梅高复兴。正德间,住持周洪宪重修。①

---

① (明)冯曾:《(嘉靖)九江府志》卷十四,中国方志库明嘉靖刻本,第5页。

《庐山小志》上引《太平宫志》的文字中，提到了江梅高、罗洪先，但却没有提到周洪宪；而嘉靖年间的《九江府志》却提到了周洪宪重修太平宫的历史。对于这一差异，我们可能的解释是：《庐山小志》引用的《太平宫志》是周洪宪所增补的。也就是说，《庐山纪事》与《庐山小志》引用的所谓的《太平宫志》，可能是明代太平宫住持周洪宪增补的《采访真君事实》。该文本是八卷本，现藏于北京图书馆，《藏外道书》本就是根据此版本影印而来。

二、九天采访使者形象的变迁

历经唐宋元三朝的频繁诰封，九天采访使者成了国家政权的守护神。围绕这位国家守护神，营建了庐山山北"自分水岭东北行至浔阳江"一线的道教景观。然而，自明代以来，这些道教景观逐渐趋于败落，以致不断被质疑、被取代，最后仅存若干废墟或文物。这一演变过程，集中体现于历代士人编撰的各种游记、山志中，试略作分述。

宋初陈舜俞编纂的《庐山记》，记载了与太平兴国寺（即东林寺）相隔一步之遥的"太平观"（即太平兴国宫）。其"一线串珠"式的叙述体例，让我们得以窥见当时太平兴国宫的四围景观、碑刻、人文环境与神话传说：

> 蛇冈之下五里，至太平观。太一观之西南二里，又有国泰庵，其西上有莲花峰，十里峰顶有莲花。由国泰五里，至报恩庵。由报恩一里，至云际庵。由云际二里，至永清庵，亦名下莲花庵。永清之涧北有牛道人隐居，由永清之西一里至云溪庵，亦名莲花洞。自太一观至云溪，凡佛老之居八。同在莲花峰下，由云溪二里亦至太平观，唐号"九天使者真君

庙”。……始置庙记,李泚撰……有《使者祥验记》……观门之左,有刘越石。……昔匡俗庐于山,有少年屡诣之,自通曰姓刘名越,家在前山之左,邀俗过之,且曰至山下有石,高二尺许,即予居,可叩之。俗后如约而往,至山下,四顾无居室,果惟一石,乃叩之,石为之开,因遇神仙洞府之事……由广泽下山,至太平兴国寺七里……旧名东林。①

自蛇冈至永清涧北不到十六里路程,共有太平观等八处佛老之居,还有李泚碑记、潘观碑记、刘越石的传说等,这些即是宋初太平观周围的景象。进入宋代,太平兴国宫的建筑与景观更为丰富和繁盛。乾道三年,周必大记述:

次至太平兴国宫,街衢门阙,气象清华。刘越石高三四尺,根植地中。在宫门之外。仙乡亭废矣。宫倚圣治峰,正殿惟设采访使者像,其后乃太上本命殿。两廊绘使者变相仪卫,次以五百灵官,又其后有云无心堂,临流水可爱。道士皆星居。……登新创钟楼而行。楼名景阳,华丽殊甚……日落,至清虚道人皇甫坦庵。②

在这里,不仅有刘越石、本命殿等景观与建筑,还可以看到新创的“景阳钟楼”,华丽异常。乾道六年,陆游游太平兴国宫时,见到了“车马驰凑,往宫中焚香”的香客、“衮冕如帝者”的九天采访

---

① (宋)陈舜俞:《庐山记》卷一“叙山北篇第二”,吴宗慈《庐山志》副刊本,第9页。

② (宋)周必大:《庐山后录》,见(清)毛德琦《庐山志》卷十四,第15册,第17—33页。

使塑像,还见到了“景阳钟楼”。他的描述更为详细:

采访殿前有钟楼,高千许丈,三层累砖所成,不用一木,而栏楯翚飞,虽木工之良者不迨也。……观主云此一楼为费三万缗,钟重二万四千余觔。又有经藏亦佳,扁曰“云章琼室”。①

在周氏、陆氏眼中华丽异常的太平兴国宫,至淳熙五年(1178)却有“荒凉”之感。据范成大(1126—1193)记述:

至太平兴国宫。在圣治峰下,左则香炉、石面诸峰,右则狮子、莲花诸峰。面对蕲黄诸山,形胜之地也。宫之尊神曰“九天采访使者”,唐开元中见梦玄宗,作庙于此。南唐号“升元府”。本朝更“宫”,而加号使者曰“应元保运”。相传唐建庙时,材木皆浮出江上,命曰“神运”云。绍兴初,贼李成破江州,纵兵大掠,焚宫净尽,所存止外门数间。其后道士修建,惟真君之殿差如法,余率因陋就寡。从屋在山下及涧之外者,今皆灌木生之,猝不可复矣。又道士辈各自开户牖,荒凉之象可掬。入山五里,到东林寺。②

周氏、陆氏与范氏三人游览庐山,前后相隔不到十年,所见到的都是经历了“建炎盗”兵灾后重修的殿宇。当时的太平兴国宫,

① (宋)陆游:《游庐山东林记》,见吴宗慈《庐山志》副刊《庐山古今游记丛钞》卷上,第20—21页。

② (宋)范成大:《吴船录》卷下,《丛书集中初编》,第3153册,中华书局1985年版,第30页。

虽有华丽的外表,但宫外环境萧瑟的道士各自修行,似乎已经繁华不再,每况愈下。

延祐二年(1315),李洞夜宿太平宫,留下了游记:

> 至圣治太平宫,宿听雨轩,邻房亦有客方寝,乃前巴陵守易平樊炳子明,固将穷探极讨,咸又喜以为得侣,明日过匡山精舍,临磬湖,披与草,咏玉蟾丹井,入飞云洞,访隐者桂心渊不遇,遂肩舆过东林寺。[①]

这里的听雨轩、玉蟾丹井、飞云洞与隐者桂心渊,让我们看到了宋末元初新出现的景观与道教人物。这时的太平兴国宫与东林寺,依然是士人游览庐山的重心所在。至正十二年(1352),太平兴国宫毁于兵火。明朝虽屡有修复,却难复旧观。从桑乔《庐山纪事》对“太平宫一线”的记述,可以大致了解当时的景观与艺文。

桑乔《庐山纪事》卷十“自分水岭东北行至浔阳江”,记录了太平兴国宫的四围环境:松光岭、圣治峰、三山涧、飞云洞、泉水堰、分水岭、老君崖、覆船山、太平宫;宫内建筑与景观:宝石池、刘仙石、墨仙泉、白玉蟾丹井、驯鹿场、磬湖、镜泉、诵经台、匡山精舍、听雨轩;太平兴国宫的人、事与文:莲花会、寓禄外官、宫内儒人、居宫道子、艺文。[②] 他对太平兴国宫的认识,来自于对《采访真君事实》等相关文献的阅读及实地调查,因此与此前陈舜俞、周必大等人山志、游记中记述的建筑与景观并无多大差别。不过,其

---

① (元)李洞:《庐山游记》,见(清)毛德琦《庐山志》卷十四“艺文上”,第15册,第34页。

② 桑乔《庐山纪事》卷十,第547—575页。

中有很多景观,已经只能见到废墟,或是听到传说。那么,这是否可以说明,太平兴国宫的繁荣基本定格于宋元时代?

至正十二年,太平宫毁于兵火;"明洪武二年,道士江梅高复兴。正德间,住持周洪宪重修"①。正德八年(1513)夏六月,江西提学副使李梦阳(1472—1530)在《游庐山记》中记述:

下游东林寺,观虎溪。又至西林,观塔。东又观太平宫。太平宫者,即御制碑物色周颠处也。②

明初的太平兴国宫,虽有道士江梅高、住持周洪宪主持修复,但一度被选为安顿周颠的最佳处所。当然,周颠最后被安顿在位于庐山之巅的天池寺,而太平兴国宫也不再受到帝王的宠幸,难复旧观。不仅如此,就连其供奉的国家神的地位,竟然受到了地方神的挑战。据《庐山纪事》记载:

嘉靖中,杨家穴人以争立许旌阳庙讼诸府,知府钟卿使送旌阳像于太平宫,以息其争。由是江南北人无远近,咸走太平宫进香,曰"朝许真君"。施舍填委,宫遂骤富,因敛其赀,以建殿宇焉。③

杨家穴人"争立许旌阳庙",当地知府居然"使送旌阳像于太平宫",而四方人士到太平宫进香,都是为了"朝许真君"。更为重

① (明)冯曾:《(嘉靖)九江府志》卷十四,中国方志库,明嘉靖刻本,第5页。

② (明)李梦阳:《游庐山记》,见(清)毛德琦《庐山志》卷十四,第15册,第40—43页。

③ 桑乔:《庐山纪事》卷十,第551—552页。

要的是，宫庙因此而“骤富”，自然也就推崇许真君，摒弃了“九天使者”。江南北人奔忙于“朝许真君”，宫为之“骤富”，庙宇为之改观。伴随着这一主神改祀过程，桑乔对“九天采访使者”的神话进行了重新解释。首先，他结合各种文献记载，对“陈伯宣捐宅使者建庙”一说提出了质疑：

世传伯宣捐其宅为九天使者庙，而自徙居南崦上。既卒，道流祀之，以为土神。然《陈氏家谱》陈宜都王五世孙兼，唐玄宗时仕为秘书少监。兼子京，德宗时亦仕为秘书少监。京无子，以族子褒为子。褒子瓘，瓘之孙避仇徙居仙游而生伯宣，计其生当在敬穆之间，去建庙时远甚，乌有所谓捐宅者哉？白玉蟾《地王祠堂记》曰：隐君陈其姓，莫知其名，似为近实云。伯宣之后为义门陈氏。①

桑氏认为，陈伯宣生存于唐敬、穆之间（820—826），与开元十九年玄宗敕建“庐山使者庙”相距近一百年，可见捐宅之说纯属荒谬。在此基础上，桑氏进一步指出了《采访真君实事》《录异记》、潘观碑记、张景述《续浔阳记》、陈舜俞《庐山记》等多种文本的不实之处：

桑乔生曰：《宫志》及《录异记》皆谓采访见梦于玄宗，丐立祠焉。又言使者化为道士，从陈氏乞地，一夕见雷，迁其宅于山之南崦。又潘观《祥验记》、张景述《续浔阳记》、陈舜俞《庐山记》所载使者神异之迹甚众。夫使者，既以上帝命采访

① （明）桑乔：《庐山纪事》卷十，第563—564页。

人间事,必不从人君乞祠;既天子为之立祠,必不从下民乞地;既天之贵神尊高,必不以神异耸动人之视听,而奔走之也。甚矣,记者之陋也。①

如果九天采访使者自有神异大能,那又何需向人君乞祠,从下民乞地,以神异耸人耳目?桑氏把这些神话传说都归结为"记者之陋",但却没想过这可能原来就是"记者所为"。他还指出:

李泌碑言,开元十九年八月二十一日,降明旨曰:青城山丈人庙、庐山使者庙,宜准五岳真君庙,听抽德行道士焚修供养,敕置庙使内供奉,将使者真图建立祠庙。而宋叶义问《感应记》《王阮录寄事实》并言,开元中明皇梦庐山使者求立庙诏,刺史独孤正营建,则其所祀乃庐山使者,非采访。而明皇所赐缪篆殿额,亦只曰"九天使者之殿",并未言采访,惟《录异记》乃始言采访。盖因"九天使者"之称,而益讹也。后世因遂祠采访,而庐山使者之祀,反废绝不举矣。②

桑氏关于"庐山使者"与"九天采访使者"之辩,是指玄宗所敕建的是"庐山使者庙",因而庙中所祀并非"九天采访使者"。他并未详细比对各文本之间的传承关系,而是认为这是以讹传讹。

从托梦到选址,再到各种文献记述的神异事件,都被桑氏以"耸动人视听"一一解构了。这表明,明中叶以后的太平兴国宫与九天采访使者,已经逐渐失去了正统地位,在庐山宗教文化中日

① (明)桑乔:《庐山纪事》卷十,第575页。
② 桑乔:《庐山纪事》卷十,第553—554页。

益边缘化了。

明清之际，由于流寇和农民起义的冲击，庐山道观破蔽不堪。[①] 顺治至康熙年间的学者潘耒(1646—1708)，在游览庐山时记云："二十里抵山麓太平宫，唐明皇所创，以奉九天使者，形胜绝佳。宋元时尚弘丽，多前代物，白玉蟾之流栖讬焉。今颓败不支，黄冠拾薪锄菜而已。"[②]康熙壬申年(1692)二月，查慎行(1650—1727)游庐山时，见到了"颓废殆尽"的太平兴国宫：

> 岭南五里渡桥为太平宫，道家所谓第八咏真洞天。两山围抱，中豁一区。宫址背老君崖，面株岭，九十九峰罗列其前，争奇献秀，无一敢自匿者。旧殿凡九重，颓废殆尽。墨仙泉、刘仙石、宝石池、吴道子画壁，灭没于荒烟蔓草间，了不可问；碑碣并无一存，惟唐时钟鼓二楼犹岿然对峙，陆放翁谓高十余丈，钟重二万四千斤，每楼费三万缗。正殿前有铁菱角一，大铁镬一，可容五六十石。旁小屋三楹，奉舍宅陈姓像。铁钟一，至元九年造。铁炉一，独足，状如钟而仰，泰定三年造。黄冠二三辈，支折脚铛于后阁。客至，不施揖，不设坐，进苦茗一瓯，询以旧事，茫然不知。计此地自唐宋以来，穷极侈丽，物盛而衰，固其所也。[③]

这一时期，太平兴国宫的旧殿颓废殆尽，碑碣无一可寻，黄冠粗俗不堪，昔日的胜迹已经埋没于荒烟蔓草之间。康熙丁丑年

---

① 陈岌：《庐山道教文化概述》，《东南文化》，1991 年第 10 期。

② (清)潘耒：《游庐山记》，见吴宗慈《庐山志》副刊《庐山古今游记丛钞》卷下，第 47 页。

③ (清)查慎行：《庐山纪游》，见吴宗慈《庐山志》副刊《庐山古今游记丛钞》卷下，第 17—18 页。

(1698),李绂(1675—1750)“一过庐山”,夜宿太平宫,竟然是“乱草为席,湿衣覆足”[①],其悲惨遭遇,与前此李洞夜宿太平宫形成鲜明对比。

康熙时期,秉承以理学为主导、以佛道为附庸的理念,在庐山塑造了“僧名儒行”的超渊和尚与“亦儒亦道”的木瓜洞道士,带来了山南秀峰寺与木瓜洞一带的繁荣。[②] 不过,自石和阳师徒之后,木瓜洞再次趋于荒废。[③] 这说明:石和阳迎合国家认同的需要,并不能阻止庐山道教文化的全面败落。清代太平兴国宫的境遇,同样是很好的例证。

太平兴国宫自嘉靖中叶改祀许真君后,一度“宫为之骤富,庙宇为之改观”,似乎重现昔日的辉煌。不过,从明末清初士人的有关记述,可以看出改祀许真君后的骤富只是暂时的,太平兴国宫依然落魄如旧。嘉、道年间,吴名凤(1767—1854)游览太平兴国宫,据说所见到的只有“璇玑玉衡”“铁釜”等道教文物:

> 庭列璇玑玉衡,铸铁为之。下截形如覆甑,旁镌“癸未七月匠人张文造”。上截推之可转,中铁广厚径尺。上下四旁,俱有圆翅,长半尺许。周围拱之,不尽其向。下一翅与下覆甑枘凿相含,如磨脐然,推之圆转如轮。询之道人,则谓真人在施食台上炼丹时,用此窥测星宿,审定时刻。不识此语诚然否也。有铁釜以衅,大可煮米十余石。后重祀玉皇,铜像高几二丈。钟款皆清代所铸云。旧碑皆毁于元,今无存者。[④]

① (清)李绂:《六过庐山记》,见吴宗慈《庐山志》副刊《庐山古今游记丛钞》卷下,第44页。

② 详情参见本文第五章。

③ 参见吴国富:《庐山道教史》,第339页。

④ (清)吴名凤:《游太平宫记》,见吴宗慈《庐山志》纲二,胡注本上册,第96页。

民国年间，吴宗慈把太平兴国宫的衰败归结为太平天国之乱，即所谓“清咸丰间再毁，不能复振，仅重建真君殿而已”①。至于晚清以后的太平兴国宫，他在《庐山志》中有更详细的描述：

今宫只存前后两殿，民国初年建。其形胜规模，犹可概见昔时之盛。王世贞所记棹楔尚有遗迹，越此则大石所砌之路。行半里许，见所谓婆媳塔者。伫立道左右。其在右者已半颓，故不及左者高。婆媳名所由来，询宫道士、东林寺僧，皆茫然。乡人传为婆媳两人所造。近人游记、商务书馆编《庐山指南》、中华书局编《庐山导游》，皆以讹传讹。《指南》曰：“左右有二台，曰婆媳塔，各高约四十尺，已历千余年。外有石梯，计三十二级，可升塔顶。塔之建筑为 Moorish 式。”近人于本国历史上事辄不屑考，喜引欧西一二名词，以示其博。Moorish 者译为摩尔斯的，究竟我学摩尔斯乎？摩尔斯学我乎？考婆媳塔者，即陆游游记及查慎行游记所载之钟楼也。故《桑纪》《毛志》均无纪述，因其非塔，仅一特式钟楼，不然何至失载。今东面者顶已半圮，梯毁不可复登。钟楼前即殿宇，住宫道士一人。后殿前天井内置铁器一具，四旁及上部均有圆翅。长半尺许，固相同也。查记亦谓宫有铁菱角，或即此误。菱角之名，殆象形言之。相传此器太平军时曾毁于火，无损。今永置风雨中，亦不锈，诚一古物也。其余遗迹如授墨堂等均非当时建筑，后人因其事而饰之者。唐宋时代宫殿之富丽，与道流数百人之盛概，今不复见。只余一道者与

① 吴宗慈：《庐山续志稿》卷二，第 15 页。

农夫野老共话沧桑耳!①

吴氏这段长文,重点并不在于考察太平兴国宫的历史,关键在于讨论婆媳塔的来历。通过比对明代《庐山纪事》、康熙《庐山志》及陆游游记与查慎行游记,吴氏认为婆媳塔即是宋元时期太平宫所建的钟楼,而非近代庐山旅游指南诸书所宣称的 Moorish 式建筑。从"Moorish"这个英文单词,我们可以看到西方文化在太平兴国宫打下的烙印,可以看到晚清以来国人向往西方文化的急切心态。当然,吴氏的校对、比堪与批评,亦让我们看到了有识之士的理性思维及其对传统文化的批判继承。

《采访真君事实》的编纂、流传与后世的重新解读,可以说是庐山道教文化史的缩影。从唐宋至明清,庐山太平兴国宫与九天采访使者,由盛入衰,主神的被替代,神话被质疑,所剩无几的故物被打上了西方文化的烙印。然而,借助于《采访真君事实》和其他相关文献,我们对那些曾经存在的,现在已成废墟的,或是依然可见的道教景观,仍然有可能找到某些内在联系,重建庐山道教文化的历史图景。

① 吴宗慈:《庐山志》纲二,胡注本上册,第 99 页。

第三章

周颠信仰的建构：以《庐山纪事》为中心

元末群雄割据时，朱元璋在庐山附近的鄱阳湖口大战陈友谅，取得统一天下的关键性胜利。称帝后的明太祖为巩固政治秩序，在庐山丰厚的佛、道文化基础上，封庐山为“岳”，并于山顶天池寺奉祀亦佛亦道的“庐岳神”周颠，享受位同五岳的“爵禄与秩祀”，并为周颠立传、竖碑、建亭。经过明王朝长达一百多年的苦心经营，庐山逐渐成为中国传统政治文化的象征。《庐山纪事》的编纂与出版，成为这一政治文化建构的总结性文本。在后世编纂的多部山志中，周颠信仰或是被质疑，或是被整合，或是因外敌入侵而被怀念。本章以《庐山纪事》为中心，考察王朝政治元素渗入庐山的过程。

第一节　江州之战与周颠仙人

一、元末江州数易政权与鄱阳湖大战

元王朝（1271—1368）因为实行残酷的奴隶制式的掠夺、剥削统治，在不到百年的时间里，社会阶级矛盾激烈，民怨沸天。元顺帝至正十一年（1351）五月，波澜壮阔的农民战争由韩山童、刘福通于河南颍上县揭开序幕。自此，江、淮两岸，成千上万“短衣草屦”的穷苦大众，“齿木为把，削竹为枪”，齐向元朝政府和统治阶

级发动进攻。江西因地处长江中游和下游之间的中间地带，自至正十一年至明朝初建（1368）十几年间，经历了红巾军与元军、陈友谅部与朱元璋部的反复争夺及最后决战。其间，江西北部门户——江州的战略地位尤显突出。[①]

韩山童等起事后，江西虽有民众响应，却未能形成大股势力及有组织的政权，依然处在等待外来起义队伍进入的宁静状态。[②]以徐寿辉为首的湖北红巾军，于至正十一年十月攻占了与江州仅一江之隔的湖北蕲水，并在此建立了天完政权。江州路总管李黼虽然积极备战，依然挡不住天完军队于至正十二年（1352）正月兵分四路的进攻。在湖北重镇汉阳、武昌被相继攻破后，失去外围屏障的江州形势危急。当时虽有李黼领导部众严防死守，最终苦于孤立无援，江州失陷，江西北部门户洞开。此后经过近两年的征战，天完政权分别占有江西、湖南及四川、陕西的部分地区。[③]至正十二年（1352）五月，元军分水、陆两军从杭州、常州、湖州、信州与池州、安庆、江州两路进攻，最终在至正十三年（1353）夏于江州汇合，重占江州。同年十二月，天完政权都城蕲水被攻破，元军对红巾军的反扑取得基本成功。[④]

然而，暂时的成功并不能阻挡元朝统治的终结。至正十四年（1354）十一月，元军统率脱脱因朝廷内讧而被削夺兵权，百万元军不战自溃，这成为红巾军重振旗鼓的契机。淮西红巾军部在将领倪文俊的统率下，重新收复湖北、安徽、湖南等失地，并于至正

---

① 参见陈高华：《论朱元璋与元朝的关系》，见《学术月刊》1980 年第 4 期；吴小红：《江西通史 · 元代卷》，江西人民出版社 2008 年版，第 176—177 页。

② 参见吴小红：《江西通史 · 元代卷》，第 175 页。

③ 参见龚志强：《元明之际庐山地区的战乱与社会重构——以人口为中心的分析》，《江西社会科学》，2012 年第 3 期；吴小红：《江西通史 · 元代卷》，第 176 页。

④ 吴小红：《江西通史 · 元代卷》，第 179—181 页。

十六年(1356)在汉阳重建天完政权。江西的上、下游虽屡有战事,江西内地却因元廷对江州战略位置的高度重视及缺乏足以威震一方的割据势力,而处在等待外部力量强势进入的状态。[①] 至正十七年(1357)九月,倪文俊试图弑杀“木强无能”之主徐寿辉,其部将陈友谅趁机袭杀倪氏,尽吞其众,从而成为天完政权的实际掌权者。[②] 陈友谅继续了倪氏以来的扩土拓疆之战,出兵重点直指东南沿江路州,江州成为第一站。至正十七年十月,陈友谅所部沿江而下,占江州。十八年(1358)正月,攻破安庆。自此至十九年(1359)信州城破,江西十三路尽归天完政权,元朝在江西地区的统治基本瓦解。[③]

至正十九年(1359)十二月,陈友谅迁天完政权都城于江州,依然奉徐寿辉为主,陈友谅自称汉王。至正二十年(1360)闰五月,陈友谅弑杀徐寿辉,建国称帝,号“大汉”,定都江州,江西、湖广之地尽归其有。陈友谅居中控驭辖境内东西各路部众,使其成为当时南方各支反元武装中占地最广、实力最强的农民军政权。[④] 定都江州期间,陈友谅在行政机构调整、人才笼络及文化建设方面小有建树。然而,其成就最终都消解在他的穷奢极欲与穷兵黩武之中。

随着元王朝统治实力的急剧削弱,反元战事逐渐由此前的消灭元朝暴政演变为各反元势力间的角逐。[⑤] 当时颇具实力的反元割据势力,除上述的陈友谅汉政权外,还有北据应天府(今南京)、皖南、浙东一带的朱元璋政权,以及拥有苏、浙富饶之地,以苏州

---

① 吴小红:《江西通史·元代卷》,第183—186页。

② 参见吴小红:《江西通史·元代卷》,第186—187页。

③ 参见吴小红:《江西通史·元代卷》,第186—189页。

④ 参见吴小红:《江西通史·元代卷》,第189页。

⑤ 康秋岩:《用“间”艺术与陈友谅折戟金陵》,见《邢台学院学报》,2010年3月。

为都城的张士诚政权。在三股割据势力中,朱元璋"论兵强莫如友谅,论财富莫如士诚",夹在两股劲敌之中,处境非常被动。[①] 然而,张士诚"器小而无远图",陈友谅"志骄而狂,虽有雄心而无大谋"。夹在其间的朱元璋城府极深,面对强敌,他制订了"高筑墙、广积粮、缓称王"的低调战略方针。即便如此,他也免不了来自陈友谅部狂躁激进的挑衅。

在弑主称帝的同年(1360)闰五月,陈友谅倾巢而出,自江州顺流东下,与张士诚相约,"侵建康"。[②] 面对来势汹汹的进攻,朱元璋与谋臣刘基在分析陈、张二人特性的基础上,拟定了"先灭陈友谅,再取张士诚, 进而平定南方,北伐中原,夺取天下"的战略方针与宏大蓝图。[③] 当年六月,他命胡大海占领信州,封锁住陈友谅部进入浙东的路线,牵制其进攻江东的兵力。七月,陈友谅的浮梁守将于光投降朱元璋部。九月,袁州守将欧普祥亦降于朱元璋部。[④] 陈友谅因其弑主篡权、兼并友邻、骄奢淫逸而渐失军心与民心。

次年八月,在掌握陈友谅内部众叛亲离军情基础上,朱元璋决定亲率大军西征。在解除元军进攻山东威胁的同时,他亲率舟师从龙湾溯流而上,一路攻安庆,克小孤山,下湖口,陷江州,陈友谅败走武昌。朱元璋乘胜分兵四出,相继攻占蕲州、黄州、兴国、

---

① 陈梧桐:《朱元璋战胜陈友谅、张士诚的经过和原因》,见《武汉师范学院学报(哲学社会科学版)》,1984 年第 5 期。

② 陈梧桐:《朱元璋战胜陈友谅、张士诚的经过和原因》,见《武汉师范学院学报(哲学社会科学版)》,1984 年第 5 期。

③ 参见黄长椿:《朱元璋和陈友谅争夺江西的战争》,见《江西社会科学》,1982 年第 2 期;陈梧桐:《朱元璋战胜陈友谅、张士诚的经过和原因》,《武汉师范学院学报(哲学社会科学版)》,1984 年第 5 期;吴小红:《江西通史 · 元代卷》,第 191 页。

④ 详情参见吴小红:《江西通史 · 元代卷》,第 191 页。

广济、抚州等地，陈友谅的饶州、建昌、龙兴、吉安、龙泉等地守将纷纷迎降。江西州县及湖北东北部悉归朱元璋所有，陈友谅在江西的势力仅限于赣南一隅，双方强弱之势发生历史性逆转。①

陈友谅“忿疆土日蹙”，乘朱元璋北援安丰宋政权之时，向他发动大规模的进攻。至正二十三年(1363)四月，陈友谅亲率六十万大军，空国而来，围攻洪都。洪都守将朱文正坚守八十五天，使朱元璋得以从庐州调回徐达、常遇春，并从各地调集将士，于七月间亲率徐达、常遇春等领兵二十万救援洪都。陈友谅闻讯，即撤洪都之围，东出鄱阳湖迎战。两军相遇于康郎山，鄱阳湖水军大会战由此展开。②

战争虽然前后持续三十六天，但决定胜负关键的却只是头四天的战役。头两天，面对士气高昂、小船战舰、同仇敌忾且补给充足的朱元璋部，陈友谅部凭借其庞大兵力、高大战舰及处居上流等优势，尚能勉强维持战斗，但却打得相当艰苦，双方未能分出胜负。第三天，朱元璋针对陈友谅部巨舰用铁索联在一起、转动不便的弱点，改用火攻战术，焚其战舰数百艘，溺死其士卒万余人。第四天再战，朱元璋部又取得重大胜利。陈友谅损失惨重，退保鞋山。艰苦的战斗与连续的失利，陈友谅部军心涣散，左右金吾将军前后倒戈。兵力急剧削弱的陈友谅决计焚舟退兵，却被朱元璋切断后路，困在鄱阳湖近一个月，粮尽援绝。八月下旬，只好冒死从湖口突围入长江。朱元璋追击十余里。陈友谅中流矢死，部将张定边用小船载其尸首逃回武昌，立其子陈理为帝。鄱阳湖大

---

① 参见吴小红：《江西通史·元代卷》，第 192 页；陈梧桐：《朱元璋战胜陈友谅、张士诚的经过和原因》，《武汉师范学院学报(哲学社会科学版)》，1984 年第 5 期。

② 详情参见吴小红：《江西通史·元代卷》，第 192—193 页；陈梧桐：《朱元璋战胜陈友谅、张士诚的经过和原因》，《武汉师范学院学报(哲学社会科学版)》，1984 年第 5 期。

战由此结束。至正二十四年(1364)二月,朱元璋西征武昌,陈理请降,陈友谅原有疆土,从汉水到韶州,从赣州至辰州,已尽入朱元璋版图。①

鄱阳湖大战后,陈友谅的大势已去,然而其旧部及汉政权的"余音"依然围绕在九江一带,并影响着江西其他地方武装势力。陈友谅故将熊天瑞据有赣州,饶鼎臣据有吉安,邓志明据有临江。② 这些武装割据虽然慑于朱元璋日益膨胀的威力,都适时地归顺于朱明政权,然而陈友谅的亡魂似乎对双方都有挥之不去的阴影。

生活于洪武、宣德年间的江西庐陵人李昌祺讲述了一个"秋夕访琵琶亭记"的故事,故事梗概如下:洪武初年江吴富少沈韶与其表兄弟陈生、梁生游览庐山,登访琵琶亭,偶遇陈友谅已故妃子郑婉娥,并与之人鬼交合、畅谈陈友谅汉政权兴衰成败的一系列经过。③ 故事情节很长,其中沈生与郑妃花前月下、畅谈风月一类的描述并非本文重点,略去不谈。笔者在此感兴趣的是故事中陈友谅、郑婉娥等这些曾经不久前在历史上生活过的人物,他们以亡魂形式出现。郑婉娥的亡魂代表着什么?琵琶亭是她的葬身之所,所以她出现于此。以同样的逻辑推理:陈友谅的亡魂呢?陈友谅庞大的汉政权的亡魂呢?如果想让亡魂永远只能成为亡魂,它需要一位真命天子来证明他们的不合法。

脱胎于元末农民战争、征战南北并于鄱阳湖大战中取得决定

---

① 参见吴小红:《江西通史·元代卷》,第192—194页;陈梧桐:《朱元璋战胜陈友谅、张士诚的经过和原因》,《武汉师范学院学报(哲学社会科学版)》,1984年第5期。

② 方志远:《江西通史·明代卷》,第5页。

③ (明)李昌祺:《剪灯余话》卷六"秋夜访琵琶亭记",见刘世德等主编《古本小说丛刊》第五辑,中华书局1991年版,第64—73页。

性胜利的明太祖非常清楚江州的战略地位，亦非常清楚时代需要有一位真命天子式的权威。《御制周颠仙人传》应运而生，御碑亭屹立于庐山之巅。

二、周颠形象的塑造

洪武二十六年(1393)明太祖亲自创作《御制周颠仙人传》，全文2080字(见书后附录二)，命中书舍人詹希庾书写于碑石，竖于庐山之巅。[①] 朱元璋以真命天子的身份，为我们勾勒了一位疯疯颠颠、神秘莫测、亦道亦佛的周颠仙人。其内容梗概如下：

周颠为南昌府建昌人，生活于至正年间。只知其姓，不知其名，因患颠疾，故名周颠。十四岁由建昌入南昌。居无定所，生无常计。以寄人篱下及乞讨、卖苦力过活。在三十余岁、元朝“仍处天下承平，但大乱在际”之时，对于每位新任南昌地方长官，周颠每每谒见并以“告太平”而诉之，时人以“异词”看待；在朱元璋与陈友谅南北对峙、争夺南昌之时，周颠频频出现在朱元璋面前，且以“告太平”“虱子二三斗”“婆娘反”“世上什么动得人心，只有胭脂胚粉动得婆娘嫂”“你只这般、只这般”等怪词、异言叨扰朱元璋。朱元璋被他弄烦，以醉酒、火烧、久饿、饱食等多种方式对其进行试炼，却发现他是一位“灌酒不醉、火烧不死、久饿不死、暴食撑不死”的非凡之人，且“打破一桶，再立一桶”“充军”“立省”等怪言异词频出其口，这让朱元璋对其刮目相看。此时，正值朱、陈南北对峙生死决战期——鄱阳湖大战。由于兵力悬殊，朱元璋对此战并无决胜把握。他向周颠询问说陈友谅已然称帝，与其相战，“岂不难乎？”周颠认为，陈友谅虽已称帝，但谁是真命天子，依然是个未和数。在得到如此回答后，朱元璋诚邀周颠协同作战。

---

① 徐效钢:《庐山典籍史》，第126页。

行军过程中,周颠的“只管行,只管有风。无胆不行,便无风”、“水怪见前,损人多”等预言每每应验。作为全军统率,朱元璋却只想听有利于行军的,对于行军无利的言辞却厌恶之。为稳定军心,朱元璋对周颠渐起杀心,然而却发现“难置之于死”,朱元璋只好备些口粮,“纵其远行”。

鄱阳湖大战胜利后,朱元璋重又想起周颠,派人往庐山找寻,庐山土民描绘说曾见一位瘦长人物口中念着“好了,我告太平来了。你为民者用心种田”的话语,深入庐山,不知所踪。无论从外形、言语,还是行为来看,庐山土人所描绘的都与周颠相符,周颠就在庐山,朱元璋对此深信不疑。

在历经种种反元及兼并战争后,朱元璋终于一统中国,称帝建立明王朝。洪武十六年(1383)八月,一名号称“赤脚僧名觉显”的僧人自称受周颠所派,要求面见朱元璋谈论有关国运大事。此时位居皇位的朱元璋以“虚诳”拒绝召见,只是赋诗二首寄给周颠。赤脚僧在京城伺候四年,奉诗而回庐山。洪武二十三年(1393),朱元璋身患热病,病将致死。关键时刻,住在庐山竹林寺的周颠及一同修道的天眼尊者、徐道人等派赤脚僧送药,又救了他一命。当朱元璋根据赤脚僧的描述,再次派人上庐山竹林寺寻找周颠时,“使者至,杳然矣”①。

周颠,这是一个什么样的人呢?他似乎无所不在,又似乎无所不知,他似乎时刻在关注着朱元璋的命运。在三十岁以前,“告太平”不离口,似乎他一直在等待着一位推翻元王朝统治的真命天子的出现;在遇到朱元璋以后,他认定了朱元璋就是这位真命天子,所以不离其左右;在战争结束后,他告诫百姓在真命天子的

---

① 碑文全文参见(明)桑乔:《庐山纪事》卷二,成文影印本,第136—145页。

统治下要安心种田；在这位真命天子生命垂危之际，他又及时派赤脚僧送药予以治疗；在真命天子派人寻找时，他又杳然不知所踪。《御制周颠仙人传》即是刻画了这样一位周颠仙人。

《御制周颠仙人传》一经写出，明太祖即命人刻碑立于庐山最顶端。由此，在地方官僚、士人、道士及庐山百姓的配合下，明帝室在庐山兴起了一系列工程：碑文中出现的人、事、物纷纷转化成建筑与景观。同时，为了维护皇室仪威，制定了相关山规与祭祀仪式。

其中，天池寺因是崇祀周颠及其他三仙之所在，而成为系列工程的重点之一：

> 天池寺者，即宋之天池院，我圣祖撤而大之者也。事起自周颠仙人。初伪汉陈友谅之入南昌也，已而我圣祖亲御舟师，复取之。乃颠者则来见于南昌。既还建康，乃颠者复来见于建康。其所语虽无正词，然皆有义意。预吐祯符，以开鸿业之先，及六飞西伐伪汉，颠者与大军俱西上，至湖口，辞去，入庐山深处，杳然绝迹矣。其后赤脚僧乃言在竹林寺。竹林者，废寺也。相传有影无形，圣僧隐焉。竹林既不可见，而其址故与天池院近，因饰天池以寓祀。①

根据赤脚僧的描述，明太祖派人至庐山竹林寺寻找周颠，却发现竹林寺是传说中圣僧居处的“有影无形”的寺庙。竹林寺找不到，太祖即命人撤就近之“天池院”，而敕建“天池护国寺”，改祀周颠，“命南、九两郡知县，每岁春秋论祠躬祭”。② 至成祖时，重

① （明）桑乔：《庐山纪事》卷二，成文影印本，第121—122页。
② （清）毛德琦：《庐岳祠记》，见毛德琦《庐山志》卷六，第7册，第7页。

敕曰“天池万寿寺”，并立禁山之界，“东至五老峰，南至白云峰，西至马鞍山，北至讲经台”。[1] 宣宗时，再敕曰“天池妙吉祥寺”。“三敕天池寺”，立山禁，御赐珍贵器物与佛经，享受国家祀典，[2]周颠之荣宠可见一斑。

正统十年(1445)，天池寺住持圆明主持重修寺殿，太常少卿黄养正撰有《重修天池寺记略》，记述了天池寺的简要历史与圆明主持重修的意义所在。黄养正认为：

> 古帝王受命而兴其所，致盛德大业者，非独肱股爪牙善战善计之有其人，而开机于事先，兆形于未朕，必有若周颠赤脚者，神而明之，不可诬也。四方既平，宠数滋被，因池以致崇，易故而为新，神风洋洋，庶其来下，亦岂非所宜哉？圆明于是仰列圣之谟，谋思嗣承于不替，上以为国家宗社万年之祀，而下以为生民惠利之资，其志固可尚也。因为之文……正统十年岁次乙丑冬十一月长至日。[3]

在黄养正看来，周颠之事，乃是1949年初期稳定政权所必需的“神道设教”方式。然而，五十年后，当战争远离、四方升平之际，是否仍需要这种“神道设教”？对此，黄养正对圆明重修天池寺的评价给予了很好的回答。黄养正认为，圆明此举的意义在于：天池寺是朱明政权的代表，天池寺在，朱明政权就在，百姓就

① （清）查慎行：《庐山纪游》，见吴宗慈《庐山志》副刊之一《庐山古今游记丛钞》卷下，第17—18页。

② （清）查慎行：《庐山纪游》，见吴宗慈《庐山志》副刊之一《庐山古今游记丛钞》卷下，第17—18页。

③ （明）黄养正：《重修天池寺记略》，见（清）毛德琦：《庐山志》卷二，第3册，第24—25页。

有太平。

天池寺的重修，体现了明太祖建构国家认同之目的，得到了黄养正、圆明等官僚、僧人的领悟与积极配合。与此同时，桑乔《庐山纪事》中一段天池寺的描述，让我们看到普通百姓对周颠信仰的态度：

> 天池寺者，即宋之天池院……四方之人无远近，闻天池名，皆乐施予。而天池僧益多四出说民施财，粟帛日至，寺益饶裕。诸不以天池名者，民辄靳不予以。故山北上下二十庵院，率假天池名以缘化焉。①

“四方之人无远近，闻天池名，皆乐施予”，天池寺不仅受皇恩国宠，且倍受百姓的拥护。这一点，同样反映在系列工程另一重点“御碑亭”的修复上。

御碑亭，在天池寺东。太祖高皇帝制周颠仙碑，建亭围之，旧用砖砌，年久倾塌。嘉靖十二年(1533)，在知府马纪的主持下，御碑亭得以重新修复。户部右侍郎顾珀为此事撰写碑记，详述此次重修的前后经过及参与人员。由此可知，此次重修提议于弘治戊午年(1498)，批准于嘉靖壬辰年(1532)，完成于嘉靖甲午年(1533)。主要的参与者有释性钊、僧圆喜、知府马纪，巡抚都御史高公韶、王綖，巡按御史秦武、李循义、王镐，参政范永銮，参政副使秦钺、刘可，户部主事白钢，同知黄敏才，通判王臣，推官黄麒等人。亭高一丈三尺，宽一丈七尺，门高八尺，共费银一百八十两。②在碑文中，顾珀论及重修御碑亭的意义：

---

① (明)桑乔:《庐山纪事》卷二，成文影印本，第121—122页。

② (明)冯曾:《(嘉靖)九江府志》卷三，中国方志库明嘉靖刻本，第147页。

> 珀闻之,仰而叹曰:美哉斯亭!宸章之所焕也,休祥之所征也。其当元之季世,肇圣世之所由兴者乎?夫举羸者伤财,啬费者就敝,君子无取焉。若斯亭也,可无作乎?是故山川之胜,得斯亭而益增;斯亭之名,因圣制而益重。君子谓是举也有四善焉:崇制所以广敬也;修坠所以饰治也;因时所以戒弛也;周谋所以志公也。而游观之美弗与焉。呜呼,是可以观政矣。[①]

顾珀认为,御碑亭的重修,就国家层面来说,意味着对祖宗的尊敬与对祖制的遵守,是政治清明的典范,是庐山地方治理好的开始;就庐山层面来说,这一举动更增加了山川的风采与亮丽,让它承载了更深的意蕴。应该说这是明太祖以来士大夫与众官僚看待天池寺—御碑亭工程的基本思路,正是这种思路,支持着他们积极配合与参与周颠形象的塑造。

弘治十四至十七年(1501—1504)林俊(1452—1527)巡抚江西期间,[②]遍览庐山,留下许多诗作,其中《游天池寺记》详细叙述了"天池寺——御碑亭"一线的建筑与景观:

> 行虎溪,观白莲池,仰视山椒,烟霭蒙络,突出浮屠甚峭,僧言曰:此天池。……渡锦涧,历锦绣、半云、甘露、着衣四亭,乃抵寺。……寺二天池。相传帝释天尊手揸,今甃为一。圣祖龙飞,周颠仙言多奇中,后会徐道人、天眼尊者遣赤脚僧进药,和诗,上感修寺,亲制碑,锡以象鼓、铜钟诸器。西有四

① (明)冯曾:《(嘉靖)九江府志》卷三,中国方志库明嘉靖刻本,第147页。
② 方静:《林俊诗文研究》,2011年6月福建师范大学硕士学位论文,第11页。

仙亭，文殊阁……南有舍身崖，神龙宫……有竹林寺，罗汉洗脚池，白鹿升仙台，御碑亭在焉。……寺劫于燹，宣德间敕新之。峰多积雪，殿瓦冷裂。成化间，僧性钊募铁瓦覆之，庑仍以茅，岁率一葺。予谓竹木为质，涂以土若灰，可阅年数，且杜风火，僧或未能易也。登且半，阴翳雨作，须臾白云布地如絮，翼日乃言归。[①]

关于天池寺的文字叙述，除了前引黄养正的《重修天池寺记略》碑文外，林氏这篇游记应属最早的成篇游记。林氏指出：天池寺因处庐山绝顶，面临大风、常年积雪的种种问题，用茅草做殿顶，经受不住大风及火；用泥瓦做顶经受不住常年的冻雪而易裂。成化年间改成铁瓦覆顶，廊庑仍用茅草，但鉴于茅草易腐，所以规定每年得有一次修整。综合这些，林氏建议寺僧用竹木做材料，涂以土灰，即可长久，又可防风与火。林氏这一建议，似乎至嘉靖重修寺殿时得以采纳（详情参见本章第二节）。

三、周颠研究

以往对于周颠的研究，大致从以下几个方面着手：

其一，从朱元璋、周颠与道教的关系入手。孔令宏等认为朱元璋撰写神化自己为“真命天子”的《御制周颠仙传》，是扶植道教势力的措施之一。[②] 卿希泰、叶至明等认为，《御制周颠仙传》是朱元璋夺取政权时，利用道士为其制造舆论的措施之一。[③] 而斯洪桥、方志远等则认为，《御制周颠仙人传》反映了朱元璋的许多

① （明）林俊：《游天池记》，见（清）毛德琦《庐山志》卷二，第3册，第13—14页。

② 孔令宏等：《江西道教史》，第272页。

③ 卿希泰：《明太祖朱元璋与道教》，《江西社会科学》，1999年第1期；叶至明：《庐山道教初编》，第9页。

重大军事行动，都有道士为其出谋划策。所以明初立国之际，朱元璋对道教尊宠有加。[①] 南怀瑾在其所著《中国道教发展史略》中，全文收录《御制周颠仙人传》，并将周颠当成明代初年一位重要的道教人物给予介绍。[②]

其二，从明代皇室与庐山佛教关系入手。张国宏以专题的形式，梳理了天池寺自创建以来至有明清以来的兴衰史。作者书中指出：因为周颠的"神助"而在鄱阳湖大战中大败陈友谅，故明皇室对佛教的好感倍增，对庐山及庐山佛教表现出异乎寻常的热情，并赋予它无比尊崇的地位。天池寺与庐岳的荣宠就是这一尊崇的结果。[③]

其三，从政治与宗教、皇权与神权关系入手。龚志强认为，《御制周颠仙人传》是朱元璋在庐山的神灵塑造举措，其目的在于借助神灵强化皇权。帝王从政治上对宗教的干预，使得庐山的信仰格局悄然发生改变，崇祀周颠的天池寺逐渐取代庐山传统佛教中心东林寺，而成为新的地方信仰中心。在这个过程中，国家实现了对宗教及地方社会的有力控制。[④] 吴国富则认为，《御制周颠仙人传》是一篇集政治谎言、荒唐事迹为一体的文章，也是一篇晓谕臣子、自明心迹的文章。[⑤]

其四，从朱元璋与江西术士的关系、竹林寺传说的特殊文化

---

① 斯洪桥：《朱元璋的道教政策及其因由与影响》，《学术界》，2013 年 5 月；方志远：《江西通史·明代卷》，第 360—361 页。

② 南怀瑾：《中国道教发展史略》，复旦大学出版社 1996 年版，第 118—122 页。

③ 张国宏：《宗教与庐山》，第 100—108 页。

④ 龚志强：《从明初庐山佛教信仰嬗变看国家宗教政策取向》，《宗教学研究》2010 年第 3 期。

⑤ 吴国富：《庐山道教史》，第 284 页。

符号、朱元璋的幕府人员组成等若干方面着手。[①] 此类论文较为零散，其观点不具代表性，无须详述。

上述研究成果，都意识到了朱元璋此举与宗教（或佛或道）及政治的关系，如神化皇权、神道设教、真命天子等。但是，其立论依据都是《御制周颠仙人传》这个孤立的文本，其研究范围都局限于元末明初时期。如果把整个事件放在庐山文化发展整体史中去考察，我们或许会发现其中一个关键性转折：因为元末明初江州战略地位的突显，而引起的明初统治者对庐山政治文化建设的重视，成为庐山由信仰文化名山向政治文化名山转变的契机。

第二节　神化皇权的《庐山纪事》

一、嘉靖时期的倭患与《庐山纪事》的编纂

桑乔于嘉靖四十年编纂的《庐山纪事》，是现存体例最完备、内容最详实的庐山志书。此后编纂的各种庐山志书，基本上都沿袭了桑氏所创的体例（详情参见本文第五章与第六章）。目前所见《庐山纪事》的版本，有成文出版社 1989 年影印嘉靖四十年刻本（以下行文及脚注均简称“成文影印本”）、清顺治范礽编订本、清康熙五十九年蒋国祥刻本、《四库全书》本、民国十年南昌胡思敬《豫章丛书》刻本。[②] 其中蒋国祥本与胡思敬本，实际上是以嘉靖四十年刻本为底本，而《四库全书》本是范礽补订本。笔者所依

---

① 详情参见张兆裕：《明初国事与术数》，《明史研究论丛》，2004 年 8 月；项裕荣：《竹林寺传说及其对明清小说、戏曲之影响探颐》，《广州大学学报（社会科学版）》，2011 年 7 月；赵克生：《朱元璋战时幕府略论》，《皖西学院学报》，2001 年 2 月。

② 参见徐效钢：《庐山典籍史》，第 78 页。

据的版本,主要为“成文影印本”。

桑乔(?—1564),字子木,江都人(今江苏扬州)。嘉靖辛卯年(1531)以易魁应天乡试,壬辰年(1532)举进士。至嘉靖己亥年(1539),历任户部主事、监察御史、巡按。为监察御史期间,因疏劾户部张云、工部林廷昂、礼部严嵩、兵部张讚等人,而被严嵩一党记恨。在严嵩党羽的谗言下,桑乔遭受廷杖下狱,谪戍九江,至嘉靖甲子年(1564)终老于此。在同僚眼中,桑氏为官“恬静孤介,耻事干谒。一疏劾四卿,直声赫赫震中外”。处理国事,如同对待家事,对待流民百姓“若赤子”。为政“以课农足食为急”,为教“以叙伦明礼为先”。“笃伦理,重交游”,“饮水茹粝,淡泊一生”。“学无所不窥,为文奇迈警切,诗清雅俊逸”。一生著述有《庐山纪事》十二卷,《真诠》四卷,《诗文集》二十卷。隆庆初元,奉遗诏赠光禄寺少卿。①

从其一生轨迹来看,桑氏基本生活于嘉靖朝中后期,且在朝为官不到八年,而谪居九江长达二十六年。他自述《庐山纪事》的创作过程:

> 乔在九江,屏居庐北林隐庵,省愆之暇,漫辑录庐山古今事,既久,遂成篇帙,目之曰《庐山纪事》,藏诸箧笥,聊以自娱。②

桑氏居处庐山的二十多年间,正值倭患猖獗之时。自嘉靖三十一年(1552) 至嘉靖四十五年(1566),发生了一场前后持续十

---

① (明)欧大任:《欧虞部集十五种·广陵十先生传》,《四库禁毁书丛刊》集部第47册,北京出版社1998年版,第428—429页。

② (明)桑乔:《庐山纪事·序》卷首,成文影印本,第1页。

五年之久的倭寇之乱，史称“嘉靖倭患”（亦称“壬子之患”）。当时从浙、直、山东至福建、广东，沿海万里遍受蹂躏，甚至“入腹里淮、扬、徽、太、杭、嘉、金、衢之间，至窥南京，裂国家幅员之半”，其破坏程度之惨重，堪称“宇宙以来所无之变矣”。[①] 在此国家危难之时，作为忠臣孝子的桑乔怎能著书以“自娱”？对此，生活于庐山脚下的余文献[②]作为桑氏的朋友，在通读《庐山纪事》的基础上，明白了桑氏创作此书的一翻良苦用心：

> 《庐山纪事》十二卷，今广陵南皋桑君读书庐山中著也。宪使四桥陶公、少参淮海孙公、佥宪壁山庐公、属郡守射陂朱君刻之，郡贰邵君、杨君左右之。且以示献，献窃有感于今昔之故，论其大者，以著君之志焉。
>
> 始南皋君之寓九江也，当是时，士喁喁讲备倭矣。君既屏居濂溪、白鹿间，又时时为山中论。尝谓山者宣也，庐固东南之障也，实以含泽孕蓄为宣者焉。皆谓君好修而志在岩谷者，予亦谓君志在岩谷者。……遍观君所著《山疏》，纪我明圣祖讨友谅事甚具。余曰：见君志矣，其意不在泉石也。乃佚而思初维始也。即岩谷不可见耶？予略道往时苦兵之故，见君思初之本旨焉。夫往牒所称庐山之胜者，以魏晋之际，难首西北，祸烈不甚相及。至元之季世，江南劻勷极矣。环庐土著之民，鲜有自完者，何也？时难起江淮、汉沔间，其受祸近；道所辐辏，其蹂践勤；山介江湖，腹背受敌，无险；断德

① 详情参见李金明：《试论嘉靖倭患的起因及性质》，《厦门大学学院（哲社版）》，1989 年第 1 期；王守稼：《试论明代嘉靖时期的倭患》，《北京师院学报（社会科学版）》，1981 年第 3 期。

② 九江人，字可征，一字九崖。嘉靖进士，博学善为文。严嵩当国，招致之，不应，杨继盛得罪，嵩致之死狱中，饮食药饵，均献为安置。

安塞，吴障肩臂不相救，无应；山硗狭早寒，艺不偿种，无食；民蹈此五难，而无一利，安所自完乎？我圣祖吁于天，为万民赎命，彭蠡之师固，建万世之安。然我民先脱汤火，山川并受其福，谁之赐哉？实艰难血战易之也。故是纪也，删拾往籍，颇采近事。要之大旨，则以圣烈为本，言难所出也。

古大雅者流，陈序先德劳苦，使民戴主德无穷，则君之低徊而系思，岂过哉？闻长老言：友谅既平，圣祖因形束势制，为划壤屯之，以故民垦田不及他郡十之一二。弘治前民间文采若不足，田里实滋殖。士循陶、周、程、朱之遗教，实相砥行，后难言之矣。濒山南，民朴还给；山北稍藻缋，民实不给，何也？予山中人也，敢忘先世之遗俗哉？乃今则谓何故。予有感于君之思，而重为凛凛也。君谓询其遗栅箭室，山中故老莫能对。盖自周颠告太平以来二百年矣，民方竞靡日长，宁能念汤火时乎？噫，民生难得鄙朴，不在文采。承平所患在隐屏，不在目睫。往南昌民变时具见之矣。嗟乎！古大夫告老，坐闾门，诵旧止，为民意，尝在本始也。则予之凛凛又岂过哉？以是知君往虽不讲备倭，其系心盖有甚者，四方岩谷，何可定论士哉？或语予周颠告太平事，曰：颠非岩谷人，何系心太平之甚耶？意亦岩谷有所効者，不然，虽出而山之灵秘默以启之。果尔，则兹山固效太平之符，不独含泽孕蓄，为东南障矣。与君前说少异，故缀之。①

这是余文献为《庐山纪事》撰写的序文。序文指出，志书的编纂与出版，得到了桑乔的同僚兼朋友陶公、孙公、庐公、朱君

① (明)余文献：桑乔《庐山纪事序》，见(民国)吴宗慈《庐山志》下册，胡注本，第73页。

（志书中有不少他们之间互相唱合之作）及九江地方长官邵君、杨君的协助。对于作者的创作意图，余文献指出，在朝野上下都大谈特谈如何备倭之时，桑氏却专注于编纂庐山志书，同僚与友朋对桑氏此举都不能理解，都误解为这或是桑氏遭受贬谪之后的无奈之举。然而遍读山志后，余文献发现，《庐山纪事》压根就是一封备倭奏疏，因而在序文中直称其为"《山疏》"。在这里，把编山志与备倭联系起来的桥梁，居然是明太祖横扫群雄的光辉历史。

余文献指出，桑乔编志旨在"以圣烈为本，言难所出"，他通过寻找及记录明太祖征讨陈友谅血战过程中留下的各种传说、遗迹及文献，思考庐山地方百姓遭受苦难的来源，探寻明太祖消弭战乱、取得胜利的成功经验，从而间接地为当前决策者建言献策。所谓"承平所患在隐屏，不在目睫"，桑氏似乎要对决策者说，倭患之所以会有，而且如此猖狂，正是因为承平太久，战备松弛。对待倭患一类的叛乱，要像太祖朱元璋那样，"为万民赎命，建万世之安"。桑氏的一番良苦用心，通过追寻太祖圣迹而展露无遗。故此，余文献有"君往虽不讲备倭，其系心盖有甚者"之论。"颠非岩谷人，而心系太平"；桑氏非朝廷之人，而心系边患。可惜严嵩当道，桑氏有心无力，或许只能通过构建庐山文化来表达忠心了。

二、《庐山纪事》的编纂模式

"成文影印本"《庐山纪事》分上下两册，全书共十二卷，十行二十二字，白口单栏。前有桑氏自序一篇，图四幅。卷一为通志，总述庐山得名、物产等概况，卷二总论庐山山北登山道路及沿途人文与景观，卷三至卷八为山南六条路线的人文与景观，卷九至卷十二为山北四条路线的人文与景观。详细情形，参见下表：

表 4—1:《庐山纪事》卷目简表

卷	目
卷首序	自序(嘉靖辛酉四月二十四日)、图、目录
卷首图	图一,山北自隘口至三山涧图;图二,山北自三山涧至南湖嘴图;图三,山南自吴章山至三峡涧图;图四,山南自三峡涧至隘口图
第一卷　通志	山纪 品汇 隐逸 仙释 杂志 灾祥 怪异 艺文
第二卷　通志	总论登山道路、天池寺—御碑亭一线
第三卷	山南自隘口东北行至张公岭
第四卷	山南自张公岭东北行至七尖山
第五卷	山南自七尖山东北行至含鄱口
第六卷	山南自五老峰南行至宫亭湖
第七卷	五老峰东南至罗汉岭——白鹿洞书院
第八卷	山南自五老峰东北行至吴章山
第九卷	山北由吴章山东北行至南湖嘴
第十卷	山北自分水岭东北行至浔阳江
第十一卷	山北自分水岭西行至岭末
第十二卷	山北由乌龙潭西南行至隘口

从其卷目来看,《庐山纪事》分庐山为南北、山南六条路线、山北五条路线来进行叙述。这一模式,一方面是依从庐山的行政归属而来,[①]另一方面亦是在陈舜俞《庐山记》叙述模式(参见本文第二章第二节)基础上的完善与发展。它成为庐山历史上第一部

① 参见(明)桑乔:《庐山纪事·序》卷首,成文影印本,第 1 页。

成体系的山志，亦成为此后庐山志书编纂的模板。康熙四年(1665)《增定庐山志》主笔之一闵麟嗣，在其序言中提到：

> 庐山有志而无志，有之，则自广陵桑侍御之纪事始。今观其书，景以地分，文以景附。纪山川古与于《山海经》得之；详人物古与于班马列传得之；列注疏古与于《水经注》得之。侍御当世庙时，气节高天下，雅善文章，识体裁，芜秽之弊，君子无讥焉。第自晋宋以还，遗文散逸，或举乎小，失乎大；或略乎古杂乎今。侍御常自憾之矣。……庐山有纪事，自桑侍御创焉。侍御固变志之体而为其纪事者也。[①]

闵麟嗣指出，庐山有志之始创于《庐山纪事》，该志书仿郭、郦二注之体，合山川、人物、注疏于一体，创"景以地分，文以景附"的体例，使庐山南、北数百里山水、景物、人文"一线串珠"般地勾联起来。[②]《增定庐山志》及此后康熙五十八年的《庐山志》、道光四年的《庐山小志》、民国二十二年的《庐山志》与民国三十七年的《庐山续志稿》等六部志书基本都沿用此一体例并在此基础上偶有创新(详情参见本书第五章与第六章)。

康熙四年续修庐山志书时，主笔人李滢、闵麟嗣等围绕志书编纂体例，曾与江西布政司参议施闰章及江西学政吴炜等进行考究与探讨：

> 匡庐山旧志久失传，自吾乡桑侍御创为纪事，纪事即志

---

① (清)闵麟嗣:《庐山续志序》，见(民国)吴宗慈《庐山志》下册，胡注本，第87页。

② 王晖:《山志体例章法的继承与创新》，《中国地方志》，2008年第2期。

也。……乙巳之岁，余偕闵子宾连渡彭蠡，历览庐阜南北，实赖兹编为向导。……余游匡庐后，与宣城施公愚山相遇于南州，欲余与宾连续为编葺……越丙午、丁未二载，会槩叟吴公视学豫章，舟次秦邮，首以匡庐志事见属……或曰桑先生纪事者，志之别体也。踵其事而变其体，昔之人盖有待矣。然匡庐之磅礴郁积，所谓愈入愈奇，而不可穷者，迥异于他山，其间耳治目治之异，其事所见所闻，所传闻之异其时，志之，盖其难哉？若夫仿《禹贡》《山海经》为之纲，郭郦诸注为之目，则纪事一书，固志之正体也。弗可易也。……稿既成，吴公更征购往籍，手自论定，增其未备，补其不逮，名曰《庐山志》，刻于豫章，余乃谨述巅末，为之序。①

对于志书的体例，主笔人李滢与闵麟嗣曾考虑过要改变桑乔的纪事体。然而，对于庐山这座"磅礴郁积，愈入愈奇"之山，或许只有桑乔这种"景以地分，文以景附"的纪事体才能驾驭。他们最终觉得难以超越桑氏体例，而照旧沿用，仅在其中添加新的内容而已。

在后续编纂的几部庐山志书中，同样沿袭了桑志的体例。康熙五十八年，毛德琦在其编纂的十五卷本《庐山志》自序中，有"山川分纪多仍其旧，文翰则随时而增"②的表述。民国二十二年(1933)，吴宗慈在其编纂的十二卷本《庐山志》"凡例"中述及："明桑乔编《庐山纪事》，其述山川胜迹仿水经注体，纲举而目张。清康熙吴、毛二志因之，今仍沿其例。第人事交通，古今有异，虽

① (清)李滢：《庐山续志序》，(民国)吴宗慈《庐山志》下册，第82页。

② 参见(清)永瑢：《四库全书总目》卷七十六史部三十二，影印文渊阁《四库全书》总目史部第2册，上海古籍出版社2003年版，第613页。

沿其例,不袭其词。”①

《庐山纪事》是桑氏谪居九江二十多年“辑录庐山古今事”而成就的作品,对其资料来源,作者在自序中有所交待:

既竣,乔执卷而叹曰:嗟夫,纪事有三慭,而鄙倍不与焉。其一,古之名贤,如周景式《庐山记》、张僧鉴《浔阳记》诸篇,今不及见,独见其数语于类书中,而宋陈舜俞《庐山记》、马玗《续庐山记》、戴师愈《庐山文物列传》并称名作,亦购之不得,顾独以己意撰述,去取无章程,潜德休光,多所阙遗,称而不宣,无以式远;其二,古今名贤篇什,不为少矣,乔旅泊既乏典籍,以稽往躅。即今时缙绅先生诸名制,山僧羽流不能珍藏,散逸者十九,虽屡搜罗,亦无从得其迹也。逸世之珍,泯焉无闻,进不能焕人文,昭盛世之多才,退不能为兹山增重;其三……嗟夫!巴人下里之言,不入于师旷之耳。乔小子何以掩其瑕,亦聊以藉手就正于有道,得谀闻焉。傥可免于聋瞶乎?②

桑氏在此交待志书可能存在的三点不足,其中就有两点谈到文献来源散佚缺乏的问题。从其表述来看,《庐山纪事》主要的资料来源,应该是《庐山记》《浔阳记》《庐山文物列传》等庐山地方文献、“古今名贤篇什”及“今时缙绅先生诸名制”等。纵观整部志书,他首先通过借阅、实地考察、采访等不同途径,广泛收集各种历史文献资料,然后按“景以地分,文以景附”的体例,整合各种历

① (民国)吴宗慈:《庐山志·凡例》上册,第6页。

② (明)桑乔:《庐山纪事·序》卷首,成文影印本,第1页。

史资料,最终形成这部“近代不刊之书”。[①] 通过志书中所附文献出处及每一卷后所附艺文,我们大致可以勾勒出《庐山纪事》所引文献及所保存文献(详情参见文后附录三“《庐山纪事》文献系统简表”)。

三、《庐山纪事》中的太祖圣迹

《庐山纪事》详细记录了作者所能见到、听到、访到的所有建筑、景观与人文,成为当时及此后一部不可多得的游山指南。然而,由于作者主要关注明太祖血战群雄的遗迹与传说,这部山志充满了太祖的踪迹。其卷二“通志”,集中记述了庐山北道“天池寺—御碑亭”一线的建筑、景观、传说、山规与诗文等内容,实际上是由《御制周颠仙人传》中各个元素转化而来。乃至元末百姓避乱山中的遗址、太祖血战陈友谅的战场遗迹、废墟与神话传说等,都散记在志书其他各卷之中。在此试依据《庐山纪事》的相关内容,还原桑乔时代在庐山的聚焦点。

1. 庐山北道“天池寺—御碑亭”一线

《庐山纪事》卷二开篇为“总论登山道路”,是桑乔对明初以来登山路线的概述。它告诉我们在所有的登山路线中,庐山北道因天池寺、御碑亭的存在,而成为明初以来缙绅大夫的朝拜之路:

> 凡登庐顶,其大道有三,自云峰寺入者为北道,自含鄱口入者为南道,自净慧寺入者为东道,道皆可舆诸他道及小径,山僧樵子所往来者,多不可缕数,皆鸟道巉绝,不得舆。而东道、南道又荒僻少人迹,好奇之士间一至焉,独北道以天池

① (清)李滢:《庐山续志序》,(民国)吴宗慈《庐山志》下册,胡注本,第82页。

寺,故缙绅大夫登览者率多由之,今亦据北道以论山顶云。①

那么这样一条路线都有些什么呢?桑氏接下来介绍到:云峰寺为北道之始,过云峰寺向南,至登高亭,亭有劳堪扁,又上乃至锦涧桥,桥侧有锦涧庵。锦涧桥上为锦绣亭,亭旁为锦绣谷。宋时登山之路即由此上。锦涧桥上数里至半云亭,再上为甘露亭。在甘露亭旁,作者见到了甘露泉、风洞、试心石、土地崖、玄猿洞等景观与兵备副使何棐在甘露亭上建造的石华表、王守仁亲自撰写的"庐山高"匾及石华表侧的欧阳修"庐山高诗"石刻。

甘露亭再上为披霞亭,桑乔于此分别见到了嘉靖元年(1522)、十二年(1533)、三十一年(1552)御史程启充、主事李经、副使周广、佥事王崇庆、御史李循义、主事岑万、参政汪溱,副使郑佐、刘可,佥事任维贤、戴鲸,会稽翁溥、闽陈公升、固安张思诚、昆山章美中、凤阳李心学等人同游至此的碑石题刻与都御史翁溥的"披霞蹑云磴"石劖绝句诗。至此,桑乔总结到:

逾锦涧桥而南,并山宛转,行茂林中,虽攀缘上,然路以曳御碑开,修整可登陟。行一里所,辄有亭可憩,越半云亭,迳始险仄,下濒倾崖,灌木蒙翳,险乃至不可舆,则前挽后拥,引鱼贯而进,按掌跼步,狼顾胁息,俯视飞云,旋绕太虚中,如大瀛海,晃漾回薄,倏然晦冥,目眩神夺,如是历甘露、披霞二亭,凡九十九盘,然后至于天池。②

---

① (明)桑乔:《庐山纪事》卷二,成文影印本,第113页。

② (明)桑乔:《庐山纪事》卷二,成文影印本,第117页。

经登高、锦绣、半云、甘露、披霞五亭，过专门为“曳御碑”而开的九十九盘路，最终达至“灌木蒙翳”的天池山顶——天池禁地。在此，桑乔见到了宋时丞相韩侂胄所建、已处半颓的天池塔及塔旁只剩废墟的赵忠定公汝愚祠，他同时也见到了刻于碑石的赵崇宪祭文、徐邦宪祭文、王守仁“昨夜月明峰顶宿”绝句诗、副使王慎中纪游题志、给事中刘世扬“照江崖”三大字及提学副使郑廷鹄所题的“霞谷”二大字。

天池塔南即为天池寺。天池寺自宋至明嘉靖以前的历史，已如本章第一节所述，兹不赘述。嘉靖期间，寺殿曾有修复。对此，桑乔提到：

> 天池寺殿，嘉靖中僧明瑶修。山阴高寒，陶力不支，旧覆殿以铁瓦，而覆庑以茅，然苦火。御赐铜钟、象鼓皆毁于火。近乃尽撤其茅，而易以瓦，室宇益宏丽。①

天池寺因处庐山最顶端，用何种材质建殿才能抵抗一年四季最强劲的风霜雨雪，成为困扰明帝室与寺僧的难题。笔者于本章第一节曾引述弘治年间畅游天池寺的林俊曾经为这一难题出谋划策。他注意到泥瓦做顶容易冻裂，而铁瓦茅庑虽可抗风，却易遭火。他建议用既可防风又可防火的、涂以土灰的竹木瓦覆顶。林氏的预见性在此得到了印证，铁瓦茅庑的寺殿于嘉靖时期遭受火灾而毁灭尽净。最终寺僧明瑶等重修之时，“尽撤其茅，而易以瓦”，只是此瓦是否为林氏所说的竹木材质的，还有待进一步考证。

---

① （明）桑乔：《庐山纪事》卷二，成文影印本，第122页。

在日显宏丽的天池寺殿内，桑乔见到了刻有王守仁“庐山最高处”、何迁“天池大观”的二块匾额及由推官林天骏撰写、被嵌入殿壁的“梁昭明太子读书台”“咏真洞天”与“太乙峰”等几大篆字。在寺殿外围，桑乔见到了殿前的天池与凌虚阁，殿西的聚仙亭与文殊台，殿西南的舍利塔与舍身崖、狮子崖、文殊崖。凌虚阁为户部主事华云建，有何迁“静观堂”、“栖碧堂”二匾及吴郡梁懋元“凌虚阁赠日峰上人诗”；聚仙亭为祀天眼尊者、周颠仙人、赤脚僧、徐道人而建，曾毁于火。有王守仁、何迁“聚仙亭”二匾、何迁“四仙亭野望”诗及礼部郎中永嘉黄养正《重修天池寺碑》、参政陈沂《天池寺诗》；文殊台在聚仙亭西，上有文殊阁，有何迁所题“文殊阁”三字大匾。台前有一株已存活数百年的偃盖松。台西下邃谷有佛灯；文殊台下为舍利塔，塔内并无舍利，塔下有白石，雨后天晴太阳照射其上，五色光即现，寺僧附会为“文殊化现之祥”。永乐、正德间，皆有游览者见文殊五色光，其事迹刻于碑石，载于《天池寺志》中。

接下来，桑乔简要介绍了天池寺内智隆与圆鉴两位寺僧，并单列“艺文”一栏，收有朱熹《天池寺诗》、李梦阳《天池寺歌》、顾璘《夜雪登天池诗》及王乔龄、张美中、陈洪濛、孙应鳌、刘黻等人的赋诗。

从上山路线，到沿线景观、亭台楼阁、碑刻、人文，再到天池寺的历史、内外景观及亭台楼阁之类的建筑、匾额、碑刻、寺僧及赋诗等，桑氏介绍一应俱全。至此，他总结如下：

（桑乔生曰）：庐山南北寺之钜丽者，必以天池为冠，然无大禅德尸之，僧之习于寂静者益鲜。方且盛仪物事，奔走以逢迎上官，其视莲社风流不逮远矣。东林、开先同。①

桑氏认为，天池寺虽为庐山南北寺庙之冠，寺内却无真正具有深厚修行的禅僧主持，寺僧无心修行，却忙于“逢迎上官”。与昔日慧远及陈舜俞时代相比（详情参见本文第二章），明初以来庐山的佛教文化因依附于政治的色彩过于浓重，而大大失去了它原有的本色。

天池山稍西南行，有铁船峰、莲花庵、白云峰、白云庵。东北方向有白鹿升仙台，相传有人于此乘白鹿升仙而去，有石劖“壶天胜览”四大字与“天池”二大字。“御碑亭”即在此处：

> 御碑亭以奉安我圣祖御制周颠仙人碑，神藻流辉，焕耀云汉，丹崖翠壑，雨露生春，盖二百年于此矣。亭以石，构制甚宏壮，然苦冰雪寒剥，石善败，数葺数败，莫能久完也。②

桑乔在对御碑亭的历史、外观及材质等做如上简要概述后，抄录《御制周颠仙人传》全文于其后（全文见书后附录二）。就笔者目前检索所得，全文收录《御制周颠仙人传》的文献有《（嘉靖）九江府志》《庐山纪事》与此后清至民国的六部庐山志书、《国朝献征录》《（康熙）江西通志》《（同治）九江府志》《（同治）德化县志》《（同治）星子县志》《（光绪）江西通志》《道藏》等。这些文献大多是江西方志，尤其是九江、庐山地区的府县志书及庐山志书。其中最早记述碑文“生存环境”的文献，即是桑乔的《庐山纪事》。

---

① （明）桑乔：《庐山纪事》卷二，成文影印本，第133页。

② （明）桑乔：《庐山纪事》卷二，成文影印本，第135页。

前述的上山路线、亭台楼阁的修复与重建、碑刻与石劖及天池寺的荣宠等,最终都归结于此。与此同时,桑氏还抄录了御制碑后附刻的《御制祭天眼尊者周颠仙人徐道人赤脚僧文》《御赞赤脚僧寺》及《御制群仙古诗》三篇诗文。

由此可以看出,庐山北道"天池寺—御碑亭"一线,主要是以国家认同为主导的政治风景线。它们在桑氏的用心追寻下,以一个有机整体定格于文本之中。

沿着下山的路线行走,仍有明太祖寻找周颠的遗迹。诸如周颠隐去的竹林寺,访周颠不遇的访仙亭及祭天眼尊者的赤脚塔等,不一而足。与前述上山路线类似,明初以来官僚仕宦的题志、游记、石劖、赋诗等不绝如缕。其中值得一提的是,桑乔对于"竹林寺"石劖与竹林寺传说的评论:

> 升仙台东北数百武为佛手岩……岩东北有盘石突出……僧云故竹林寺也。有影无形,神圣所居,风雨中行者往往闻钟梵声。……有石劖"竹林寺"三大字,李梦阳曰:非篆非隶,颠仙手迹也。桑乔生曰:颠之显在洪武初,而胜国延祐泰定时李泂《游庐山记》、黎景高《纪游集》已并载三字,乌得为颠笔哉?黎景高云:三字罗隐书。……竹林寺,山南北人所言其址各各不同(山南人言在小汉阳峰下),概以周颠之事,则山北为得之。然使圣僧绻此敝寺,滞而不化,何以为圣僧哉?钟鼓声晴昼即不闻,风雨乃闻之,是妖妄之讬矣。[①]

针对竹林寺的诸种传说,桑氏给予了如下考证与质疑:其一,

① (明)桑乔:《庐山纪事》卷二,成文影印本,第150—153。

传说“非篆非隶”颠仙手迹的“竹林寺”三大字，在元代李洞、黎景高游记中就已有提及，且黎景高有明确文字提到是唐代罗隐书写；其二，传说中的竹林寺，周颠即为圣僧，如何会屈就于这样一处有影无形、敝漏不堪的寺庙？其三，传说中的神奇的钟鼓声，只有雨天能听到，晴好天气却无，所谓的钟鼓声或许就是风雨声。最后桑氏用了一句“是妖妄之讬”来做总结，这种前后态度的差异是值得思考的问题。

竹林寺传说由明太祖《御制周颠仙人传》演生而来，这点桑乔应该非常清楚；《御制周颠仙人传》亦有许多附会之处，或者压根就是明太祖编造出来的，这点桑氏同样非常清楚。然而，在桑氏看来，太祖在庐山、九江甚至全国建立的丰功伟绩足以让他有这个资本、资格甚至需要去编造与附会，而后人如再在太祖编造与附会的基础上进一步附会、延伸，却是桑氏所不能容忍的。

在志书的其他各卷中，桑氏记述了许多百姓避乱山中的遗址与太祖血战陈友谅的遗迹，同样是为了建构政治认同。

2. 元末明初百姓避乱山中的遗址

《庐山纪事》各卷中记录了各种砦（寨）、堡或洞，它们都是元末庐山地方百姓躲避兵乱所留下的。如卷二的吴王砦：“胜国兵乱时，土人相与团结避兵处也。吴王盖其长云。砦在牯牛岭南，地夷旷可艺粟数十百石，然高寒不获，其东南即钤岗岭。”[①]卷三的黄龙砦：“在白云峰北麓。元末时，里人结砦自保处也。今废。”[②]卷八的女儿城、大麦社、刘家寨山与刘家砦洞：“女儿城，元末避兵处，两山回合，东溪如门。……大麦社，元人避兵时所种麦处

① （明）桑乔：《庐山纪事》卷二，成文影印本，第166页。

② （明）桑乔：《庐山纪事》卷三，成文影印本，第222页。

也。……刘家砦山在大麦社北,昔人于此结砦避兵,故以名山。刘氏盖其长也。有洞曰刘家砦洞,亦避兵时所尝居。今遗骸刀剑盘盂狼藉其中。又多伏翼,群飞掠人,炬不得爇,人无敢入者。"[①]卷九的避难冲:"在寺(龙门寺)西南二三里。元末土人所保以避兵处也。有洞在绝壁,亦昔人所尝居。旁有字刻,高不可辨。"[②]卷十二的杨百万洞:"杨百万洞在上黄龙山。百万浔阳人,赀雄一邑。元末兵起,百万避诸洞中,已而见杀。今人犹有得遗物于洞前者。"[③]

这些遗迹与其他桑乔没有记录的避乱遗迹,反映了元末庐山地方百姓的战争历练。《庐山纪事》卷四对此有如下具体描述:

> 初至正己亥,盗邢万户陷南康,据之半年所。南康儒士黄虞、吏周机等以义兵复之,已而兵败,皆见杀。无何,江西佥事韩准至,邢万户遁,准寻去庐山。砦将张野鸡来据据之,陈友谅至南康,野鸡降。辛丑八月,我兵下江州,遣同佥邵伯忠招抚南康,野鸡遁而西。其后友谅败,亦见杀。野鸡不知何砦将,或曰尝往鼓子岩云。[④]

从至正己亥年(1359)至辛丑年(1361),短短三年中,盗兵、义兵、官兵、匪兵、农民起义军等各方势力,纷纷登场厮杀。由此不难理解,为什么在庐山有如此多躲避兵乱的遗迹,也不难理解战争给百姓留下的心理创伤:

---

① (明)桑乔:《庐山纪事》卷八,成文影印本,第484、485页。
② (明)桑乔:《庐山纪事》卷九,成文影印本,第529页。
③ (明)桑乔:《庐山纪事》卷十二,成文影印本,第687页。
④ (明)桑乔:《庐山纪事》卷四,成文影印本,第267页。

> 嘉靖辛亥春，浔阳人讹言兵至，且加诛远近，汹汹闻人马声，辄骇泣奔走，或挈家室徙他所。其傍庐山居者，皆穴山为匿室，其所穴多值岩洞，昔人所常避兵处，内有遗骸及衣服、匙箸、盘杓诸木器，视若完整，触之即灰，然久塞，其气郁郁能杀人，人有死者。①

嘉靖辛亥年(1551)，“兵至，且加诛远近”，最后证明这是一起谣言。然而，面对这样的谣言，百姓的“骇泣奔走、举家迁徙、穴山为室”，却无形中反映了200年前战争留下的心理阴影。

3. 太祖血战陈友谅的遗迹

元末，朱元璋与陈友谅在鄱阳湖一带殊死搏斗，展开了一系列决定性的战役，留下不少遗迹和传说。如金沙洲：“明太祖与陈友谅战鄱湖，常舣舟于洲下，友谅有术士，能以术为兵，啸风扬沙，风忽转为我用，友谅军尽眯，歼之洲上。”②摇旗垅“亦我圣祖战鄱阳湖事，然不可考”③。箭室“在山半，相传我圣祖战鄱湖时所造箭处也”④。将军套港“在南湖嘴。我师挖江时于此作浮梁以渡师。或曰树栅以遏奔冲者也。今栅木为沙所壅，犹见其稍云”⑤。巡检司“初居山麓，嫌于兵在其首也恶之。因徒居箭室，傍夷室为地，其甓皆摩碎，惟一二存焉”⑥。南湖嘴，“明太祖征陈友谅，刘基请移军湖口，以金木相犯，日胜从之。八月八日，移屯南湖嘴，友谅

① (明)桑乔:《庐山纪事》卷一，成文影印本，第82页。

② (明)桑乔:《庐山纪事》卷九，成文影印本，499页。

③ (明)桑乔:《庐山纪事》卷九，成文影印本，第505页。

④ (明)桑乔:《庐山纪事》卷九，成文影印本，第506页。

⑤ (明)桑乔:《庐山纪事》卷九，成文影印本，第506页。

⑥ (明)桑乔:《庐山纪事》卷九，成文影印本，第507页。

粮尽，沿江下流走，追击大破之。友谅死事，详《太祖实录》”[①]。

艰苦的战争，换来的是“竞靡日长”[②]的百姓对庐山的深度开发。[③] 对此，桑乔发出了由衷感叹：

> 昔我圣祖，血战鄱阳湖时，星列水师，以据江势。滨湖诸山，皆旌旗之薮。勛勦之盛世，乃奉承平二百年。曩之砦栅，皆化而为农亩。乔尝从并湖之遗老，询我圣祖之神谟，将相之忠勤，士卒之勇锐，与蒙冲战筏之所舣泊，攻取遏敚之所践蹂，而皆莫识其故矣。沾濡雨露，粒食宫居，呿呿吁吁，老死春花秋月之中。民生期世，一何幸哉！[④]

行文至此，再回首余文献所说“遍观君所著《山疏》，纪我明圣祖讨友谅事甚具”，则知“君志不在泉石，而在四方”。士大夫的匡时济世之志，于此表露无遗。

第三节 《庐山纪事》的流传与解读

一、《庐山纪事》的流传

前文已述及，在桑乔朋友、同僚及庐山地方官员的资助下，《庐山纪事》于嘉靖四十年（1561）得以雕刻出版。这是目前所知该志书的最早版本，同时亦是目前所知较少见的版本。据徐效钢

---

① （明）桑乔：《庐山纪事》卷九，成文影印本，第 509 页。

② （明）余文献：桑乔《庐山纪事序》，见（民国）吴宗慈《庐山志》下册，第 73 页。

③ 详情参见龚志强：《渐进与跨越：明清以来庐山开发研究》，2010 年暨南大学中国古代史博士学位论文，第 48—50 页。

④ （明）桑乔：《庐山纪事》卷九，成文影印本，第 510 页。

《庐山典籍史》提供的线索,中山图书馆与中山大学图书馆藏有此种版本[①],因条件所限,笔者暂未得见。而据《澹生堂藏书目》《天一阁书目》《千顷堂书目》及《藏园群书经眼录》等私人藏书目录著录信息看,该版本的卷册数、行页、版心情况大致如下:

> 《庐山纪事》十二卷,四册,明广陵桑乔撰,明刊本,十行二十二字,白口单栏,有嘉靖四十年辛酉桑乔自序,前有图。[②]

从清初续修《庐山纪事》的序文可知,上述书目著录的嘉靖四十年刻本,自明末清初一直都有流传,只是比较难以获得。如顺治十五年(1658),江西巡按许世昌在《重修庐山纪事序》中曾提及,"时范子以乔集进"[③]。所谓"范子",即时任南康推官的范礽,"乔集"即指嘉靖四十年刻本《庐山纪事》。作为地方长官的范礽上任伊始,要熟悉地方人文,首先倚重的是地方文献,而《庐山纪事》成为他的首选。[④] 此时的《庐山纪事》,因"湮没戎马之场数十年",板刻已近于毁坏,坊间甚少流传。[⑤] 范礽续修《庐山纪事》的动机,与此不无关系。

康熙四年,《增定庐山志》主笔之一李滢偕闵麟嗣同游庐山,

① 徐效钢:《庐山典籍史》,江西高校出版社2001年版,第78页。

② 详情参见(明)祁承㸁:《澹生堂藏书目》史部下,《续修四库全书》史部目录类,第919册,上海古籍出版社1995年版,第624页;(清)范邦甸:《天一阁书目》卷二之二·史部。《续修四库全书》史部·目录类,第920册,第108页;(清)黄虞稷:《千顷堂书目》卷八,影印文渊阁《四库全书》史部·目录类,第676册,上海古籍出版社2003年版,第217页;徐效钢:《庐山典籍史》,第81页。

③ (清)许世昌:《重修庐山纪事序》,见(民国)吴宗慈《庐山志》下册,第80页。

④ (清)许世昌:《重修庐山纪事序》,见(民国)吴宗慈《庐山志》下册,第80页。

⑤ (清)范礽:《重修庐山纪事序》,见(民国)吴宗慈《庐山志》下册,第81页.

历览南北景观，“实赖《庐山纪事》为向导”①。此时，江西布政司参议施闰章致力于搜集九江地方文献，对《庐山纪事》情有独钟。据说：“西昌前辈萧伯玉常病近志芜秽，独喜桑子木《庐山纪事》，谓遗文散失，如周景式、张僧鉴、陈舜俞、马玗诸记，戴师愈《庐山文物列传》、孙季藩《庐阜纪游》等书，皆恨不得见，而所言桑氏纪事，余购之亦不可得。”《庐山纪事》因其编纂体例精良、内容详实，而成为官绅倚重的游山指南与了解庐山历史文化的重要文献，然因时代较远，板刻稀见，清初江西地方官绅都汲汲于对它的续修。康熙六年(1667)江西学政吴炜上任之始，“即访求桑子木先生纪事一书，并旧刻庐山诗文诸编，南康九江诸志，偕同志续为编辑”②。十五卷本《增定庐山志》出版，就是导源于此。

《续庐山纪事》与《增定庐山志》对《庐山纪事》的传承，乃为后话。在此需要说明的是，许世昌、范礽、李滢、闵麟嗣、施闰章与吴炜等人所读到的《庐山纪事》，依然都是嘉靖刻本。直至康熙五十八年毛德琦《庐山志》出版前后，嘉靖刻本一直都是士大夫所倚重的庐山地方文献。康熙庚子年(1720)，南康知县蒋国祥在重刻《庐山纪事》的序言中说：

明世宗时，有桑子木者，撰《庐山纪事》一编，凡十有二卷，笔墨简括，兴致萧疏，不事铺张烘染，而庐山面目较若列眉。余素有山水癖，往者二守康州，凡十三载，几案间无刻不与庐山晤对。公余之下，时附葛(手门)萝升高眺远，屐齿所历，殆遍然。每至一处，辄取子木书而印证之，曾无毫发爽。

① (清)李滢：《庐山续志序》，见(民国)吴宗慈《庐山志》下册，第82页。

② (清)吴炜：《庐山续志序》，见(民国)吴宗慈《庐山志》下册，第80页。

益叹昔贤之笔墨何工，而升陟登顿之余，真为不负山灵者也。时星邑毛君雅同鄙趣，取子木书而加之删订，或别为捃摭，以附益之，一并梓行。颜曰《庐山志》。而余于乙未秋移守齐安郡矣。……深惧岁月渐久，子木之全书不复流布人间。……昔司马迁既作《史记》，班固复修《汉书》，孟坚何尝不取子长之文而订正之，然百世下未闻以《汉书》而废《史记》，则是书之重梓谓与《庐山志》并行不悖可也。即谓与庐山志分道扬镳，亦何不可哉？……余今日虽去庐山而重刻庐山之书，实非去庐山而始识庐山面目者也。①

序言表达了如下三方面的意思：其一，嘉靖刻本《庐山纪事》一直受九江、南康地方官绅的青睐，时任南康同知的蒋国祥尤其如此；其二，面对新任知县毛德琦新编的《庐山志》，蒋国祥怕《庐山纪事》就此湮没，而有重刻之意；其三，《庐山志》虽然承袭《庐山纪事》而来，但《庐山纪事》却可以凭它精良的体例与详实的内容，而与《庐山志》并行不悖。故重刻是有意义且势在必行的。综合三方面的考虑，最后在蒋国祥的主持下，《庐山纪事》得以重刻，这是目前所知它的第二个版本。据徐效钢《庐山典籍史》提供的线索，该版本现藏南京大学图书馆（待确认）。②

民国十年（1921），胡思敬在编辑刊刻《豫章丛书》时，以蒋国祥本为底本，重刻《庐山纪事》。其重刻缘起，在志书之后有一跋文，交待得非常清楚：

① （清）蒋国祥：桑乔《庐山纪事序》，见（民国）吴宗慈《庐山志》下册，第79页。

② 参见徐效钢：《庐山典籍史》，第79页。

海内名山川最多，历朝载笔者皆不足发其精蕴，如岱览、说嵩之类是也。匡庐踞江西境，江人不能言，而他郡人言之。在宋有乌程陈白牛，在明有江都桑子木。陈著《庐山记》已刻入守山阁，卷帙无多，且缺其半，读者憾焉。子木此纪本之陈书而益加详核，盖桑氏水经之家法也。明刻本已不可见。予收得国初蒋国祥本，写刻最精。初以非乡人所著，疑未付梓。嗣以《庐山志》芜杂不可读，游人索观者众，遂援省府志例，附刻丛书之末。唯卷首四图，字密板宽，局工未能摹缩，姑付阙如。辛酉三月新昌胡思敬跋。①

从胡氏跋文可知，至民国时期，嘉靖刻本《庐山纪事》已非常罕见，且坊间流传的毛德琦《庐山志》"芜杂不可读"，故胡氏有收蒋刻本附刻于《豫章丛书》后的举动。这成为嘉靖刻本《庐山纪事》的第三个版本，唯其卷首四图因排版描摹的问题而被省去，留下稍许缺憾。

至二十世纪八十年代，成文出版社据嘉靖四十年刻本，影印出版于《中国方志丛书》之"华中地方 · 第九五一号"，是为嘉靖刻本的第四个版本。到目前为止，就《庐山纪事》的板刻流传而言，共有嘉靖四十年刻本、康熙五十九年蒋国祥刻本、民国十年胡思敬《豫章丛书》刻本及"成文影印本"四个版本。

从编纂体例与内容的传承角度来看，顺治十六年范礽主笔的《续庐山纪事》、康熙四年李滢等人主笔的《增定庐山志》、康熙五十八年毛德琦主修的《庐山志》、道光四年蔡瀛主编的《庐山小

---

① 江西省高校古籍整理领导小组：《豫章丛书》史部三《庐山纪事》，江西教育出版社 2002 年版，第 609 页。

志》及民国二十二年吴宗慈主修的《庐山志》、民国三十七年的《庐山续志稿》等六部志书,都是在《庐山纪事》的基础上续修、增修与重修。它们基本都沿袭了《庐山纪事》的体例,分庐山为南北、以"景以地分,文以景附",依次介绍上山若干条路线上的建筑、景观与人文。由于各志编修时间相差并不太远,沿途未有变化的建筑、景观与人文,各志皆为层层相因,而对于那些增加或是改变了的内容,编纂者即在已有的框架内增补。如毛德琦《庐山志》对白鹿洞书院、秀峰寺及木瓜洞的描述,吴宗慈《庐山志》与《庐山续志稿》的"山政",即为此类例证。昔日被《庐山纪事》列为卷首的"天池寺—御碑亭"一线,逐渐被新时代的政治文化建设所替代。

二、周颠的解读

自周颠被塑造、"天池寺—御碑亭"一线形成以来,庐山北道即成为明清以来众多士大夫朝拜与游观的必经之地。其间留下许多诗文、游记与碑刻,纷纷表达了他们的解读立场。通读这些文献,会发现这种解读经历了一个从政治层面到游观层面,再到质疑、解构的过程。

正德八年(1513)夏六月,江西提学副使李梦阳巡游庐山,留下一篇近两千言的《游庐山记》,对游览山南、山北的路线及主要建筑与景观进行了描述。[①] 值得注意的是,李梦阳以周颠为主题,写下了如下诗歌:

> 庐山绝顶天池寺,铁瓦为堂白石柱。传言周颠劳圣祖,

① (明)李梦阳:《游庐山记》,见(清)毛德琦《庐山志》卷十四,第15册,第40—43页。

天眼尊者同颠住。险绝下瞰无底壑，屈曲穿缘惟一路。顷属秋晴强攀陟，俯之四海生云雾。岷峨垒垒西向我，杳杳长江但东注。君不见寺东崖石镌竹林，穹碑御制山之岑。周颠胡不留至今，周颠胡不留至今，虎啼日暮愁人心。[①]

李氏为何如此呼唤周颠呢？正德六年(1510)四月，武宗下诏起用因弹劾刘瑾而遭贬黜的李梦阳，迁其为江西按察司副使。上任伊始，李氏不改其刚介耿直的个性，不愿依附于地方权豪势要，与江西总督陈金、监察御史江万实等江西上层人物之间的关系非常紧张。陈金、江万实等纷纷搜集材料，试图打击李梦阳。李梦阳上庐山这年，正处于斗争激烈、孤立无援的时候，所以才有"周颠胡不留至今，周颠胡不留至今，虎啼日落愁人心"之感叹！[②] 这是对个人前途的忧虑，亦是对国家用人不当的忧虑。然而，这并不能免除他第四次下狱的厄运。正德九年(1514)正月二十八日，李梦阳"至广信就狱"，在仕途上翻了最后一个跟头。[③]

正德己卯年(1519)六月，南赣巡抚王守仁(1472—1529)平定宸濠叛乱，凯旋驻师庐山，以待朝命。庚辰(1520)正月，刻石纪功于开先寺读书台石壁。[④] 同年，游天池、东林等各处，皆有诗作。其中，在天池寺作《夜宿天池月下闻雷次早知山下大雨三首》，被侍僧刻碑立于寺中：

---

① (明)李梦阳:《天池寺歌》，见(清)毛德琦《庐山志》卷二，第3册，第15页。

② 参见郭平安:《李梦阳研究》，2009年5月陕西师范大学博士学位论文，第21页。

③ 参见郭平安:《李梦阳研究》，第21页。

④ 参见本文第六章。

昨夜月明峰顶宿，隐隐雷声翻山麓。晓来却问山下人，风雨三更卷茅屋。

野人权作青山主，风景朝昏随意取。岩傍日脚半溪云，山下雷声一村雨。

天池之水近无主，木魅山妖竞偷取。公然又盗岩头云，却向人间作风雨。[①]

仔细品读这三首诗，应该说只有深得朱元璋建构周颠信仰的精髓，才能写出如此“挥斥八极”的诗作来。从文字表层来理解，诗中每句都在写实：峰顶、雷声、山里人、茅层、野人、风景、半溪云、一村雨、天池水、山妖、风雨雷电等，这些都是庐山天池寺实实在在存在与发生的风景、人、物、事，实属庐山层面；从引申层面去理解：刚刚过去的宸濠叛乱，风起云涌，乱臣贼子，蠢蠢欲动，兴风作浪，给百姓带来战争的苦难，天池寺真命天子的象征受到严重威胁。

康熙乙巳年(1665)，李滢与闵麟嗣(1628—1704)游庐山，读此诗碑，“反覆捧诵，珍重不能释手”，给予其高度评价：“诗意挥斥八极，绝非文士寻章摘句可比。”他们更多的认为诗作第三首是作者对“驻师庐山，朝命久不下，似为钱宁江彬辈障蔽武宗”而发出的感慨。[②] 李滢等人的解读，应该说是有事实依据的，但或许放在整个周颠信仰建构的背景去解读会更合适与全面些。

嘉靖二年(1523)，九江太守王念(生卒年不详)离任之际，因“未得一遂登览”天池而深表缺憾。为了得偿所愿，他于该年四月

① (明)王守仁:《夜宿天池月下闻雷次早知山下大雨三首》，见(清)毛德琦《庐山志》卷二，第3册，第15页。

② 参见(清)毛德琦《庐山志》卷二，第3册，第16页。

十一日携王生、高生、李生等同游天池寺。与前引林俊、李梦阳及王守仁等更多倾向于国家政治层面的解读不同,王念更多的被"天池寺—御碑亭"一线的风景所吸引。在他的笔下,我们看到的是:掩映于野花崖草之间的山水沸腾、浪花喷雪,禁山令下的烟树蒙密,甘露亭旁如甘露般的石泉,天池寺前清滢剔透、春夏不涸的天池水,景象澄澈的文殊台,砖石剥落的御碑亭,点画奇古的竹林隶书,苍翠环绕的祖师塔,股慄胆落的舍身崖,百年难遇的佛光,等等。①

嘉靖年间,江西巡抚胡松与隐居山间的罗洪先(1504—1564)之间的一段趣闻,集中地体现了明代政治文化的微妙变化。胡松在巡抚江西上任伊始,第一件事就是朝拜天池寺,当晚做了一个梦:

> 其夜梦与罗子相见,劳苦既讫,首谓之曰:昨游天池,过半云亭,见是子题,然其地已出云上,恐不止半。罗子笑应之曰:然则子遂已蹑云之上乎!请称蹑云何如?余首肯力赞,请即改书,罗子欣然书之。觉乃知为梦。②

前文述及,"半云亭"是上天池寺的第二个亭,因其处在云中,所以题名为"半云"。胡松所见景观,让其梦中与罗洪先相见,建议应把"半云"改为"蹑云"。有趣的是,胡松把这个梦以书信形式寄给了罗洪先,而罗洪先也经历了神奇般的巧合:

---

① (明)何镗:《古今游名山记》卷十一上"王念 · 游天池寺记",《续修四库全书》史部 · 地理类,第736册,第692页。

② (明)何镗:《古今游名山记》卷十一上"胡松 · 天池梦贤亭记",《续修四库全书》史部 · 地理类,第736册,第691页。

往余游匡庐天池，自锦涧而上，历登高、半云、披霞、锦绣四亭，是时半云圮，诸僧索余改书，且十年（嘉靖癸亥）同年友栢泉胡公巡抚至梦余。许更半云为蹑云，示以记。讶曰：梦其告乎？夫云起肤寸，极弥满及刚风而止，刚风以下皆云气之流行也。云有定乎？云无定。其有半乎？余尝穿云入山，衣履襟袂，无不沾濡，纵足所至，意诚乐之。夫云固有生不生，而吾之意无乎不乐。谓吾之足时迫其际亦可，时入其深亦可，时乘其端亦可，其何半之云？于是更书为蹑云，而附以此。若记谓梦为因、为想、为幻、为妄，予既莫辨，至通昼夜之道，惟常乐者，乃自得，彼亦安能尽言之。①

胡松以书信寄来的梦记与天池寺僧向罗洪先索要重修后的“半云亭”的题名，几乎同时发生，都是在嘉靖癸亥年（1563）。罗氏对于“半云亭”云的形态的描述，让我们感觉到天池寺如处梦幻般的仙境，最终“半云亭”改名为“蹑云亭”。这或许是官僚仕宦间娱乐、交流的一种方式，但发生在“天池寺—御碑亭”一线，却是别有深意。

随着时代的推移，“天池寺—御碑亭”一线在国家政治层面的意义越来越淡，而风景层面的意义却日显突出，但仍然深深打上了周颠烙印。在和平时期，绝顶的风景吸引着形形色色的游览者；在政治动荡时期，周颠的影子重又显现，吸引着官僚及士人的凭吊与唱咏。

---

① （明）何镗：《古今游名山记》卷十一上“胡松·天池梦贤亭记”，《续修四库全书》史部·地理类，第736册，第691页。

嘉靖年间，王世贞（1526—1590）循着胡松与罗洪先的足迹，憩息于“蹑云亭”，登上了天池寺顶。自幼多才的王世贞，面对四壁的题咏，不免也放歌一首：

匡续先生几千载，周颠仙人安在哉？闻声便唤竹林寺，见影顿筑文殊台。浮云四起忽无地，举足步步愁莓苔。吴越应从下方出，岷峨别向西天开。拟呼圣灯照迷去，更借铁船凌汉回。山僧一笑挽我袖，何如且住倾三杯。①

与前引李梦阳、王守仁的题咏相比，王氏的《庐顶放歌》表达了对景观的融入、欣赏与享受。与此同时，当王氏在御碑亭恭诵《御制周颠仙人传》时，却一语中的地道出了御碑背后的政治目的：“见高帝碑甚详。颠圣凡不足论，天意似欲为明主一表征应，以服众志耳。”②

万历丁丑春（1577），王世贞的弟弟王世懋（1536—1588）在御碑亭论曰：“自古淫辟傲相，觊终身一遇而不可得？殆以寓叔皮王命之意。”③由此看来，王世懋对周颠也颇为不屑。万历十二年二月（1584），骆问礼（1527—1608）面对御碑，直指此为“圣祖驭世之一术”④。敢于直视权威的真实面目，才可以理性思考权威的不

① （明）王世贞：《弇州四部稿》卷二十二诗部“庐顶放歌”，影印文渊阁《四库全书》集部别集类，第1279册，第273页。

② （明）王世贞：《游东林天池记》，见（清）毛德琦《庐山志》卷二，第3册，第25页。

③ （明）王世懋：《名山游记·游匡庐山记》，《续修四库全书》史部地理类，第737册，第5页。

④ （明）骆问礼：《万一楼集》卷三十“游庐山记”，《四库禁毁书丛刊》集部，第174册，北京出版社1998年版，第404—406页。

足。明末王思任(1574—1646)对天池寺僧的厌恶,或许可以解释为王世贞等人直视周颠的结果:

> 勉至天半亭,凡九十九盘,天池塔见矣。……佛前两池供汲,以此名寺。寺故高皇帝敕建,以祀周颠者,赤脚道人、张铁冠、天目尊者从之。寺以此长庐山僧,每习见官,出口皆香火气,令人不嗣。①

浑身官气、香火气的天池寺僧,实在是令人厌恶。自明初以来,天池寺僧因依附政治而庸俗化,桑乔曾对此有所评述。至嘉靖中后期,开始出现对竹林寺、赤脚塔传说的解构,乃对周颠踪迹的质疑。嘉靖年间,张寰在游记中述及:

> 所谓竹林寺者,仅存颠仙隶书三大字,奇古,遗址莫考。前守钱君仝构访仙亭于岩端,抚石纵观三楚,江山如在咫尺。②

竹林寺作为周颠信仰的组成部分之一,成为官僚士大夫凭吊、传唱的主题之一。如前引李梦阳描述"东观竹林寺,非篆非隶,周颠手迹也",其崇敬之情溢于言表。至嘉靖中后期,原来的神圣感逐渐为理性的思考与实证所取代。如王思任、徐宏祖等人,先后对"竹林寺"提出质疑:

---

① (明)王思任:《谑庵文饭小品》卷四"游庐山记",《续修四库全书》集部别集类,第1368册,第178—187页。

② (明)何镗:《古今游名山记》卷十一上"张寰·游庐山日记",《续修四库全书》史部·地理类,第736册,第690页。

过佛手岩，岩前石如指天，泉沮洳耳不奇，岩下万木出杪，皆蛇猿之窟，缘崖行百余武，八分朱书“竹林寺”三大字云，出罗隐手，空同以为周颠，非是。每风雨，时钟呗大作，相传影寺耳。①

循岩侧庵右行，崖石两层突出深坞，上平下仄，访仙台遗址也。台后石上书“竹林寺”三字，竹林为匡庐幻境，可望不可即。台前风雨中，时时闻钟梵声，故以此当之。时方云雾迷漫，即坞中景亦如海上三山，何论竹林。②

王思任直接接受了黎景高所说的“竹林寺”三字是罗隐所书，非李梦阳所说的周颠手迹。徐宏祖亦接受了桑氏所指的钟鼓声乃是天气所造成的说法，并进一步证明之。明末清初的黄宗羲（1610—1695），引用了更多的文献资料，对此作了详细论证：

佛手岩……后相传为竹林隐寺，陈舜俞云：“香象冈北名阿耶卫，内有寺。暮时闻钟梵，而寺隐不见。”其旁半里，有罗汉岩，亦阿那寺之类。益公云：“近世误谓竹林。今亦传甘露亭侧石峡为竹林后户。则此冈昔名香象，甘露石洞昔名罗汉岩，可推而知也。”罗念庵云：“竹林寺即佛手岩，俗语误传可叹。”此为定论矣。石劖“竹林寺”三大字，李献吉云：“其刻非篆非隶，周颠手迹也。”按李溉之《游记》：“崖间镌大隶书

① （明）王思任：《谑庵文饭小品》卷四“游庐山记”，《续修四库全书》集部·别集类，第1368册，第180页。

② （明）徐弘祖：《徐霞客游记》卷一上，影印文渊阁《四库全书》史部地理类，第593册，上海古籍出版社2003年版，第79—83页。

曰竹林寺，苔藓缀结，隐显翠壁。”是竹林寺隶刻已见宋、元，岂因周颠显圣于此，并以其刻归之乎？①

黄宗羲根据诸家文献所载，指出竹林寺或即是佛手岩，并进一步找出竹林寺在宋元之际的原始文献记录，证明“竹林寺”三大字并非周颠所书。至此，竹林寺的传说基本被解构。

赤脚塔作为“天池寺—御碑亭”一线下山时的重要景观之一，在《庐山纪事》中有如下描述：

赤脚塔在白云庵西，其僧即天眼尊者，周颠仙人所使进药於太祖者也。姓沈名觉显，湖口人，行业莫可考。《九江新志》、《湖口县志》乃曰觉显盖常师事周颠云。显之卒也，太祖特赐葬，塔以白石，后火，乃易以铁。上有“御制”二字，金涂之。②

桑氏认为，赤脚塔是给朱元璋送药的赤脚僧的葬身之所。在庐山地方文献中，有不少相关文字记载，其姓氏、籍贯似乎都有据可查。据说，在赤脚僧去世后，朱元璋曾赐予崇高的葬仪。然而，在黄宗羲的笔下，这位似乎真实存在的赤脚僧，却被批驳得体无完肤：

西北行二里至赤脚塔，御制周颠仙传所谓赤脚僧也。《九江郡志》云：“赤脚僧姓沈名觉显，湖口人。其卒也，明太

① （清）黄宗羲：《匡庐游录》，见沈善洪主编《黄宗羲全集》，浙江古籍出版1986年版，第487—488页。

② （明）桑乔：《庐山纪事》卷二，成文影印本，第160—161页。

祖赐葬,用铁成塔。”按黄养正《重修天池寺碑》文:“上神其事,忆念不置,以仙昔居天池,乃即寺申命有司,祟饰其殿宇,仍建聚仙亭、赤脚塔于其左右。”固未尝言其死,死而葬也。《周颠传》言“遣人诣匡庐,召致之,使者至,杳然矣”,则是踪迹尚不可得,而谓复出而见其死于世乎?果若是,上又何必神其事也。塔前即霞封寺,故林隐院(明正德初静庵素建),予疑塔基为白云亭所改。李溉之云:“徙倚白云亭,观宋将岳飞诗。”塔正当白云峰下,由赤脚之名显,而白云反晦矣。[①]

黄宗羲综合分析《九江郡志》、黄养正碑文及《周颠传》三种文献记载,揭示了关于赤脚僧及赤脚塔诸多说法的乖谬之处,并指出赤脚塔很可能就是宋元时期就有的白云亭。

伴随着如上的理性思考与解构,天池寺似乎已无存在价值。生活于明末清初的明代遗民文德翼,对此颇为忧虑,曾经为之奔走呼求:

神道设教虽陋,封禅之文王言如丝。岂崇谶纬之学,原仗岳神呵护?绝类上圣之岣嵝。近为山鬼揶揄,顿忘列真之汤沐。岿然古殿,仅剩灵光。孑尔残僧,尚余处默。……道在则尊,以此中兴,何难末劫。嗟乎,天池尚矣,新建方抉,扶摇之辞,庐山高哉。[②]

昔日的皇恩国宠、官僚仕宦的朝拜,都已成为往迹。文氏的

---

① (清)黄宗羲:《匡庐游录》,第485页。

② (明)文德翼:《求是堂文集》卷十“募修庐山天池寺疏”,《四库禁毁书丛刊》集部,第141册,第500—501页。

呼求,只能回荡在败落的庐山绝顶,与残僧形影相吊。明末清初阎尔梅(1603—1662)的《天池寺诗》,可以视为盖棺定论:

> 匡庐北厂结回峰,不测寒潭定有龙。宝殿风高緌铁瓦,法华文细范铜钟。山川直以勋臣赐,金石非为左道封。祀典于今成往迹,沙门犹自享杉松。①

"祀典于今成往迹,沙门犹自享杉松",天池寺代表的那个国家政权已经离去,但当年留下的风景及风景之下的唱咏、赋诗,却是永远抹不去的。康熙年间,查慎行赋有一首《洪武御碑歌》,发出了类似的感叹:

> 升仙台前白玉碑,柱石拏攫龙之而。鸿文载在御制集,初不假手词臣为。我来摩娑一再读,颠者踪迹大可疑。忆昔元人失其鹿,群雄角逐争驱驰。濠州布衣人未识,芒砀云气常随之。金陵一朝定九鼎,六合不足烦鞭笞。是时楚兵最剽悍,不自量力来交绥。国家将兴有先兆,天遣来告贞元期。明明天眼识王气,故以险怪惊愚拙。英君往往谋略秘,计大不许寻常窥。亦如田单破燕骑,神道设教尊军师。不然兹事乃近诞,小数何足夸权奇。白旄一麾江汉靖,军前长揖从此辞。留侯自伴赤松去,谷城空立黄石祠。天池之山高巍巍,竹林仙驭杳莫追。鹤归倘记石华表,世代已逐沧桑移。百年雨露在山泽,惟有松栢参天枝。②

---

① (清)阎尔梅:《天池寺诗》,见(清)毛德琦《庐山志》卷二,第3册,第23页。

② (清)查慎行:《敬业堂诗集》卷十五"洪武御碑歌",影印文渊阁《四库全书》集部别集类,第1326册,第198页。

随着明清易代,“天池寺—御碑亭”一线的建筑与景观逐渐趋于颓败。查慎行游庐山时,见证了天池寺在清初(1692 年)的萧瑟景况:

西跨马鞍脊,东拊五老背。广袤四十里,南北两交会。地界画云霞,冈形走杉桧。架空营绀宇,巨丽一山最。佛皆铸金为,殿用铁瓦盖。象筵及法供,半出尚方赉。琉璃百盏灯,光烛楚天外。鸣钟集万指,部牒领司会(音脍)。当时旷荡恩,池水亦霶霈。神仙事渺茫,崇饰毋已太。尔来渐凋耗,隙影过块垓。残僧四五人,被衲懒结带。天池旱亦涸,磴道入蔚荟。独客来登临,嗒焉发深慨。穷阴蓄邃谷,瑟瑟响秋籁。①

昔日集诸多荣宠于一身的天池寺,如今却只剩四五残僧,天池名存实亡,游客形影相吊。赤脚塔亦是如此:

自从蛟拔门前树,水气犹腥一派泉。万瓦尽随飞雨去,孤钟空向废堂悬(三年前寺傍起蛟以百数,殿瓦悉为所掣,惟存屋柱而已)。泥金塔缝风吹裂,映竹窗棂日射穿。不用琳宫更巍焕,御碑原自配群仙(赤脚僧天池四仙之一也)。

康熙甲午年(1714),星子县迎来由康熙帝亲点的县令毛德

---

① (清)查慎行:《庐山纪游》,见吴宗慈《庐山志》副刊之一《庐山古今游记丛钞》卷下,第 17—18 页。

琦。此人对庐山地方社会有颇多贡献，同治《星子县志》曾有如下概述：

> 毛德琦，号心斋，鄞县人。由恩贡令星子，康熙五十三年任，廉明有惠政，以兴废举坠自任……手辑庐山、鹿洞二志，并补辑郡乘，重新府县学……士民思之，祀白鹿洞报功祠。①

毛德琦上任伊始，以“兴废举坠”为己任，曾主持编修《庐山志》《白鹿洞书院志》等庐山地方文献，重兴具有国家政权象征意义的“庐岳祠”祀典。庐山称岳，始自明太祖，其因由亦是缘起于周颠：

> 太祖大战鄱湖。既灭陈友谅，而大业遂定。亲见兹山“穹窿特出，保障东南，效灵壁垒间”。归而爵以尊号，禄以秩祀，以崇显其功德，山亦遇知己之英主哉？先是命南、九两郡合祀天池。至万历中，广陵袁使君请移庙于万寿寺之左，署曰“庐岳祠”。于是祠专隶县境，而祭亦专属令职矣。

庐岳祠源于朱元璋的赐封，命九、星二县合祀于天池寺，至万历年间则专属于星子县万寿寺。明末清初，在国家改朝换代之际，庐岳祠废，春秋二祀亦废。据说，由此造成“山水瀑涨，雷轰电掣，崩崖裂石，大风偃禾拔木”，“士民骇之，咸以神怒所致”。因故毛德琦上任伊始，就着手重构庐岳祠：

---

① (清)蓝煦：《(同治)星子县志》卷八，中国方志库清同治十年刻本，第969页。

甲午，余承乏，简废牒得其说，亲履其地得其址，鸠工庀材复其祠。清田二十余亩，即付万寿寺僧，以固其守。春秋二祀，减驺从，裹春粮，自备仪物，毋滋僧扰，著以为例，以永其礼。士民咸相聚而观，曰："是可以慰岳神，降百福矣。"后之君子，或扩而大之，固所厚幸；不则守其成迹，无致废坏。庶几于今古神民之间，亦可以告无罪也哉。①

在当时，以"儒"为中心的政治文化建设，正在庐山山南如火如荼地进行。与之相对应，庐山北道"天池寺—御碑亭"一线则更显破败。嘉庆九年(1804)，舒天香见到了只剩"破屋数十椽"的天池寺：

天池殿宇宏丽甲庐山，王阳明先生大书"庐山最高处"五字，揭之山门，皆毁于火。今则破屋数十椽，对之黯然。②

嘉庆十年(1805)十月，洪亮吉(1746—1809)游走"天池寺—御碑亭"一线，往昔的蹑云亭、甘露亭、披霞亭、仿仙亭等，如今都只能看到故址，而在天池寺旁，稍然出现了百姓所立的"庐山神"。③

晚清时期，郑观应(1842—1923)在面对御碑亭时，写下了《游庐山读明太祖石刻周颠仙传》的诗作：

---

① (清)毛德琦：《庐岳祠记》，见毛德琦《庐山志》卷六，第7册，第7页。

② (清)舒天香：《游山日记》，1936年版，第9页。

③ (清)洪亮吉：《游庐山记》见吴宗慈《庐山志》副刊之一《庐山古今游记丛钞》卷下，第57—58页。

唐代有张颠，宋世有米颠。释家有济颠，道家有周颠。以颠寄其迹，三教同一源。佯狂以玩世，笑骂亦真诠。卢生因梦醒，爱读指玄篇。识得虚无窍，抉破地中天。秋风动游兴，远陟匡庐山。屏峰九叠列，瀑布千仞悬。芙蓉真绣出，云雾甚幽闲。欲识真面目，不惮穷跻攀。此中开悟境，悠悠世虑删。怀古发遐想，穹碑树瑶坛。摩挲细辨审，建自洪武年。钦惟明太祖，御笔洒文翰。详载周仙事，修名千古传。来去颇秘幻，体用自方圆。谷神常不死，从此妙玄玄。入水既不溺，赴火亦不燃。绝食竟无恙，治疾则易痊。言事悉有验，来告太平先。神奇莫能测，此之谓真仙。后有张三丰，避世离尘寰。犹龙不见尾，相逢须有缘。世人不信道，辨论肆讥弹。试以此碑证，当复释疑团。海疆正多事，况复财力殚。愿求鲇金术，飞剑诛楼兰。神仙如首肯，庶以拯时艰。何日告太平，泰卦演坤乾。举头望霄汉，度此蹑飞鸾。①

作为书生的郑观应，爱读张颠、米颠、济颠、周颠之类的玄而又玄的书篇，然而那还只停留在书本上。他想识破周颠的真面目，于是就来到了庐山，见到了“天池寺—御碑亭”一线的风景。面对御碑，郑观应相信了周颠的真实存在。然而让他相信周颠真实存在的原因，在于他所处的时代，国家四面受敌，百姓生活困苦，他希望自己能有周颠的能力，给清政府与百姓带来太平。因此，郑氏怀念周颠给朱明政权所带来的那个太平世界，周颠成为郑氏重构太平世界的精神寄托。

二十多年后，当胡适游庐山时，天池寺已经荡然无存。他在

① 夏东元主编:《郑观应集》，上海人民出版社1988年版，第1429页。

日记中述及：

> 寺极简陋，宋明诸人所游览咏叹的天池寺，今已不存片瓦，寺西有庐山老母亭。有乡间小土地庙那么大，时见乡下人来跪拜。①

在面对御碑时，胡氏又有如下观感：

> 到御碑亭。亭在白鹿升仙台上。地势高耸，可望见天池及西北诸山。亭内有碑，刻明太祖的周颠仙人传全文。此文……叙周颠事最详，说他在元末天下未乱时，到处说“告太平”，后来“深入匡庐，不知所之”。末又记赤脚僧代周颠及天眼尊者送药治太祖的病事。此传真是那位“流氓皇帝”欺骗世人的最下流的大文章。……自明以来，上流社会则受朱熹的理学的支配，中下社会则受朱元璋的“真命天子”的妖言的支配，二朱狼狈为奸，遂造成一个最不近人情的专制社会。②

在胡适的眼中，朱元璋是“流氓皇帝”，那个社会是“最不近人情的专制社会”。在此，不排除胡氏的尖刻与某些偏激，但却代表了那个时代大多数读书人的思想状态。六年后的民国二十五年(1936)，“天涯游客”在《庐山风景画》中记述了天池寺的衰败情景：

---

① (民国)胡适:《庐山游记》,商务印书馆1928年版,第8页。

② (民国)胡适:《庐山游记》,第8页。

步上山头，有破屋数椽，名天池寺。……寺具有悠久的历史，相传为明太祖祀周颠仙的所在。现所供奉的神主为洪武绘像，寺僧寥落，香火清淡。天池，在天池寺殿前，广约丈许，可是并无什么奇迹，池侧有龙鱼池，内蓄四足五爪活泼悠游的龙鱼。天池寺的僧人，常常以这种稀有的奇鱼，对游人眩耀，实则是蝾螈一类，并不足奇。①

此时，中国面临日军全面侵华。因此，当他面对御碑时，道出了全中国人民的心声：

自大天池东行半里，上牯岭大道，道右一峰突起，为白鹿升仙台，峰巅有御碑亭，亭内奉朱洪武制周颠仙碑，游人们在这古老的亭中，对着这御制的石碑，怀念着朱元璋武功文治，环想着国事日非的中国前途，不知会作如何的感想。②

然而，无论是郑观应的美好愿望，还是胡适的批判，或是“天涯游客”呼唤，都抵挡不住日军侵略的步伐。民国二十八年(1939)，天池寺、“庐山高”石坊遭受日军的彻底毁坏：

天池寺……入民国，犹存破屋十数椽，历有僧住持。……二十八年，日军据山，寺全毁。寺僧移佛像于文殊台，以种圃为生。台为林故主席所修建。寺中之天池，龙鱼

---

① 天涯游客：《庐山风景画》，见吴宗慈《庐山续志稿》卷五下“艺文”，第7册，第28页。

② (民国)吴宗慈：《庐山续志稿》卷五下“艺文”，第7册，第28页。

池，仍存。……明代铁瓦，仍存二片。[①]

佛手岩北为锦绣谷……谷北为锦涧，涧有桥，曰锦涧桥。逾桥而南，并山攀上，为九十九盘路。……今为登山大道。再南上有石华表，上有“庐山高”三字，下款署阳明山人，上款为嘉靖丁亥冬十月吉旦户部主事冠天与、九江兵备副使何（非木）同建立。今此坊已倒坍，传闻系二十八年庐山孤军守山，恐日军由此登山，故将坊推倒，以为障碍。[②]

在外敌的入侵下，寺僧以种圃为生，古迹被一扫而空，仅剩两片明代铁瓦以及被推倒用来抵抗外敌的石坊。

在倭患猖獗的嘉靖时期，因弹劾严嵩党羽被贬致庐山脚下的桑乔，编纂《庐山纪事》，追述太祖的文治武功，以期垂范当世。与周颠信仰相关的文化景观，在历经质疑、整合和战乱之后，已经日渐消失。然而，由于《庐山纪事》等山志的存世，我们依然可以追溯庐山政治文化的历史。

---

① （民国）吴宗慈：《庐山续志稿》卷五下“艺文”，第7册，第28页。

② （民国）吴宗慈：《庐山续志稿》卷五下“艺文”，第7册，第28页。

附图　九十九盘古道草图

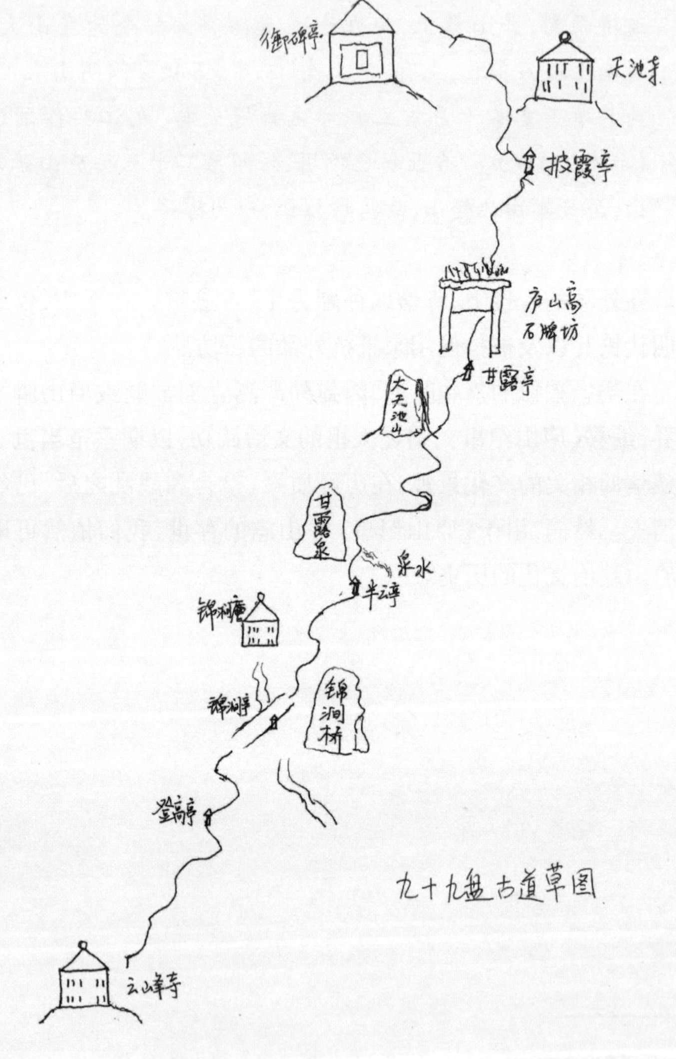

图片来源:“庐山健步行”:经典庐山手绘地图之一(《庐山风光网》)

第四章

白鹿洞书院与理学传统：以清初三部志书为中心

白鹿洞书院因朱熹而闻名，庐山因此在理学“道统”中占有一席之地。元明时期，白鹿洞书院的理学传统延续不替，逐渐在庐山文化中占据主导地位。清初为了“崇尚理学”，在白鹿洞书院创建了紫阳祠，在秀峰寺与木瓜洞塑造了精通理学的僧人与道士，使庐山成为理学正统的象征。康熙时期编纂的《庐山志》《白鹿书院志》与《庐山秀峰寺志》，集中见证与记录了这一历史过程。晚清至民国时期，随着西方文化的渗入，三部志书版片尽散，庐山儒学文化逐渐融入新文化之中。本章以三部志书为中心，考察庐山儒学传统的发展与变迁过程。

第一节　白鹿洞书院与儒学传承

一、佛、道光环下的庐山隐逸之士及相关传说

自慧远以来，在佛教僧团及陆修静道教团体的影响下，庐山成为佛、道两教的胜地，同时也是高士逸民的栖隐之地。如“翟家四世”“浔阳三隐”与“庐山四友”等[①]，被后世赋予了儒、佛、道的

① 参见王宪章：《古代庐山文人与道教》，《宗教学研究》，1995 年 6 月；徐成志：《匡庐山上巢云松——漫说庐山的隐士文化》，《中国典籍与文化》，1994 年 11 月。

诸种特性。

北宋初年陈舜俞编纂的《庐山记》，在记录佛、道的同时，亦偶尔提及庐山的儒学景观，如关于“浔阳三隐”的遗迹、传说与诗文。从慧远时代至陈舜俞时代，这些记录经历了不断附会、叠加的过程。如山南陶渊明旧居“栗里”：

> 康王观之南十五里，至净慧禅院，旧名黄龙灵汤院……灵汤之东二里，道傍有谢康乐经台，又三里，过栗里源，有陶令醉石。陶令名潜，字元亮，或曰字渊明。义熙三年，为彭泽令，曰“吾安能为五斗米折腰于乡里小儿”，乃弃去，赋《归去来》，《晋书》《南史》有传。所居栗里，两山间有大石，仰视悬瀑，平广可坐十余人。元亮自放以酒，故名醉石。①

这是《庐山记》中第一处提到陶渊明的地方，“栗里源、醉石、彭泽令、《归去来》、醉酒”，它们代表着慧远时代原装的陶渊明形象：一位逃避乱世的儒家官吏，同时又是一位崇尚“道法自然”的玄学家。② 在历经隋唐、宋初士大夫与禅僧的附会而创作出的“虎溪三笑”与“莲社”传说中，陶渊明又逐渐具有了佛教背景：

> 流泉匝寺，下入虎溪。昔远师送客过此，虎辄号鸣，故名焉。时陶元亮居栗里山南，陆修静亦有道之士，远师尝送此二人，与语道合，不觉过之，因相与大笑。今世传“三笑图”，

① （宋）陈舜俞：《庐山记》卷二“叙山南篇第三”，见吴宗慈《庐山志》副刊本，第20页。

② 参见王宪章：《古代庐山文人与道教》，《宗教学研究》，1995年6月。

盖起于此。[1]

“虎溪三笑”的传说，应是陈舜俞汇集唐宋以来的诗文、图、图序及图赞等作品而创作出来的，可以说是陈舜俞时代的历史产物。与陶渊明同隐庐山的周续之（377—423）与刘遗民（352—410），同样笼罩在佛教的光环之下：

周续之，字道祖，雁门广武人。后徙豫章建昌。年十二，诣范宁受业，通五经，五纬，号十经，同门推为颜子。刘毅命为参军，又辟博士，太尉掾，俱不就，后入庐山，预远公净社，又与刘遗民、陶渊明号“寻阳三隐”。……以景平元年癸亥终于钟山，春秋六十七。

刘程之，字仲思，彭城聚里人。汉楚元王之苗裔也，历晋世至卿相。程之少孤，事母，州闾称孝。坟典百家，靡不周览，尤好佛理。……既慕远公名德，欲白首同社，乃禄寻阳柴桑以为入山之资，岁满弃去，结庐西林，蔽以榛莽。

远公社贤推为上客，常贻书关中，与什、肇二法师通好，扬搉经论，著《念佛三昧诗》《道德名实》诸词，文义之华，一时所挹。凡居山十有二年，自正月感疾，便依念佛三昧，诵阿弥陀佛。至六月初，果见白毫相次，见佛真影，仍摩其顶，更作斋福，愿速尽寿。又请僧读《无量寿法华经》，至二十七日……合掌西向而逝。[2]

---

① （宋）陈舜俞：《庐山记》卷一“叙山北篇第二”，见吴宗慈《庐山志》副刊本，第11页。

② （宋）陈舜俞：《庐山记》卷三“十八贤传第五”，见吴宗慈《庐山志》副刊本，第37—38页。

精通五经、五纬与坟典百家，且忠于朝廷、孝敬双亲的周续之与刘遗民，最终都参与慧远“莲社”，以佛教为归旨。慧远时代的历史事实与陈舜俞时代的“莲社”传说，造就了佛教光环下的“浔阳三隐”。

然而，政治权利对于儒学合法性的依赖却让佛、道光环背后涌动着一股暗流。这股暗流始于使儒学彻底意识形态化的科举制度的产生。隋唐时期，炀帝与太宗为了巩固统治，着手废除魏晋以来的九品中正选官制，收回地方辟举权，重开官学，设进士科，征召名儒，儒风为之一振。[①] 在此风气影响下，庐山的隐士由慧远时代的“避祸不仕”变为“读书仕进”[②]，“李渤书堂”即是其典型代表：

> 罗汉之东五里，有折桂院庄，又五里至白鹿洞。贞元中李渤(字濬之)与仲兄偕隐居焉。后徙少室，以右拾遗召不拜，即韩文公诗所谓“少室山人”者。大和间仕至太子宾客。先是宝历中，尝为江州刺史，乃即洞创台榭，环以流水，杂植花木，为一时之胜。[③]

在科举取士的刺激下，一批私家书院和公共性的村塾应运而生。[④] 上引《庐山记》中所记“白鹿洞”，据说是应试举子李渤

① 参见刘顺：《试论唐初的教育、科举与儒学传播》，《殷都学刊》，2012 年第 6 期。

② 参见徐成志：《匡庐山上巢云松——漫说庐山的隐士文化》，《中国典籍与文化》，1994 年 11 月。

③ (宋)陈舜俞：《庐山记》卷二“叙山南篇第三”，见吴宗慈《庐山志》副刊本，第 27 页。

④ 参见许怀林：《江西史稿》，第 156 页。

(773—831)及其兄长李涉中举之前隐居读书之所。李渤中举后,于唐穆宗长庆二年(822)出任江州刺史,为了彰显其事,标榜其读书之所,白鹿洞由此闻名。而《庐山记》这段描述,是目前流传下来、能检索到的有关白鹿洞书院最早的文字记录。

值得注意的是,白鹿洞作为教育、科举与儒学高度合一的符号,为唐代以后的历代统治者所重视。南唐升元四年(940),“建学馆于白鹿洞,置田供给诸生,以李善道为洞主,掌其教,号曰庐山国学”,白鹿洞成为南唐政权的正式书馆,专事藏书讲学。北宋初年,朝廷“改庐山国学”为“白鹿洞书院”,御赐经书及洞田,书院一度有“学徒数十百人”。[①] 孝宗淳熙六年(1179),南康知军朱熹的到来,更是让白鹿洞书院成为儒学复兴的标杆与旗帜。自此之后,那股涌动的暗流终与佛、道汇合,成为主流,主导着庐山文化景观的重新建构。

二、朱熹兴复白鹿洞书院

淳熙六年,朱熹知南康军,为“宣明教化,敦励儒风”,上任伊始即指示教授杨迪功与司户毛迪功,通过各种途径搜集白鹿洞学馆所有资料:

> 按《图经》,白鹿洞学馆虽起南唐,至国初时犹存旧额,后乃废坏。未委本处目今有无屋宇?……请详逐项事理,广行询究,取见指实,逐一仔细条具回申,以凭稽考,别行措置。仍榜客位,遍呈寄居、过往贤士大夫,恐有知得本军上件事迹详细,切幸特赐开谕。及榜示市曹,仰居民知悉。如有知得上件事迹详细之人,仰仔细具状,不拘早晚,赴军衙申说。切

① 参见许怀林:《江西史稿》,第220页、第362页。

待并行审实，措置施行。淳熙六年四月日榜。[①]

通过汇集士大夫与街井市民提供的线索，查阅国朝《会要》、南康军《图经》、记文与石刻提供的文字记录，再加上亲临实地的勘察，朱熹获悉了自李渤以来的书院历史与现状：

庐山白鹿洞书院……至本朝太平兴国二年，知江州周述言：庐山白鹿洞学徒尝数十百人，望赐《九经》书，使之肄习。诏从其请，俾国子监给以印本，仍传送之。五年，又以洞主明起为蔡州褒信县主簿。七年，始置南康军，遂属郡境。至祥符初，直史馆孙冕请以为归老之地，及卒，还葬其所。其子比部郎中琛，复置学馆十间，书"白鹿洞之书堂"六字，揭于楹间，以教子弟。四方之士愿就学者，亦给其食。当涂郭祥正实为之记，后经兵乱，屋宇不存，其记文石刻遂徙至军城天庆观。昨来当职到任之初，即尝寻访，未见的实。近因按视陂塘，亲到其处，观其四面山水清邃环合，无市井之喧，有泉石之胜。真群居讲学、遁迹著书之所。因复概念庐山一带，老、佛之居以百十计，其废坏无不兴葺。至于儒生旧馆，只此一处，既是前朝名贤古迹，又蒙太宗皇帝给赐经书，所以教养一方之士，德意甚美，而一废累年，不复振起，吾道之衰既可悼惧，而太宗皇帝敦化育才之意，亦不著于此邦，以传于后世，尤长民之吏所不得不任其责者。其庐山白鹿书院合行

---

① (宋)朱熹:《知南康军榜文》，见朱瑞熙《白鹿洞书院古志五种·白鹿书院新志》，第45页。

修立。[①]

为了重振儒道，朱熹一边自行筹资修复书院，一边向朝廷上奏，请求委任洞主、堂长，敕额、赐书。[②] 与此同时，他与朋友吕祖谦讨论书院兴复、课程设置、祀典祠宇等事宜；[③]与学生黄商伯、曾致虚等讨论购书、购田买牛、修祠设像等事宜；[④]聘请杨日新、陆修静等有德有识之人来书院讲学；制订书院规章制度，等等。[⑤] 通过朱熹的不懈努力，终于使白鹿洞书院初具规模，创建小屋二十余间，招收生徒一二十人，获得了御赐《石经》《九经注疏》《论语》《孟子》等典籍，形成了揭诸楣间的学规、自由开放的讲学方式、神圣而又庄严的祭祀礼仪、四方捐献的书籍与洞田等。在此过程中形成的一系列文献，成为明、清士大夫编纂书院志书的文献基础（见文后附录四:《白鹿书院志》文献系统简表）。

淳熙八年（1181）二月，朱熹恳请御赐白鹿洞书院敕额与书籍，遭到拒绝。面对朝野上下的嘲弄、讥笑，朱熹历数书院所受皇恩国宠：

---

① （宋）朱熹:《白鹿洞牒》，见朱瑞熙《白鹿洞书院古志五种·白鹿书院志》卷二，第1055页。

② 《与尚书劄子》《与丞相劄子》《乞赐白鹿洞书院敕额》《延和殿奏事》，分别参见朱瑞熙《白鹿洞书院古志五种·白鹿书院志》卷二，第1056、1057、1058、1059页。

③ 《与吕伯恭论白鹿洞书院记书》《与东莱论白鹿书院记》《答吕伯恭书四首》，分别参见朱瑞熙《白鹿洞书院古志五种·白鹿书院志》卷二，第1064、1065、1067页。

④ 《与黄商伯书五首》《与曾致虚书》《与杨伯起二书》《与叶永卿、吴唐卿、周得之、李深子书》，分别参见朱瑞熙《白鹿洞书院古志五种·白鹿书院志》卷二，第1068、1069、1070页。

⑤ 《乞赐白鹿洞书院敕额》《教规》《陆九渊书堂讲义》《朱子跋语》《与曾致虚书》《与叶永卿、吴唐卿、周得之、李深之书五首》《答白鹿洞长贰》，分别参见朱瑞熙《白鹿洞书院古志五种·白鹿书院志》卷二，第1068、1069、1070页。

本洞书院，实唐隐士李渤所居，当时学者多从之游，遂立黉舍。至五代时，李氏为建官师，给田赡养，徒众甚盛。迨至国初，犹数十百人。太平兴国中，尝蒙诏赐《九经》，而官其洞主，见于《会要》。咸平五年，有敕重修，仍塑宣圣及弟子像，又见于陈舜俞所记。简牍具在，可覆视也。

从建立黉舍，到官其师、给其田，再到赐书，再到塑孔子及其弟子像，我们看到书院的规格随着孔子及弟子画像的入住而提高与定格。前已述及，《庐山记》对书院的片断描述，可能是目前流传下来、能检索到的最早的书院文献。朱熹以他特有的敏感性与洞察力，非常精准地把握住了白鹿洞的已有文献及其精髓。在遭受拒绝与嘲弄之后，他悟出了深刻的道理：在书院的兴复中，建筑、师生、书籍、学规、洞田等都是次要的，而树立古圣先贤的威仪才是当务之急。

就在此前的淳熙七年(1180)三月，书院初步修复，朱熹做的第一件事就是率领南康军县官吏、书院师生，赴书院举行祭祀孔子、颜回等先圣、先师的仪式。其祭文如下：

维淳熙七年，岁次庚子，三月癸丑朔，十八日庚午，(具位)敢昭告于先圣至圣文宣王：熹昨按国朝故事，及郡《图经》，得白鹿之遗址于城东北十五里。盖唐李渤之隐居，江南李氏因以为国学。及我太宗皇帝，又尝赐之书史，以幸教其学者。而沦坏日久，莽为坵墟。因窃惟念，幸以诸生得奉诏条，专以布宣教化为职，顾弗此图，惧速谴戾，乃议复立。今幸讫功，将率同志讲学其间，冀庶几夫先圣、先师之传，用以答扬太宗皇帝之光训。鼓箧之始，敢率宾佐合师生，恭修释菜之礼,以见于先圣;以先师兖国公、邹国公配,尚飨!①

熹仰稽国典,建此学宫。鼓箧之初,恭修释菜之礼。惟公发扬圣蕴,垂教无穷。敢率故常,式陈明荐,从祀配神,尚飨! 右兖国。

熹仰稽国典,建此学宫。鼓箧之初,恭修释菜之礼。惟公命世修业,克绍圣传。敢率故常,式陈明荐,从祀配神,尚飨! 右邹国。②

相关仪式已难以复原,但从祭文中我们至少可以看出如下几点:其一,书院兴复的宗旨在于布宣教化;其二,此教化是先圣孔子、先师颜回、孟子之教化;其三,此教化亦是先祖太宗皇帝所倡导的;其四,释菜礼是布宣这一教化的关键所在,首当其冲。

应该说,此时的祭祀,还只是临祭设席,没有殿堂,没有神像。在南康军任上的前后三年(1079—1081),朱熹一直在酝酿着给古圣先贤构建礼殿。他意识到,祠堂的修建势在必行,但祠堂内祭祀哪些人,该不该设像,如果设像又该是如何一种形状,等等,这些都是需要慎重考虑的。也许正是出于这些考虑,直至朱熹离任,祠堂的设置都还处在讨论中。他把这一重任交给了他的学生兼下任钱闻诗(生卒年不详):

岁壬寅,朱子提举浙东,复遗钱属军守钱闻诗建礼圣殿,

① (宋)朱熹:《白鹿洞成告先圣文》,见朱瑞熙《白鹿洞书院古志五种·白鹿书院志》卷二,第1061页。

② (宋)朱熹:《告先师文》,见朱瑞熙《白鹿洞书院古志五种·白鹿书院志》卷二,第1062页。

并两庑塑绘孔子十哲等像。[1]

在建礼圣殿的过程中,朱熹一直高度关注其进展:

南康从祀画像,乃取法监学,已说报吴广文矣。白鹿当时与钱子言商量,只作礼殿,不为像设,只依《开元礼》临祭设席,最为得礼之正。不然,则只用燕居之服,以石为席,而坐于地,亦适古今之宜。免有匍匐就食之诮。子言皆不谓然。但今已成,恐毁之又似非礼。此更在尊意斟酌报之也。盖幼年闻先君言:尝过郑圃,谒列子庙,见其塑像地坐,则此不为无据也。[2]

这是朱熹与其学生曾致虚书信,专门讨论白鹿洞礼圣殿设像是否合乎礼制的问题。“子言”是钱闻诗的字,他于淳熙八年(1181)继朱熹知南康军。朱熹离任时,曾捐钱三百贯,委托钱闻诗建礼圣殿。此信大致写于殿已建成之时,而对于设像之事,朱熹有两个建议:或者不设像,临祭设席,按礼制来说这是首选;或者设像“席石而坐”,从而免去因“塑像过高,祭品过低”而来的“匍匐就食”的质疑。[3] 但钱闻诗似乎并未采纳这两种建议。

钱闻诗不仅没有采纳朱熹如上两种观点中的任何一种,而且擅作主张为朱熹建了生祠。对此,朱熹以严厉的语词制止了这一行为,并阐明了他设祠的本意:

---

① (明)李梦阳:《白鹿洞书院新志》卷一“沿革志第一”,见朱瑞熙《白鹿洞书院古志五种》,第21页。

② (宋)朱熹:《与曾致虚书》,见朱瑞熙《白鹿洞书院古志五种·白鹿洞书院新志》卷五,第65页。

③ 董喜宁:《孔庙孔象考》,《孔子研究》,2011年7月。

白鹿田已就绪，甚善。又闻今侯能枉驾临之，尤幸。伯起、延彦为况如何？闻永卿诸公，亦尝入山观书，遐想山林之胜，他处真未易得，令人怅然兴怀也。但闻或者乃欲画某形像，置之其间，令人骇然！不知谁实为此？向欲作李宾客、李九经及三先生祠于其间，以未有大成殿，遂不敢议。今乃遽然如此，于义殊不安。而诸人所以相期者，乃复如是之浅，尤非区区所望也。幸以示诸人，亟为毁撤为佳，不然须别作区处也。①

朱熹非常严肃地指出，建大成殿的初衷是崇祀孔子及其弟子，并设祠附祭有功鹿洞的李渤、李善道和三先生。此处的“三先生祠”，朱熹没有明说，但根据后来钱闻诗等人的实践，估计是指周濂溪和二程三先生。对于立生祠一事，无论是出于对他的尊重还是误解，朱熹于此处用了“骇然”、“不安”及“亟为毁撤为佳”，明确地表达了他的态度。

设像与设生祠的事，让朱熹认识到钱闻诗等人对祭祀古圣先贤礼仪的随意、轻率与不慎重。对此，他寻求多种文献与实物证据，证明他所说的“席石而坐”说法的合乎古礼。他首先通过查阅与比对《礼记》《仪礼》《庄子》《诗》《老子》《尔雅》等古文献的相关记载，辩明“跪”与“坐”之间的异同：

古人之坐者，两膝着地，因反其跖而坐于上，正如今之胡跪者。其为肃拜，则又拱两手而下之至地也。其为顿首，则

① （宋）朱熹：《与叶永卿、吴唐卿、周得之、李深子书》，见朱瑞熙《白鹿洞书院古志五种·白鹿洞志》卷八，第254页。

又以头顿于手上也。其为稽首，则又却其手，而以头着地，亦如今之拜礼者。皆因跪而益致其恭也。故《仪礼》曰"坐取爵"，《礼记》曰"坐而迁之"，曰"一坐再至"，曰"武坐致右轩左"，《老子》曰"坐进此道"之类。凡言坐者，皆谓跪也。若汉文帝与贾生语，不觉膝之前于席。管宁坐不箕股，榻当膝处皆穿，皆其明验。然《记》又云"授立不跪，授坐不立。"《庄子》亦云："跪坐而进之。"则跪与坐，又似有小异处。疑跪有危义，盖以膝着地，伸腰及股，而势危者为跪；两膝着地，以尻著跖而稍安者，为坐也。此跪与坐之异也。《诗》云"不遑启居"，而其专以启为跪。《尔雅》曰："妥者，安也。"释之者曰安定之坐也。夫启为跪则居为安矣。妥为安坐，则跪为危坐矣。盖两字相类，但一危一安，为小不同耳。至于拜之为礼，亦无所考。但杜子春说大祝九拜处，解奇拜云：拜时先屈一膝，今之雅拜也。夫特以先屈一膝为雅拜，则他拜皆当齐屈两膝，如今之礼拜明矣。凡此三事，书传皆无明文，亦不知其自何时而变，而今人有不察也。①

通过诸种文献对"跪"与"坐"的解释，朱熹认为很多场合所说的"坐"实际是表示恭敬的"跪坐"。从这个角度来说，这是跪与坐的相同处；而跪着直起腰的为"跪"，跪着屁股坐在两脚上为"坐"。

在文献考证的基础上，朱熹又一次提到了儿时听闻先祖至郑州谒列子祠，见到过祠内席地而坐的塑像：

---

① （宋）朱熹：《跪坐拜说寄洞学诸生》，见朱瑞熙《白鹿洞书院古志五种 · 白鹿书院志》卷二，第1062页。

顷年属钱子言作白鹿礼殿，欲据《开元礼》不为塑像，而临祭设位。子言不以为然，而必以塑像为问。予既略为考礼如前之云，又记少时闻之先人云，尝至郑州，谒列子祠，见其塑像席地而坐，则亦并以告之。以为必不得已而为塑像，则当仿此，以免于苏子俯伏匍匐之讥。子言又不谓然。

古礼所记与朱熹儿时所闻，都不能说服被《开元礼》误导的钱闻诗。此后，朱熹又听闻成都府学有汉时礼殿，殿中设像都是席地而跪坐。为了得到进一步的证实，他派其弟子仿刻石像与他：

其后乃闻成都府学，有汉时礼殿，诸像皆席地而跪坐，文翁犹是当时琢石所为，尤足据信。不知苏公蜀人，何以不见而云尔也？及杨方子直入蜀帅幕府，因使访焉。则果如所闻者，且为写仿文翁石像为小土偶以来，而塑手不精，或者犹意其或为跏趺也。去年又以属蜀漕杨王休子美，今乃并得先圣、先师二像，木刻精好。视其坐后两跖，隐然见于帷裳之下，然后审其所以坐者，果为跪而无疑也。①

朱熹此篇“跪坐拜”说文，从上述三方面论证了他所设想的“塑像席石而坐”的合乎古礼。朱熹认为，如果实在需要设像而祭，那席石而坐的塑像是比较合乎古礼的。朱熹此说，虽然不能挽回书院礼圣殿已有的设像模式，但他通过寄文给洞学生员并命掌洞者揭之庙门之左，其兴复儒学之精神、对儒学传统的尊崇、对

---

① （宋）朱熹：《跪坐拜说寄洞学诸生》，见朱瑞熙《白鹿洞书院古志五种·白鹿洞志》卷八，第253页。

礼制的谨慎与变通[①],等等,都为书院后来者所警醒与效法。

朱熹重振儒风的理想,应该说基本获得了成功。元明清时期的白鹿洞书院,实际上都是在朱熹设计的框架下发展的。与此同时,先前被笼罩在佛、道光环之下的庐山隐士,开始呈现出儒家士大夫的独有特性。如陶渊明故居,陆续增加了归去来馆、醉石馆、陶渊明墓、陶渊明祠等建筑。其中透露出来的信息,可以说是士大夫试图通过塑造儒家神,达到强化儒学并与佛、道相抗衡的目的。此外如修建廉溪墓、濂溪祠,岳飞墓、岳飞祠,陶白祠,等等,都具有类似的象征意义。[②]

第二节　崇尚理学的三部志书

一、康熙时期道统的重构与三部志书的编纂

康熙五十八年(1719)、五十九年(1720)、六十一年(1722),星子知县毛德琦与监生范昌治相继编纂了《庐山志》《白鹿书院志》与《庐山秀峰寺志》。三部志书几乎为同一时间、同一批人编纂(地方督抚与乡绅),其目的都是为了弘扬朱子理学。

在这些志书中,《庐山志》现存康熙五十九年顺德堂刻本、《四库全书》本及乾隆至民国年间在顺德堂刻本基础上的六次修补本(简称"顺德堂六修本")。[③]《白鹿书院志》现存康熙五十九年刻本、《四库全书》本、乾隆至宣统年间在康熙刻本基础上的五次补刊本,以及《白鹿洞书院古志五种》以康熙刻本为底本的整理、校

① 参见董喜宁:《孔庙孔象考》,《孔子研究》,2011 年 7 月。

② 详情参见(明)桑乔:《庐山纪事》卷九,第 518—526 页;(清)毛德琦:《庐山志》卷十,第 11—15 页。

③ 参见徐效钢:《庐山典籍史》,第 90 页。

对本(简称“古志五种本”)。[①]《庐山秀峰寺志》现存康熙本,扬州广陵古籍刻印社于1996年影印康熙刻本于《中国佛寺志丛刊》第十七种出版(简称“《中国佛寺志丛刊》本”)。[②] 本章所用版本,分别为“顺德堂六修本”“古志五种本”与“《中国佛寺志丛刊》本”,文中正文与脚注均用此简称。

《庐山志》与《白鹿书院志》的编纂者毛德琦,生卒年不详,字心斋,浙江鄞县人。康熙五十三年(1714),以恩贡生铨补星子知县。铨补引见时,康熙对毛德琦重振朱子理学寄予厚望,他对等待铨选的官员说:“星子地方,尔等曾到过否?朱子白鹿洞讲堂在此。这人去得。”[③]上任伊始,毛德琦以兴废举坠自任,“手辑庐山、鹿洞二志,并补辑郡乘,重新府县学宫”。去职后,星子士民祀其于白鹿洞报功祠。[④]

《庐山秀峰寺志》的主编范昌治,生卒年不详,号燕贻,四明(今浙江宁波)人。编纂《庐山秀峰寺志》时,他似乎只是一名监生,未有官职。至雍正、乾隆年间,从新乡县县丞到卫辉府通判、

---

① 参见徐效钢:《庐山典籍史》,第299页;白鹿洞书院古志整理委员会:《白鹿洞书院古志五种》,第9页。

② 《中国佛寺志丛刊》第十七种《庐山秀峰寺志》,扬州广陵古籍刻印社,1996年影印本。

③ (清)毛德琦:《纪恩诗》,康熙《庐山志》第9册,顺德堂六修本,卷八“山川分纪七”,第71—72页。

④ (清)蓝煦:《(同治)星子县志》卷之八,中国方志库,清同治十年刻本,第969页。

兴化府知府，直至台湾府知府。一生练达敏给，孰谙水利。[①] 此外，时任江西巡抚王企埥、都昌知县杨盛烈及行走于秀峰寺的士大夫王翰、吴允嘉等人，都对志书的校对、编次与出版提供了帮助。志书卷首记云：

> 雄山王企埥念斋、梁州王翰二南鉴定，钱唐吴允嘉志上参阅，四明范昌治燕贻编次，临安杨盛烈丕然校辑。[②]

他们或为江西地方长官，或为范昌治同乡。而把他们维系起来的却是同一个人，即秀峰寺住持超渊和尚。他们之间有着良好的交谊，笔者下文将会述及。

庐山志，自慧远《庐山略记》，“又景式而下十余家皆失传，其有完本可阅者，惟桑侍御乔纪事、释定嵩通志、吴学使炜续志与夫但宗皋之文纪诗纪而已”[③]。毛德琦汇集桑、吴二志于一篇，“山川分纪多仍其旧，文翰则随时而增”，[④]所增者为白鹿、秀峰事：

> 迩者，御书《般若心经》，供奉开先寺中，兼赐“秀峰”宝额，云汉天章，照耀林壑，焕乎称山南梵刹之冠。至于白鹿洞

---

① 参见(清)赵开元:《(乾隆)新乡县志》卷三,《中国方志丛书》“华北地方·第472号”,第1199册,治湾成文出版社影印本,第118页;(清)王士俊等:《(雍正)河南通志》卷三十六,影印文渊阁《四库全书》史部地理类,第536册,第364页;(清)王植:《(乾隆)郯城县志》卷七,《中国方志丛书》“华北地方·第378号”,第596册,第120页;(清)余文仪:《续修台湾府志》卷三,《台湾文献史料丛刊第一辑》第121种,台湾大通书局1984年版,第129页。

② (清)范昌治:《庐山秀峰寺志》卷一,第85页。

③ (清)白潢:《庐山志序》,见康熙《庐山志》第1册,顺德堂六修本,卷首序。

④ (清)毛德琦:《重订庐山志序》,见康熙《庐山志》第一册,顺德堂六修本,卷首序。

者，则尤斯文之寄托，而江表所仰瞻者也。地虽辟于李宾客，教实兴于子朱子。我皇上重道崇儒，于文公倍加笃信，赐额曰"学达性天"，升堂配享，复以《十三经》《二十一史》颁赐洞中，俾士子春诵夏弦，风风乎度越千古，因叹自有宇宙，即有匡庐，迟之又久，乃得遭逢圣代儒术光昌，而文教蔚起，视从前之封爵牢醴失实，近诞者山灵有知，当必歆此而厌彼矣……星子毛令德琦当铨补引见。时敬承天语，即有志于山志、洞志二书，辑故增新，释疑订误，积勤者五载，聿观厥成，是能表潜名岳而掞藻儒林者也。[①]

康熙帝眷顾庐山，"御书宸翰，宠锡频加，一时名公硕士，扬休掞雅，炳炳琅琅"，为"借华藻表扬奇秀"，毛德琦编纂《庐山志》《白鹿书院志》，"一一恭纪，以掞藻儒林"。[②] 儒学不仅是《庐山志》的灵魂，亦是《白鹿书院志》的灵魂：

书院志者何？曰：重道也。孔孟之道惟朱子集其大成，而白鹿书院为朱子设教之地，精神所萃，登斯堂而遵斯教，可为学道之津梁……则兹志不可以不重。……今星子毛令，自引见时敬承天语，即有志于修葺，乃越五载之久，始告厥成。……兹集已无遗憾。……其各体圣主崇儒至意，遵朱子之规，以进于圣贤之学，实不能无厚望焉。[③]

---

① （清）白潢：《庐山志序》，见康熙《庐山志》第一册，顺德堂六修本，卷首序。

② （清）毛德琦：《重订庐山志序》，见康熙《庐山志》第一册，顺德堂六修本，卷首序。

③ （清）白潢：《白鹿书院志序》，见朱瑞熙：《白鹿洞书院古志五种·白鹿书院志》卷首，第1029页。

此乃康熙五十九年江西巡抚白潢为《白鹿书院志》撰写的序，他明确指出：书院乃朱子理学“精神所萃”之地，为“学道之津梁”，因此书院志是必不可少的。作为一省督抚大员，他对志书编纂的上述认识，是直承康熙旨意而来，并最终在地方文化建设中集中体现出来。范昌治等人主持编修的《庐山秀峰寺志》，同样是体现了帝王旨意：

> 岁己亥，偶与开先之高僧心壁遇，见其神清骨秀，词气温蔼，知得禅家三昧。心窃异之，叩其原籍，乃系滇南昆明人，是余之乡戚也。故日以诗文相往来，遂成方外至契。居无何，心壁出《万里一归人图》兼持宋牧仲诸君子赠送诗相示。……心壁既披剃出家，焚修于万里之外，犹能念罔极之深恩。而一瓢一钵，沿途叩门乞食远归省亲，则其孝思为何如是僧名而儒行！？洵释氏之超出寻常万万者也。故其道行所至，天人交助。独能以一人之法力，为庐山另开生面。何则？夫开先创自南唐，其由来已久，虽暮鼓晨钟，未尝沉绝。然僧寮萧索，殿宇倾圮，已不无荒烟蔓草之感，过者伤之。丁亥春，圣驾南巡，心壁迎之淮上，恭觐龙驭，上见其道貌非凡，奏对清朗，圣心大悦，将“开先”更名“秀峰”，特赐御书匾额，江右抚臣宋荦等更建“御书楼”以崇国宝，巍巍焕焕，辉映林峦。俾匡庐气象蔚乎改观，山灵何幸而得此旷典哉？！壬寅夏，秀峰志成……学士大夫、骚人墨客之诗歌词章，靡不条分缕晰，考据精详。①

① （清）王翰：《秀峰寺志序》，见《庐山秀峰寺志》卷首，第3—6页。

康熙丁亥年(1707),超渊觐见康熙帝,获赐"秀峰寺"庙额。康熙己亥年(1719),序言作者与超渊和尚相遇,围绕着超渊"万里省亲"之事,王翰、宋荦等官僚士大夫塑造了一位"僧名儒行"的释家高僧。在帝王与督抚大员的共同塑造下,秀峰寺与超渊和尚成为"学士大夫、骚人墨客"向往、朝拜、吟唱、交谊的对象。《庐山秀峰寺志》的编纂,就是由此而来的。

如上所述,在《庐山志》《白鹿书院志》与《庐山秀峰寺志》三部志书中,都贯彻了"崇尚儒学"的主导思想。笔者认为,这三部志书的编纂过程与编纂思想,与康熙时期的道统重构是分不开的。

清政权入主中原后,历经三十多年的统一战争,平息了各地的反叛势力。然而,人民对清朝的国家认同尚未形成,清朝统治的合法性尚未确立。为此,康熙帝采取"巡幸与广赐翰墨"的方式,建构接续治统的政治认同与崇儒重道的文化认同。[①] 地处江西最北端的九江,素有"江西门户""七省通衢"之称[②],曾是朱元璋、陈友谅决战之地,更是清初南明政权抗清与"三藩叛乱"的重镇。[③] 故此,康熙时期在意识形态与文化领域推崇程朱理学,以期建构国家认同。江西督抚大员及地方官绅秉承康熙旨意,在九江庐山区域掀起了以"儒学"为中心的文化建设高潮。他们围绕白鹿洞书院,突显朱熹与朱子理学,试图以之改造庐山的佛教与道教。

二、三部志书的编纂模式

"顺德堂六修本"《庐山志》共十五卷,十六册,半页九行,行

---

① 参见常建华:《国家认同:清史研究的新视角》,《清史研究》,2010 年 11 月。

② 参见陈晓鸣:《中心与边缘:九江近代转型的双重变奏(1858—1938)》,2004 年 5 月上海师范大学中国近现代史博士学位论文,第 1 页。

③ 参见许怀林:《江西史稿》,第 523—528 页。

二十字,白口、黑鱼尾。前有自桑乔《庐山纪事》至民国四年汪知本补修《庐山志》序言共十二篇,图四幅。卷一为通志,概述庐山星野、物产等情形,卷三至卷八为山南六条路线的人文与景观,卷二、卷九至卷十三为山北五条路线的人文与景观,卷十四至十五为艺文的文类与诗类。后附修志凡例、引用书目、重修志书爵里姓氏、志书诗文爵里姓氏考及乾隆五十八年龚华塍《补刊庐山志跋》。

从其主体目录与内容来看,《庐山志》基本是承袭桑乔《庐山纪事》与吴炜《增定庐山志》的体例而来。毛德琦在编纂凡例中,对此有所交待:

> 踵事增华,变体加丽,昔人原有所待。予承乏山南……旧志既毁,责有难辞。因搜桑纪、吴志而合订之,间有补续,集二美而成一编。①

从序、图到通志,再到山南六条路线、山北五条路线,直接沿用了桑乔《庐山纪事》的叙事体例。而从《庐山纪事》的十二卷增为《庐山志》的十五卷,其卷十四、十五为搜集魏晋以来的“艺文”,这一变体则始于吴炜《增定庐山志》。此外,《庐山纪事》卷一中的“山纪”改名为《庐山志》中的“星野与舆地”,“品汇”改名为“物产”,“艺文”被单列入卷十四、十五,还有凡例的增设、引用书目的罗列、修志爵里姓氏的单列等等,都是承自吴炜《增定庐山志》而来。四库馆臣对此颇有微词:

① (清)毛德琦:《庐山志·凡例》,见康熙《庐山志》第1册,顺德堂六修本,卷首。

《庐山志》十五卷……取桑乔《庐山纪事》、吴炜《庐山续志》二书汇而订之，首星野，次舆地，次祀典，次隐逸，次仙释，次物产，次杂志，次灾祥，共一卷；次山川分纪十二卷，次艺文二卷。琦自序云"山川分纪多仍其旧，文翰则随时而增"。书之冗滥，二语已自道之矣。①

从编纂体例与内容来说，《庐山志》基本是《庐山纪事》与《庐山续志》（即《增定庐山志》）的结合物。故此，"书之冗滥"的评价或许并不为过。尽管如此，在志书卷五"山南自张公岭东北行至九尖山"、卷七"山南自五老峰南行至宫亭湖"及卷八"五老峰东南至白鹿洞书院"中，新增了秀峰寺、木瓜洞与白鹿洞书院自康熙以来的建筑、景观与人文诸内容。这些鲜明的时代特征，为我们考察清代庐山的文化建构过程提供了很好的文献基础。

对于《庐山志》的资料来源，书中有三条线索可供循迹：其一，卷首"引用书目"共列有 192 种文献。② 其二，毛德琦谨遵"引用典籍，上列姓氏书目"的编纂凡例，"使览者知事有所据，言有所据"。③ 其三，各卷之后所附的"艺文"及卷十四、十五单列的诗文。此三条有重复，亦有不同，但综合起来，大致可以勾勒出《庐山志》引用文献与保存文献的种类与数量。

朱瑞熙等采用故宫博物院图书馆藏"康熙五十九年刻本"为底本，经整理与点校，重新刊印了"古志五种本"《白鹿书院志》。④ 全书共十九卷，前有康熙五十九年新修书院志书序八篇及旧序五

① 参见（清）永瑢：《四库全书总目》卷七十六·史部三十二，影印文渊阁《四库全书》总目·史部，第 2 册，第 613 页。

② （清）毛德琦：《庐山志引用书目》，见庐山志卷首，康熙顺德堂六修本。

③ （清）毛德琦：《庐山志·凡例》，康熙顺德堂六修本。

④ 朱瑞熙：《白鹿洞书院古志五种》，第 8 页。

篇,“凡例”七条。十九卷内容分别为:卷一形胜,卷二兴复,卷三沿革,卷四先献,卷五主洞,卷六至卷八学规,卷九书籍,卷十至卷十七艺文,卷十八祀典,卷十九田赋。

从以上卷目可以看出,书院的基本架构包括:书院建筑(沿革卷)、人物(先献与主洞卷)、洞规(学规卷)、书籍(书籍卷)、礼仪(祀典卷)、经济(田赋卷)、方位(形胜卷)。这样一个书院架构与志书卷目,沿袭了自朱熹以来的办学传统。《四库全书总目提要》指出:

> 《白鹿书院志》十九卷。国朝毛德琦撰……康熙甲午,德琦为星子县知县,因取廖文英原志重加订正,分类凡十,曰形胜,曰兴复,曰沿革,曰先献,曰主洞,曰学规,曰书籍,曰艺文,曰祀典,曰田赋。形胜等七门皆因旧志,兴复、主洞、书籍三门,则德琦所增也。①

从四库馆臣评述中提到的“廖文英原志与旧志”可知,与此前《庐山志》的编纂类似,毛德琦此志亦是在已有志书基础上的汇编。对此,毛德琦在志书卷首“凡例”第一条亦有所交待:

> 纂旧。明弘治七年,张元祯序云:《洞志》编自鲁铎,校自袁端,刻自郡侯郭瑨。正德九年,提学李梦阳序云:《志》分六则:首沿革,次形胜,次创建、镵刻,次田赋,次姓氏、文艺,次典籍、器物。万历年间,郡守田琯重修,乃星子训导周伟主洞事,与洞生熊傧、袁炜等编辑,书最详核。今则仅余残简。

① (清)永瑢:《四库全书总目》卷七十七·史部三十三,影印文渊阁《四库全书》总目·史部,第2册,第613页。

郭、李二《志》，更邈不及见矣。天启二年，江阴李应升定《洞志》，又分七则：首形胜，次革沿，次先献，次明教，次文翰，次祀典，次田赋。惟文翰中多从删削，视田志较约。嗣是郡守廖文英《洞志》，遵江阴原本，其所增入，半属顺治年间郡守薛所习补刻也。廖《志》成于康熙十二年，全版毁于五十五年。今详请重刊，于七则外，增兴复以尊朱子，主洞以崇师范，书籍以昭训守，广为十则，缘序其源流如此。

《白鹿书院志》体例取自弘治鲁铎志、正德李梦阳志、万历田琯志、天启李应升志及康熙廖文英志，并在它们的基础上增兴复、主洞、书籍三门。

自朱熹兴复书院之后，元、明、清时期曾不断地重修和扩建。据研究，元代有两次修建工程，明代有不下十次较大的重建与修复，清代有不下十五次之多的大小修建工程。[①] 在这些修建过程中，留下了各种修复记、告文、祭文、讲义、洞规及兴复洞田记文等，形成了可观的历史文献资料，构成不断编修书院志的原动力。目前已知的历代书院志，共有弘治、正德、嘉靖、万历、天启、康熙等版本七种，以及在此基础上续修、递修、补刊的版本十四至十五种。[②] 除去已经遗佚的弘治本及毛德琦编纂以后的若干次续修、递修、补刊本，[③]现存比较核心的版本，主要是正德、嘉靖、万历、天启、康熙五种版本。这五种版本皆收入朱瑞熙主编点校的《白鹿洞书院古志五种》，毛德琦的《白鹿书院志》即是其中之一。

---

① 参见李才栋：《白鹿洞书院考略》，江西教育学院学刊 1985 年 4 月，第 32—40 页；周銮书：《千年学府——白鹿洞书院》，江西人民出版社 2003 年版，第 23—37 页。

② 李才栋：《〈白鹿洞书院志〉考述》，《江西社会科学》，1999 年第 9 期。

③ 徐效钢：《庐山典籍史》，第 282、299 页。

在历代不同版本的书院志之间，从体例到内容，再到资料来源，都是层层相因而来。嘉靖刻本《白鹿洞志》编纂“凡例”，对此有如下说明：

> 纂修兼采鲁春室《旧志》、李空同《新志》，可因者一遵其旧……可并者并……可增者增之；增修采用《一统志》《江西通志》《道学传》《文公语类》《陈白沙文集》《张东白文集》《胡敬斋集》《李空同集》等书。其间有兼言他事者，不必尽载，或别柬、别记有中截取者，录其节文，事竟而止。[①]

鲁春室《旧志》指的是弘治七年鲁铎编纂的《白鹿洞志》，该志已遗佚。[②] 李空同《新志》，应为正德《白鹿洞书院新志》。上引凡例告诉我们，嘉靖《白鹿洞志》采用的资料，主要来源于书院旧志与相关正史、方志、文集等，其内容有增、有减、有改、有并、有附。以此类推，正德李梦阳志、万历田琯志、天启李应升志、康熙廖文英志及毛德琦《白鹿书院志》，都是在此原则下编纂的。

《中国佛寺志丛刊》收录的《庐山秀峰寺志》一册八卷、首一卷，每页十行十七字，黑口单栏。前有曾学文影印序言一篇，康熙年间旧序四篇，“凡例”八则，词翰姓氏若干，图二。首一卷，记康熙历次御赐寺中圣物及文士名流颂德诗。卷一、卷二形胜，卷三梵刹，卷四主席，卷五、卷六艺文，卷七法产，卷八逸事。

秀峰寺，原名“开先寺”，创于南唐中主李璟，康熙四十六年因康熙帝御赐而改名。与前述《庐山志》《白鹿书院志》不同的

① 郑廷鹄：《白鹿洞志·凡例》。朱瑞熙：《白鹿洞书院古志五种·白鹿洞志》，第151页。

② 朱瑞熙：《白鹿洞书院古志五种序》，第1页。

是，秀峰寺在此前并无编纂志书，故《庐山秀峰寺志》基本是主编范昌治首创的寺院志，是为庐山现存不多的寺院道观志之一。①

在无旧志可仿的情形下，范昌治为志书定下了“纪恩”“稽古”“传信”“尚功”“杜弊”“览胜”“集事”与“备美”八条则例。依循这一则例，他试图编纂一部从南唐建寺到清康熙朝的寺院史志。然而，无论从志书名称，还是各卷卷目及内容来看，范氏都本着“略古详今”的原则。

首先，从“稽古”例来看，范氏似乎苦于“欲求古人之片言只字，邈不可得”，仅在卷三收有《冯记》《黄记》两篇清以前的碑文，卷四虽收有自丫山绍宗至山鸣璐禅师等十九位住持，但基本是一两句话带过，或是干脆就只列其名而无内容。其次，从“览胜”例来看，范氏似乎想涵盖庐山全境，特别是秀峰寺四周建筑与景观。如卷一节选“南宋周必大的《庐山录》、元代李泂《游庐山记》、明代汤宾尹《游庐山记》、清代吴菘《庐山记》相关游记，若干首关于香炉峰、鹤鸣峰、汉阳峰、双剑峰、龟背峰、瀑布泉、马尾泉的诗与赋。卷二汇集南唐至清康熙以来骚人墨客对秀峰寺周围的聪明泉、青玉峡、洗墨池、读书台、招隐桥、龙王亭、漱玉亭等相关景观的诗、赋予石劖。然而，与成篇的庐山游记、专门的庐山志书相较，范氏的这种东鳞西爪式的抓取，又略显杂乱无章，其重心依然回到清康熙时期督抚大员等人创作的碑记、石刻与诗赋；而从“纪恩”“传信”“尚功”到“杜弊”四例来看，集中记载了康熙帝对寺庙的御赐、督抚大员的唱和及对建筑的兴复、寺田的赐置、与超渊和尚往来的信札与诗赋。详见下表：

① 目前存世的庐山寺院道观志有《庐山太平兴国宫采访真君事实》与《庐山秀峰寺志》《庐山归宗寺志》（版本信息参见文后参考文献）。

表 5—1:《庐山秀峰寺志》各卷内容简表

卷目	内容
序	康熙年间王企靖、王翰、杨盛烈、王思训等撰写的四篇序
凡例	范昌治的“发凡八例”
词翰姓氏	宋 1 人,梁 1 人,唐 16 人,五代 2 人,两宋 11 人,元 3 人,明 53 人,皇清 173 人
山图	庐山秀峰寺形胜图,秀峰寺殿堂楼阁图
卷首	记康熙历次御赐寺中圣物及督抚大员的修庙记 5 篇、文士名流颂德诗等 14 首
卷一	记庐山诸胜景及历朝僧俗游记、纪游诗:宋元明时期共四十五篇,清朝共二十五篇
卷二	记庐山诸胜景及历朝僧俗游记、纪游诗:宋元明时期共十三篇,清朝共六十三篇
卷三	历代修庙记及文人游开先寺诗:宋元明时期共三十一篇,清朝共三十二篇
卷四	记历代住持行迹嘉言:宋元明时期共 19 人;清 1 人,即中兴开先秀峰初代心壁渊禅师。后附超渊所立“丛林共住规约”
卷五	收集僧俗往来书札、诗文序等:整卷内容都是清康熙以来超渊与众官僚士臣的书信及唱和之作,共二十八篇(封)。
卷六	收集僧俗往来诗文序等:宋元明时期共二十五首,清代共七十三首
卷七	记寺属田粮等财产:康熙三十一年至康熙四十二年以来所置田产
卷八	杂记遗文趣事:清代的共五篇

从这样一个卷目设置与内容安排,或许可以得出如下结论:《庐山秀峰寺志》并不是一部记录佛教历史的寺庙志,更不是一部引导游览者游览佛教文化的游览指南,它更像是一部反映康熙统

一全国以来调整施政策略的政治文化史书。从康熙帝亲自接见开先寺超渊和尚并御赐“秀峰寺”匾额，到超渊和尚奔走与周旋于宋荦、张志栋、郎庭极等督抚大员之间，都反映了清初宗教与政治的密切联系。与此同时，为了配合清帝王建构国家认同的需要，宋荦等督抚大员与超渊和尚建立了深厚的友谊，并通过支持修复寺殿、购置寺产、创作相关传说等方式，成功塑造了一位“学于浮屠而孝敬双亲”的儒僧。《庐山秀峰寺志》各卷收录的康熙以来的各种文献，如实记载了这一建构过程。

三、朱子理学在三部志书中的突显

如上所述，《庐山志》卷五记录了秀峰寺自南唐创寺至康熙以来的历史，寺院四围环境、建筑、景观及士人唱咏，这是毛德琦在陈舜俞《庐山记》、桑乔《庐山纪事》与吴炜《庐山续志》的资料基础上，新增了“御碑亭”“御书楼”及官僚士绅对秀峰寺的诗作唱咏。卷八对白鹿洞书院的记录，同样是在已有山志及书院志的基础上，新增了御书阁、紫阳祠、原泉亭及清初官僚与士大夫游览白鹿洞若干赋咏诗作。与此同时，在《庐山志》卷七与卷十四中，新增了康熙时期官绅为木瓜洞道士石和阳撰写的传记、墓志铭、书序及和诗等。这些新增的内容，与不同时期编纂的山志及书院志相较，具有鲜明的时代特征。至于《庐山秀峰寺志》与《白鹿书院志》，更是用整部志书的容量，记录了秀峰寺与白鹿洞书院在新时代的变化。

以上三部志书的内容，既有交替、重叠，又有明显差异，但却以朱子理学为共同聚焦点。具体而言，《庐山秀峰寺志》与《白鹿书院志》的内容多有交替与重叠，而《庐山志》的记述重点则颇为独特。

1. 白鹿洞书院的兴复与紫阳祠的专设

元、明、清时期，白鹿洞书院成为理学传统在庐山的象征。[①]书院的祠(殿)堂建设及其享祀人物，可以视为庐山理学传统的主要标志。

前已述及，围绕着书院祠(殿)堂建设、祭祀人物及礼仪等事宜，朱子与钱闻诗等弟子展开了反复的讨论。在钱闻诗等人的坚持下，书院不仅建有祭祀孔子及其弟子的“礼圣殿”，同时还建有祭祀周濂溪、二程与朱子的“三贤祠”。在历次修复过程中，礼圣殿改名为“大成殿”，其享祀人物依然不变，而三贤祠却逐渐纳入更多儒家先贤，如陶渊明、李渤、诸葛亮、朱熹弟子黄榦等、陆九渊、王阳明及其弟子等。弘治以来，在苏葵、王宗锡、杨廉、邵宝、李梦阳等地方官绅的主持下，三贤祠逐渐分祀为宗儒祠、先贤祠及忠节祠。其中，宗儒祠祀周濂溪、朱子、陆九渊、王阳明四贤，配祀各门弟子；先贤祠祀兴复书院的李宾客(即李渤)等一十六人；忠节祠祀诸葛武侯、陶靖节两先生。[②] 增祀陆九渊与王阳明，反映了明代中后期王阳明心学的异军突起。[③] 然而，王学于晚明陷于“束书不观，游谈无根”的危机之中，有识之士开始质疑王学的空

---

① 1928年胡适游庐山，曾有三句话总结庐山的三处景点，其中“白鹿洞书院”是以理学的形象出现在其游记中。庐山有三处史迹代表三大趋势：(一)慧远的东林，代表中国“佛教化”和佛教中国化的大趋势；(二)白鹿洞，代表中国近世七百年的宋学大趋势；(三)牯岭，代表西方文化侵入中国的大趋势。详情参见胡适《庐山游记》，商务印书馆1928年版，第26页。

② 详情参见李梦阳《白鹿洞书院新志》卷一“沿革”、郑廷鹄《白鹿洞志》卷二“沿革”、周伟《白鹿洞书院志》卷一“沿革”、李应升《白鹿洞书院志》卷二“沿革”、毛德琦《白鹿书院志》卷三“沿革”。分别参见朱瑞熙《白鹿洞书院古志五种》上册第23、165、485页，下册第784、1082页。

③ 参见白寿彝、王毓铨：《中国通史》第九卷“中古时代·明时期上”，第15册，上海人民出版社1999年版，第430页。

疏浮华导致国家衰败。在这一反思过程中，清初出现由王返朱的新动向，程朱理学重又抬头，[①]朱熹的地位更是被提到与孔子并列而祀的等级。康熙时期白鹿洞书院的频繁地修复与紫阳祠的专设，集中反映了这一变化过程。

明清易代之际，白鹿洞书院并未遭受大的破坏，得以平稳过渡。顺治七年（1650）、十年（1653）、十四年（1657），南康知府李长春（生卒年不详）、江西巡抚蔡士英（？—1675）等相继主持重修书院，“新圣殿，奠先师，禁侵溷，谕洒扫，清旧田，增新亩，谋修筑，粮糇粮，延师儒，立章条，规讲课”[②]，使白鹿洞书院的殿堂、斋舍、洞规、洞田、书籍、礼仪、讲学方式等恢复如初。[③]

康熙二十六年，“钦颁御书‘学达性天’匾额及经史，遣官悬挂”。[④] 江西督抚要员及学政、司道大员等地方官绅，秉承帝王旨意，相继维修与重建书院的各种建筑，编纂书院志书，清理洞田，重新阐释学规，增设祠堂，更换圣贤诸像。在整个康熙朝，此类工程前后不下十五次之多。[⑤] 康熙四十八年（1709）创建的紫阳祠，具有承先启后的划时代意义。时任南康知府的张象文（生卒年不详），曾亲历紫阳祠的创建过程，并撰写了《申覆朱子专祠文》、

---

① 参见史革新：《清代理学史》，广东教育出版社2007年版，第2—5页。

② （清）毛德琦：《白鹿书院志》卷十二“艺文·熊维典《重兴白鹿书院记》”，见朱瑞熙《白鹿洞书院古志五种》下册，第1259页。

③ 详情参见（清）毛德琦：《白鹿书院志》卷十二“艺文”，见朱瑞熙《白鹿洞书院古志五种》下册，第1255—1260页；周銮书：《千年学府——白鹿洞书院》，第32—34页；李才栋：《白鹿洞书院考略》，江西教育学院学刊1985年4月，第43—44页。

④ （清）毛德琦：《白鹿书院志》卷三“沿革”，见朱瑞熙《白鹿洞书院古志五种》下册，第1095页。

⑤ 详情参见（清）毛德琦：《白鹿书院志》卷十二“艺文”，见朱瑞熙《白鹿洞书院古志五种》下册，第1255—1260页；周銮书：《千年学府——白鹿洞书院》，第32—37页。

《紫阳祠记》及《文公朱子专祠碑记》，详细记述了此事的来龙去脉。兹引述《紫阳祠记》如下：

> 朱子守南康军，重辟白鹿书院，后迁浙东提举。鹿洞诸生立生祠奉，朱子闻而遗书撤之。殁后，开禧乙亥，复以周濂溪、程明道、伊川三夫子并祀宗儒，继以陆象山、王阳明二先生合祀焉。此朱子之祀所由来也。岁丁卯，我皇上颁赐“学达性天”匾额。初与大成殿“万世师表”同悬。夫“万世师表”尊宣圣也，“学达性天”崇紫阳也。今以紫阳之扁加宣圣之堂，于义弗协，余乃与学博熊君士伯言，鹿洞礼教攸关，其所以妥侑朱子者，有所未尽，须详明院司道宪，更于宗儒堂外择先贤旧址，特建祠一所，前后二进，专祀朱子，东西位配以鹿洞从事者十有四人，颜其门曰白鹿洞紫阳书院。栋宇坚朴，规模弘敞，多士慰焉。盖濂溪莅南康军时，鹿洞久湮，二程未至鹿洞，望而祀之。象山来自金陵，讲义勒石，未曾专驻。阳明擒宸濠，游匡庐，憇鹿洞，手录《大学》《中庸》古本，及独对亭题咏镌石立洞，兼置田养士，其功迹俱不可泯，统祀宗儒，宜也。朱子守南康甫二年，善政惠民，郡乘彪炳。惟经营鹿洞书院，立殿堂，请敕额，校书籍，置田亩，惓惓以昌明正学，教育人材为念。上以绍千圣道统之传，下以阐奕世师儒之绪。重荷圣天子眷注宠锡，良有以也。余忝任康郡，数年来冰兢职守，每坐六老堂，常怀惕若，用是肃俎豆，荐苹蘩，专祀朱子于风泉云壑间，不亦宜乎！工始于某年月日，告成于某年月日。董其事者学博熊士伯，并识之。①

① 张象文:《紫阳祠记》，出自李宁宁等《白鹿洞书院艺文新志》卷一“文章二”，江西人民出版社2008年版，第58页。

如前所述，从大成殿（亦名“礼圣殿”）到三贤祠，再到宗儒祠，朱熹在理学传统中的地位虽已逐步提升，但并未在白鹿洞书院的祭祀系统中得到特别的推崇。康熙御赐“学达性天”匾额之后，朱熹的历史地位与象征意义得到了强化，创建专祀朱熹的“紫阳祠”开始提上议事日程。在白鹿洞书院创建紫阳祠两年之后（1712），朱熹在孔庙中的配享地位由东庑先贤之列升为大成殿十哲之次，显示了清王朝对朱熹的特别尊崇。毛德琦在《白鹿书院志》中，专门收录了《朱子升配十哲部文》，强调朱熹和白鹿洞书院在理学传统中的崇高地位。[①]

从御赐“学达性天”匾额，到白鹿洞书院的兴复、紫阳祠的创建，再到朱子升配十哲之次，《白鹿书院志》如实地记录了这一过程，集中反映了康熙帝及其臣僚在庐山的政治文化策略。

2. 秀峰寺的扩建与“僧名儒行”的寺僧超渊

秀峰寺原名开先寺，位居庐山南麓，其历史最早可追溯到五代十国藩镇割据时期。据说，南唐中主李璟曾以太子身份避居庐山五老峰下，有村夫献地，为其建读书之所。李璟即帝位后，因“野夫献地为己有国之祥”，以书堂为寺，取名“开先”。[②] 由此可见，开先寺之于李璟的意义，即是国家主权的象征。北宋太平兴国二年（977），改寺名为“开先华藏”。行瑛禅师主持寺庙之时，开先之屋多达四百楹，“穷壮极丽”。[③] 元末，开先寺一度毁于兵火，

① （清）毛德琦：《白鹿书院志》卷十一“艺文·《朱子升配十哲部文》”，见朱瑞熙《白鹿洞书院古志五种》下册，第1228页。

② （清）范昌治：《庐山秀峰寺志》卷三之冯延巳《建开先寺记》，《中国佛寺志丛刊》第十七种，扬州广陵古籍刻印社1996年影印本，第213—218页。

③ （清）范昌治：《庐山秀峰寺志》卷三之黄庭坚《开先禅院修造记》，《中国佛寺志丛刊》第十七种，第219—224页。

明洪武、永乐、正统及天顺年间陆续修复。[①] 正德十五年(1520),王阳明(1472—1529)于平息“宸濠叛乱”之后登上庐山,在开先寺刻下了《纪功碑》:

> 正德己卯六月乙亥,宁藩宸濠以南昌叛,称兵向阙,破南康、九江,攻安庆,远近震动。七月辛亥,臣守仁以列郡之兵,复南昌,宸濠擒,余党悉定。当是时,天子闻变赫然。亲统六师临讨,遂俘宸濠以归。于赫皇威,神武不杀,如霆之震,靡击而折,神器有归,孰敢窥窃。天鉴于宸濠,式昭皇灵,嘉靖我邦国。
>
> 正德庚辰正月晦,提督军务都御史王守仁书。[②]

在上述碑文的字里行间,透露了王阳明平叛成功后的喜悦与意气风发。所谓“神器有归,孰敢窥窃”,更是突显了开先寺之于国家主权的意义。在清初平息“三藩叛乱”后,开先寺的象征意义再次得到了强调,为康熙帝与江西抚臣反复利用。

康熙十八年(1679),清廷对付“三藩之乱”胜利在望,朝政的重点开始由军事转向内政,江西巡抚宋荦(1634—1713)即于此时上任。[③] 当时江西的地方政局颇为混乱,不仅有叛军和土寇作乱,

---

① (清)范礽:《续庐山纪事》卷四,《四库全书存目丛书》史部·地理类,第229册,第441页。

② (清)范礽:《续庐山纪事》卷四,《四库全书存目丛书》史部·地理类,第229册,第442页。

③ 参见李凤花:《宋荦研究》,兰州大学中国古典文献学硕士学位论文,2007年5月,第8—9页。

而且吏治腐败、食盐昂贵、连年干旱，各种天灾人祸相继而来。[①]为了稳定民心，消弭叛乱之源，宋荦把施政重心放在理学教化上，大举兴复书院、祠堂等文化设施。[②] 在他离任之前，专程上庐山游览，因而与开先寺僧超渊结缘，留下了一段佳话。此行陪伴其左右的有钱塘太学生吴允嘉（生卒年不详），在《游开先记》中记述：

> 寺为南唐中主李璟创建。……左有十笏堂，堂后聪明泉，读书台，俱以中主得名。台左有黄涪翁七佛偈、王文成纪功碑并镵石壁上。……余谓中丞曰：武宗盘游无度，宁庶人睥睨神器，阴蓄异志，积有数年。一旦师出蠡湖，攻围安庆，众号百万，何其烈也。而文成居蕞尔临江，集数员文吏，徒以区区忠义，激发人心，批吭捣虚，倾其巢穴、樵舍，转战火及楼船，宝玉美人，尽为灰烬。以彼数载之经营，而破之于旬日，厥功伟矣。昨戊辰之秋，楚氛弗靖，所在震惊，不逞之徒谋为响应，时公初莅西江，镇之以静，旋钩得首难者二人，置之国典，使燎原之势不炽，而反侧之子获安，是文成灭焰于既燃之后，我公消弭于曲突之先。岂不妣美古人耶！何于此磨片石纪之？中丞逊谢，遂不果。[③]

吴允嘉面对李璟读书台、王文成纪功碑，联想到宋荦于1688年应付楚变、平息李美玉等叛乱之事，因而建议宋荦“于此磨片石

---

① （清）宋荦：《漫堂年谱》，《续修四库全书》史部·传记类，第554册，上海古籍出版社2002年版，第188—192页。

② （清）宋荦：《漫堂年谱》，《续修四库全书》史部·传记类，第554册，第193—196页。

③ （清）范昌治：《庐山秀峰寺志》卷五之吴允嘉《游开先记》，《中国佛寺志丛刊》第十七种，第325—329页。

纪之",以显示其丰功伟绩。宋荦虽然并未采纳吴氏的建议,但却认同开先寺的象征意义,以兴复此寺为己任。

开先寺住持僧超渊和尚,号称"中兴开先秀峰初代心壁渊禅师",原在南昌,由宋荦等官绅延请入主开先寺。据《庐山秀峰寺志》记载:"康熙壬申秋,师在洪州憩云庵,受江西巡抚宋公、南康太守李公、星子邑侯赵公暨合郡绅衿、诸山知识耆宿请,至十月二十二日入院。"[①]超渊入主开先寺后,积极筹资兴复庙宇,扩充寺田,历时十年,"修整一新"。[②] 此后,宋荦与超渊频繁互通书信,并数次会面。[③] 宋荦对于开先寺的关注,重点并不在于宗教层面,而是试图使之纳入国家认同与儒学的范畴。他在《与秀峰心壁禅师》中说:

> 夏五后正有数行问讯方丈,寄《二家诗》《沧浪小志》,想未到耶?侍者至,奉法帖,知和尚有滇池之行,万里宁亲,亦是佛门中一因缘大事,叹服叹服。率成古体一首赘卷后,并索尤邵二诗,差不虚兹行耳……客夏吴门得聆半偈,实慰夙心。……和尚禅心常定,道力愈坚,言念匡庐,不禁神往。[④]

超渊"滇池之行,万里宁亲",表明他虽然皈依佛门,犹不忘孝

---

① (清)范昌治:《庐山秀峰寺志》卷四"主席",《中国佛寺志丛刊》第十七种,第304页。

② (清)范昌治:《庐山秀峰寺志》卷三之宋荦《重修开先寺碑记》,《中国佛寺志丛刊》第十七种,第231—233页。

③ (清)范昌治:《庐山秀峰寺志》卷五·艺文上,《中国佛寺志丛刊》第十七种,第369—380页。

④ (清)范昌治:《庐山秀峰寺志》卷五·艺文上,《中国佛寺志丛刊》第十七种,第372页。

敬双亲，宋荦对此表示赞赏。在这里，为超渊的形象定下了基调。此后，随着康熙的御赐翰墨与亲自召见，超渊的“僧名儒行”形象日益丰满。例如，新任江西巡抚郎廷极（1663—1715）称，超渊“学於浮屠，而能孝其亲友”[①]；江西学政王思训（生卒年不详）称，“吾儒有三不朽，超渊其立不朽于方外者欤”[②]；滇南旧史王翰称，超渊“既披剃出家，犹能念罔极之深恩，如是僧名而儒行”[③]。释本庆更是以佛门长辈的身份，大谈“世间之孝”与“出世间之孝”之异同，认为“承欢膝下，事奉双亲”乃“世间之孝”，“广化群生、领众行道”乃“出世间孝”，二者应该是相融相通的。[④]

超渊获得康熙的御赐和召见，可能是由于宋荦的举荐。据《庐山秀峰寺志》记载：“康熙四十二年，皇帝南巡至杭州，御赐《般若心经》一卷，送庐山开先寺供奉。……康熙四十六年，皇上南巡，开先寺僧超渊奉旨随驾至松江行宫，蒙敕赐御书‘秀峰寺’额。”[⑤]在此之前，“宋荦在江苏，三逢巡访”[⑥]。从宋荦与超渊的交谊及上述事件的先后顺序来推测，宋荦在面见康熙时可能提到了开先寺与超渊和尚，否则很难解释康熙与开先寺及超渊和尚的因缘。在此后近二十年时间里，超渊得到了抚臣张志栋（1648—

---

① （清）范昌治：《庐山秀峰寺志》卷首之郎廷极《庐山秀峰寺修造记》，《中国佛寺志丛刊》第十七种，第58—63页。

② （清）范昌治：《庐山秀峰寺志》卷首之王思训《重修庐山秀峰寺碑记》，《中国佛寺志丛刊》第十七种，第69—74页。

③ （清）范昌治：《庐山秀峰寺志》序之王翰《秀峰寺志序》，《中国佛寺志丛刊》第十七种，第3—6页。

④ （清）范昌治：《庐山秀峰寺志》卷五艺文上·释本庆《送心壁禅师住开先寺序》，《中国佛寺志丛刊》第十七种，第329—331页。

⑤ （清）范昌治：《庐山秀峰寺志》卷首“宸翰”，《中国佛寺志丛刊》第十七种，第47—48页。

⑥ 参见李凤花：《宋荦研究》，2007年5月兰州大学中国古典文献学硕士学位论文，第14页。

1714)、郎廷极、白潢(1660—1737)等地方官绅的大力支持,改开先寺名为秀峰寺,全面修复与扩建寺庙建筑、增置寺庙产业、重新制定寺规、首次编修寺志,造就了开先寺(秀峰寺)前所未有的繁荣景象。①

在朝廷、官绅与佛门长辈的期许下,超渊和尚打消了"入住佛门,不能孝敬双亲"的顾虑,积极塑造"僧名儒行"的形象。入主开先寺后,超渊重立了寺规,取名"丛林共住规约",共十条。规约首条为"敦本尚德约",明确提出"孝敬父母"与"遵守朝廷法令",宣示了"忠君"与"孝亲"两大原则。② 与此同时,超渊入主开先寺后主持的各次宗教礼仪活动,无不体现了儒家"入世"与佛家"出世"共通的精神。③ 在《庐山秀峰寺志》中,对超渊有如下记述:

> 心公尤异,甚具大法眼,为释氏津梁。四方来学之士,莫不响风景从,以致山陬海隅之地,罔不倾慕心公者。公则以禅鸣于天下,学有根底,语无泛涉,抽毫拈管,尤其所长。凡夫名公钜卿,缙绅先生,靡不加礼。心公则以诗歌、古文,鸣于一世,而且鸣于当宁。④

由此可见,超渊作为"僧名儒行"的宗教领袖,在当时具有广

① 详情参见(清)范昌治:《庐山秀峰寺志》卷首之张志栋《开先寺重修山门前殿记》、郎廷极《庐山秀峰寺修造记》、白潢《重修秀峰寺大殿并置御书楼香火田碑记》、王思训《重修庐山秀峰寺碑记》,《中国佛寺志丛刊》第十七种,第53—74页。

② 详情参见(清)范昌治:《庐山秀峰寺志》卷四"规约",《中国佛寺志丛刊》第十七种,第317—320页。

③ 详情参见(清)范昌治:《庐山秀峰寺志》卷四"主席",《中国佛寺志丛刊》第十七种,第304—305页。

④ (清)范昌治:《庐山秀峰寺志》卷八"逸事·彭洪《复鸣钟记》",《中国佛寺志丛刊》第十七种,第479—482页。

泛的社会影响力。因此,无论是康熙皇帝还是地方官绅,都试图拉拢和利用超渊,使之成为文化认同的标志。

3. 木瓜洞的崛起与"亦儒亦道"的洞主石和阳

明清之际,由于流寇和农民起义的冲击,庐山山北的太平兴国宫"颓败不支"。但与此同时,地处庐山南麓的木瓜洞却异军突起,成为众多抚臣与官绅注目之地。

木瓜洞又名木瓜崖,因唐朝道士刘混成修道其中而闻名。[①] 刘混成之后,木瓜洞一直处在沉寂状态。[②] 但清初却因"南阳石嵩隐筑室居此"而重又热闹起来。[③]《庐山志》集中收录了康熙时期一批抚臣与官绅为木瓜洞道士石和阳撰写的传记、墓志铭、书序及和诗等,从中可以发现一位"亦儒亦道"的特异人物。

康熙癸巳年(1713),白鹿洞书院洞主汤来贺(1607—1688)在《石嵩隐先生传》中记云:

> 嵩隐先生,巢父之流,老氏之寄也。自言南阳人,姓石名和阳。当中州如沸时,早已韬光。氏族显晦,不得而考。初隐嵩山,故号嵩隐。所言皆六经四子之书,郭公都贤曾与讲论于岳麓书院,多赠答诗篇。嗣是李公本晟、王公泽弘暨士大夫之能重道者,而师之友之,次第相延,不惜策杖以应。计

① 现存最早的文字记载要属北宋熙宁五年(1072)陈舜俞的《庐山记》:"由白鹿洞三里至承天观,旧名白鹤观。……大历中,道士刘玄和、何子玉居焉。……观之东北山上有木瓜崖。刘玄和始居崖中。"见吴宗慈《庐山志》副刊本,第27页。

② 至明代嘉靖四十年(1560)桑乔编纂《庐山纪事》时,对木瓜洞的描述与《庐山记》内容并没有多少变化:木瓜崖即道士刘混成入山种木瓜为食处也,崖有穴如室,可居,故亦名木瓜洞。见桑乔《庐山纪事》卷六,成文出版社据明嘉靖四十年刊本影印本,第二册,第352页。

③ (清)毛德琦:《庐山志》卷七,清顺德堂六修本,第28页。

来庐山木瓜洞时,年五十有四。洞旧为混成子修真处。剪辟荆榛,大开厥胜,问字者无虚日。韩城刘公荫枢,见而叹为幽人贞吉。一日,立洗心亭,谓吾当厝于亭北。将逝,见群鹤飞来,坦然示众,有"风起白云收,行年八十九。仰天见明月,七星是北斗"及"守一抱元"之语,遂瞑。壬辰夏,大雨出蛟,崖崩屋绝,惟墓木如故,识者奇之。所著多湮没波涛,只存《黄庭》《阴符》注解、《指玄篇》语录数种于别所。癸巳,学博据舆论,达郡县。于是,郡首叶公谦详请阐幽,备载案牍;大方伯傅公泽渊表其闾;督学冀公霖铭其墓,允著郡志。其徒尹博,广陵人,偕弟潈庐墓三载,视师如在焉。汤永宽曰:石隐哉,以和命名,是又介而和者也。道义声气之遍乎,宜矣。吁,儒耶仙耶? 吾无以名其所至。①

这位"读儒家书、交儒士友、著道家书、行仙者迹"的隐士石和阳,在当时引起了江西督抚大员、学政及南康知府、星子知县等地方官员的高度关注,因而留下了丰富的历史文献记载。康熙壬辰年(1712)任南康知府的叶谦,在当地父老的指引下,寻访了石和阳的墓地,并了解其生平事迹,获知"当世名卿大夫无不慕其风,尊其道"。他在《题石嵩隐序》中记云:

嵩隐……幼治经精河洛书,及长,遭荆襄寇乱,遂隐居嵩山。慨然有轻云野鹤之志。……筑室于木瓜崖畔……初与张敬一、章云崖、周北溟、钱伯常皆以儒修晦迹,枕流漱石,以激其清,饵芝餐霞,以韬其耀。于世味声利之事澹无与

① (民国)吴宗慈:《庐山志》下册,第97页。

焉。……昔孔子周流楚泽，遇荷蓧丈人，而许以隐者，嵩隐得无类于斯欤？[①]

康熙甲午年（1714），贵州巡抚刘荫枢（1637—1723）在《题庐山木瓜洞石道人嵩隐行略》中，详细记述了石和阳的“学问”：

余少宗孔孟之传，二氏之学从未参考。……点砂烧丹，吐纳运化，谓学道也。叩其中藏，诸魔横生。身踞蒲团之上，心驰九天之表。余尝遨游天下，所遇禅士羽林，惟问山水。道家常概，不言学问二字，恶其貌则是，其中则非也。辛巳夏四月，托迹于匡庐秀峰寺，凡三越月，诸凡名胜，无不游览。一日抵木瓜洞，与嵩隐道人遇……洎晚让榻，卧余几前。经书数卷，笔砚莹彻，毫无尘俗气。余曰：“幽人贞吉，其是之谓乎？”次早，食，余将告别，从容叩其学问根底，以“知止”二字应。余闻之矍然曰：“此道学要诀也。”凡学之所以不醇者，欲害之。人心之所以多欲，由妄念起，而心不安其宅也。若知止则心有专。主念不忘，动定静安，虑一以贯之。入圣超凡，指归不远。《易》曰：“艮其背，不获其躬。”胥此物也，学道者宜知，学禅者宜知，学儒者亦宜知也。生平注有《黄庭》《虚静》《阴符》诸经，《指元篇》《三洞元审》《心经解》诸语录。读其书者知之，余不具论。……余惟言其学问指宗，以告后之有志学道者。道人年八十有九，已丑岁羽化而去。[②]

如上所述，石和阳所学之道，并非“点砂烧丹，吐纳运化”之

① （清）毛德琦：《庐山志》卷七，第28—29页。
② （清）毛德琦：《庐山志》卷十四，第72—73页。

道,而是"学问"之道、"知止"之道。刘氏希望阐明其"学问指宗",以启迪"后之有志学道者"。

康熙甲午年(1714)毛德琦在《题庐山木瓜洞道存篇序》中,指出石和阳之"道"即理学之"道":

> 今以人所同得而虚灵不昧者,谓之明德;以人所共由而无往勿屉者,谓之达道。道也者,原于天命之性,而实行乎寻常日用间。初非有幽远难穷之理,此圣学所以独尊于天下也。自异学峰起,依浮屠者谈心性,而流于寂灭;附老氏者谈道德,而遁于虚无。各相标榜,而道之为道,遂判然其殊途矣。予于甲午岁来蒞星渚,考其风土人物,匡庐彭泽而外,有名木瓜洞者,唐真人刘混成种瓜处。明季有石嵩隐道人栖息于此,迹其著述,如《黄庭》、《虚静》诸注、《指元篇》诸语录,至今究心理学之士,犹乐得而称道之。……其徒尹诚斋……叩以理学指归,则以知止对,穷流溯源,应答井井,夫非所学之有本欤!及出其师所遗《观心直指》篇,有"有心之未有心,无心之未无心"等语,则又领会于无极、太极之蕴,适足以表彰性学,羽翼吾道,不惟与浮屠有间。①

毛德琦认为,石和阳所著的《观心直指》篇,深刻领会无极、太极之底蕴,对于弘扬理学颇有价值。正因为如此,石和阳得到了各级地方官吏的赏识与推崇,不仅为之树碑立传,载之志书,而且为之编辑书稿,阐明学术,为世人塑造了"亦儒亦道"的文化象征。

自石和阳师徒之后,木瓜洞趋于荒废。② 这不禁让我们想到,

---

① (清)毛德琦:《庐山志》卷十四,第77—78页。

② 参见吴国富:《庐山道教史》,第339页。

超渊“僧名儒行”与石和阳“亦儒亦道”的历史形象，不过是宋荦、毛德琦等地方官绅秉承康熙重建道统旨意而塑造出来的，它们与白鹿洞书院“紫阳祠”的专设是一脉相承的，集中反映了康熙时期的文化建构策略。至于超渊与石和阳是否真正具有高深的佛学、道学与儒学造诣，在庐山文化上究竟有何历史地位，容当另文探讨。

第三节　三部志书的流传与解读

一、三部志书的流传

如果说，《庐山纪事》作为私修志书，体现了桑乔的个人意志；那么，清初编纂的三部志书，都是出自地方官绅之手，集中体现了帝王与官方的意志。尤其是《庐山志》与《白鹿书院志》，二书板片与《府志》《县志》各版，“计明块数，开载印册，俱藏星子县新创谯楼之上，属县经营，以期久存”①。由于这一制度性规定，《庐山志》与《白鹿书院志》一直都有补刊本。

乾隆五十八年(1793)，南康郡守龚华塍检点《庐山志》，发现“枣梨残缺”，颇有“芷碎兰零之感”，遂“取箧中旧木，集剞劂氏镌缀，俾成全豹，庋阁藏焉”。② 此乃《庐山志》第一次补修本。次年(1794)，署理南康知府周兆兰亦对《白鹿书院志》进行了补刊。③五十年余后，都昌贡生余泰父子在翻修白鹿洞书院之余，对《白鹿书院志》与《庐山志》板片进行修补。④ 咸丰三年(1853)，陈姓书

① (清)毛德琦:《白鹿书院志・凡例》，见“古志五种本”，第1043页。

② (清)龚华塍:《补刊庐山志板跋后》，见(清)毛德琦《庐山志》卷首，第1册。

③ 参见徐效钢:《庐山典籍史》，第299页。

④ 参见徐效钢:《庐山典籍史》，第90、299页。

贾趁“粤匪犯郡”之乱，将此次补刊本掠去。咸丰九年(1859)八月，众乡绅于陈姓书贾处赎回板片，“其间所缺而霉烂者，经众绅捐修完善”，重新收藏于白鹿洞书院。①

平定太平天国之后，一度出现了编修府县志书的高潮。在此期间，南康知府盛元先后对《白鹿书院志》与《庐山志》进行补刊，此乃《庐山志》第四次补修。盛元自撰的《重修庐山志版序》，对此有如下说明：

> 山志重刻于康熙五十九年，距今百有五十年，其存者盖亦希矣。中经修理凡数次，最近则乾隆中郡守龚华滕、道光中都昌贡生余泰，余皆数纸而已。咸丰三年贼扰郡城，有陈姓书贾挟版以去。事平，邑绅赎归，修补度藏鹿洞，星子令胡君心庠序之。岁庚午予来守是邦，公余检阅，始知同治初年一再迁徙，遂多阙损模糊，不堪刷印。乃于辛未冬筹款，嘱傅教授寅夑经理其事，并付以旧藏完本。计重刊一百五十余页，改订数十页。时以檄修府志，无暇校对，逾时聆视，则刻年恶劣，舛伪滋正，予深用自愧……更嘱方训导开甲重加仇校，将板片逐一详审，而后授梓。②

宣统二年(1910)，在南康府学教授熊拜昌与训导邱全德的主持下，在同治版《庐山志》基础上，“检校残缺，重刻五百二十余版，稍为更订补苴者，后近二百版，其仍有漫灭者，未敢臆断，姑付阙如”。③ 这是《庐山志》第五次修补，也是有清一朝最后一次修补。

① (清)胡心庠:《重修庐山白鹿洞志序》，见(清)毛德琦《庐山志》卷首，第1册。

② (清)盛元:《重修庐山志版序》，见(清)毛德琦《庐山志》卷首，第1册。

③ (清)朱锦:《重修庐山志版序》，见(清)毛德琦《庐山志》卷首，第1册。

民国初年，在众乡绅主持下，《庐山志》经历了第六次补刊。新任星子县知事汪知本认为，面对漫山林立的西方租界地，山志的修补与国家和民族的命运密切相关：

> 予奉命管领是邦，瓜期瞬届，适诸绅补修《庐山志》告成，请序于予。予数年来从事戎马，考据久疏，烟雾迷离，真面未睹于庐山，将何志乎？然回忆今岁暮春之初，偕邑中诸君子为垦植计，昼游遍匡南，登五老之巅，放开眼界，东望长江，缕缕如带。西望武汉，城郭参差。南观鄱水之泱泱，北顾燕云之黯黯，未尝不长歌舒啸，而感慨随之。顾念国势颠危，民生凋敝，主权丧失，租界增加，泰东西士女方且杖策着屐而来，使我庄严灿烂名山，化为渠等游戏场合，而我方实业不讲，教育不兴，徒从事于笑傲烟霞，寄情风景，不已迂乎？夫瀑布之流泉无恙，而机器未开；白鹿之书院犹存，而生徒何在？以及重岚叠翠，欲术艺而赞助无人；矿质满山，求开采而资本难集。非山之有负于吾辈，是吾辈有负于庐山。山灵有知，当亦笑末吏之无能而徒增予之汗愧也。噫，国计之盈虚，民生之休戚，哲学之兴废，道德之隆污，于该山有绝大之关系。故志之以待后人之进补。此外，何志焉？若以之为点缀林峦、润色泉石，则非予之所敢知也。①

汪氏此篇序言，代表着晚清民国时期一批有识之士的普遍关怀。一方面，旧志的存在具有保存文献与文化的意义；另一方面，在国门大开的时代，编纂新方志势在必行。

---

① （民国）汪知本：《庐山志序》，见（清）毛德琦《庐山志》卷首，第1册。

康熙版的《庐山志》，经历了从乾隆五十八年至民国四年的六次修补，而《白鹿书院志》的板片亦经历了民国四年的补刊。[1]《庐山秀峰寺志》自康熙六十一年刊刻以来，是否有进一步的补刊、补刻或是重刊之举，目前未见相关史料，现有扬州广陵古籍刻印社刊行的“《中国佛寺志丛刊》本”。

从上述三部志书的板刻流传而论，无论是《庐山志》的六修，还是《白鹿书院志》的五修，都是在原有板片基础上的补刊或补修；而从编纂体例与内容的传承角度看，道光四年(1824)蔡瀛编纂的二十四卷本《庐山小志》与民国二十二年(1933)吴宗慈编纂的《庐山志》，都与康熙版《庐山志》有一脉相承之处。在体例设置上，《庐山小志》稍有变化。全书卷一至十二，记录山南、山北共十二条上山路线及路线上的建筑、景观与人文；卷十三至二十四，收录唐、宋、元、明、清以来的艺文。[2] 这种卷目设置与内容安排，可以视为晚清民国时期的山志文献向旅游指南编纂模式的过渡形式。而民国《庐山志》的“纲目体”与“山政”一纲的设置，记录了民国以来“吾辈”的学习与探索过程，表现了庐山志书的时代特征。

二、理学传统的嬗变

清初江西官绅通过修建庙宇、编纂志书及典型人物的形象塑造等文化建构方式，建构了一幅以“儒”为中心，释、道合于儒的和谐画面，从而达到建构国家认同的目的。这一政治文化的建构过程，造就了白鹿洞书院、秀峰寺与木瓜洞的繁荣，使之以一个有机的整体登上历史舞台，成为清代庐山的文化中心。然而，木瓜洞于石和阳师徒之后趋于荒废，而秀峰寺亦经历了一个从热闹非凡

① 详情参见徐效钢：《庐山典籍史》，第299页。

② (清)蔡瀛：《庐山小志》卷首，道光四年刻本，第1—8页。

到趋于寂寥,直至被归宗寺、蒋介石行馆替代的过程。

开先寺创自南唐中主李璟,陈舜俞《庐山记》简略介绍了其从南唐至北宋初年的景况,其主要景观有"读书堂、冯延巳碑、鹤鸣峰、四会亭、杨梅亭、招隐桥、招隐泉、开先瀑布、贯休、徐凝、李白诗、香炉峰与双剑峰、大悲亭、青玉涧、漱玉亭"①。明、清时期编纂的《庐山纪事》《续庐山纪事》《增定庐山志》《庐山志》及《庐山小志》等五部庐山志书,在《庐山记》的基础上增补了开先寺的新资料,主要是新出现的建筑、景观与诗文。在康熙时期编纂的《庐山志》卷五,详细记录了寺内新增加的"御碑亭、御书楼、七佛楼、宝墨亭、华藏阁、十笏堂、大士像碑"等建筑,以及当时官僚士绅新创作的诗赋唱咏。② 这些新增补的资料,集中反映了秀峰寺在康熙御赐"秀峰寺"额后的繁华与荣宠。

道光四年(1824),蔡瀛在《庐山小志》卷四中,记录山南"鹤鸣峰东北行至清泉涧"一线的建筑与景观,共有"鹤鸣峰、秀峰寺、御书楼、大悲亭、披霞亭、万竹亭、七佛楼、读书台、御碑亭、洗墨池、聪明泉、松雪亭、马尾泉瀑布水、青玉峡、漱玉亭、龟背峰、赛云峰、双剑峰、清源池"等。③ 与一百多年前《庐山志》与《庐山秀峰寺志》的记载相比,似乎并无二致。这说明,自康熙五十九年江西巡抚白潢主持重修大殿、御书楼并置香火田之后,④秀峰寺的规模已基本定型。至晚清民国时期,在太平军及日军的破坏下,秀峰寺已然破败不堪了。据胡适记述:

---

① (宋)陈舜俞:《庐山记》卷二"叙山南篇第三"。见(民国)吴宗慈《庐山志》副刊本,第24页。

② (清)毛德琦:《庐山志》卷五,第5册。

③ (清)蔡瀛:《庐山小志》卷四,清道光四年刻本,第1—8页。

④ 参见(清)白潢:《重修秀峰寺大殿并置御书楼香火田碑记》、(清)王思训:《重修庐山秀峰寺碑记》,见《庐山秀峰寺志》卷首,第63—74页。

从万杉寺西行约二三里，到秀峰寺。吴氏旧志无秀峰寺，只有开先寺。毛德琦《庐山新志》说：康熙丁亥寺僧超渊往淮迎驾，御书秀峰寺赐额，改今名。……康熙改名时，皇帝赐额，赐御书心经，其时“世之人无不知有秀峰”，其时也可称是盛世。到了今日，当时所谓“穷壮极丽”的规模只剩败屋十几间，其余只是颓垣废址了。读书台上有康熙帝临米芾书碑，尚完好。其下有石刻黄山谷书七佛偈，及王阳明正德庚辰纪功题名碑，皆略有损坏。寺中虽颓废令人感叹，然寺外风景则绝佳。①

胡适所看到的秀峰寺，应是经历太平军战火之后的景况。八年抗战后，蒋介石重上庐山，目睹了日军劫掠过的秀峰寺：

先至青玉峡观览，即至行馆废基，徘徊良久，若不胜其感叹者。寺僧迎入寺，少憩于双桂轩，旋访聪明泉，至纪功碑前注视。面谕寺僧，于寺中古碑，加意保护。僧述纪功碑上原有雨亭，正谋修复，主席颔之，因欲登高眺远，由寺僧导登读书台，台荒亭废，米碑斜断卧地，当面谕镶嵌完整，妥为保存，旋返憩双桂轩，略进自备茶点，指示寺僧，米碑应移置轩右。再至大佛殿旧址，询寺僧以罗汉松及青梅故实，盘桓二小时，始别寺去。②

所谓行馆与双桂轩，为国民政府分别于民国二十四年（1935）

① （民国）胡适：《庐山游记》，第29—30页。
② （民国）吴宗慈：《庐山续志稿》卷二“山川胜迹”，第2册，第55—57页。

与三十五年(1946)春所建,此时与秀峰寺都消解在战火中。回到南昌后不久,蒋介石令江西省主席王陵基(1883—1967)转饬星子县令,命各寺庙“加意保护古碑,以重文献”:

> 查庐山各古刹碑刻,多有残废,就中以秀峰寺米芾诗碑,及东林寺柳公权真迹残碑,尤为珍贵,自应妥为保存,以重文献。除分令庐山管理局、九江县政府,遵即查明办理外,合行令仰遵照。云云。①

与木瓜洞、秀峰寺不同的是,白鹿洞书院自朱熹兴复以来,其承载的“理学传统”经历了复杂的嬗变过程。早在元延祐乙卯年(1315),李洞(1274—1332)在《游庐山记》中,对白鹿洞书院已有详细记述:

> 其前有洗马涧。逾涧由白鹤观后山以往抵白鹿洞,亦李渤读书处,今为朱晦翁书院,其梁于涧曰贯道桥,其涧之隈曰勘书台,又曰风泉云壑,曰圣泽之泉。致祀殿庭下,拜先生遗像于祠,顾瞻磅礴,思古人之得,以遂其所志于兹山泉,消尘昏,息其疲乏气,终以有为于天下者,未必不少有助云。②

五十年后,王祎于元至正二十六年(1366)寻访白鹿洞书院,看到了颓败不堪的景象。他回想起书院的历史与朱熹兴复书院的初衷,发出了如下感叹:

---

① (民国)吴宗慈:《庐山续志稿》卷二“山川胜迹”,第2册,第55—57页。

② (元)李洞:《游庐山记》,见(清)毛德琦《庐山志》卷十四,第15册,第33—37页。

（书院）今隳废乃如此……余常怪世之为佛、老氏之学者，其宫室一废坏，则修举之不旋踵，岂佛老氏之学能盛於儒者哉？盖为其徒者有勤行之意，坚持之操，能必成故也。至於世儒习圣人之道，常骫骳不自振，不能以有为，而圣人之道，顾因委弃郁塞而不得行。①

在此我们可以看到，尽管白鹿洞书院一度毁坏，但朱熹崇尚儒学的思想已经深入人心，成为庐山文化的有机组成部分。因此，此后的历任南康知府、江西提学等地方官长，都把兴复书院作为上任伊始的头等大事。成化七年（1465），江西提学李龄在按临考课之时，发现白鹿洞书院“屋宇倾颓，草荆迷塞”，遂以兴复书院为己任：

于是自捐己俸，设法劝募，银谷佣材，鸠工修盖。大成殿、戟门、明伦堂、东西两斋、文会堂、三贤祠、□道等处，增创两庑、延宾馆、五经堂、希贤室、贯道桥，置号房二十余间，以备诸生读书之所。买田百十余亩，以为诸生日给之需。钟鼓祭器，无不具备。复申洞规，严立教条。延请硕德名儒主洞，考较身亲提督，列郡生徒闻风云集，日省月试，大有进修，视昔为有加矣。②

① （明）王祎：《游鹿洞记》，见朱瑞熙：《白鹿洞书院古志五种·白鹿洞书院新志》卷六，第90页。

② （明）李龄：《潮州府潮阳县为追崇事承奉》，见《宫詹遗稿》外编卷四，明万历刻本，第20页。

第二年(1466),“蒙恩归省”的彭时(1416—1475)游览了刚刚兴复的书院,留下了以下观感:

> 江右名山以十数,惟匡庐最胜。庐山古迹以十数,惟白鹿洞最胜。洞即唐李渤隐居之所,南唐始立学馆,至宋表章为书院,而其规制大备于晦庵朱夫子。此其所以最胜于庐山而有名于天下后世也。予自始学,已闻其名。成化丙戌冬,蒙恩归省,道过南康,问所谓白鹿书院者,则知距府二十里,其地正当庐山五老峰下,重加修葺,视昔加宏壮矣。予益欲一往观焉。……命驿吏具肩舆,太守以下皆骑以从。循冈阜北行十余里,乃折而西行,路径崎岖,一水凡五六渡而后至,盖其间山势秀拔,左右环拱如合抱状。前有清溪,上下多巨石,石间刻字多文公遗迹。背山临水,栋宇翼然,西为礼圣殿,又西为先贤祠,东为明伦堂,又东为文会堂,俱有廊庑,门塾制作合度,不侈不陋,而又缭以垣墙,树以松竹,深邃清旷,诚于读书养性为宜。予入谒庙祠,既俯仰四顾,心甚乐之。①

从上述游记可知,彭时心向往之的白鹿洞书院,不仅有美丽的山水,更重要的是有石刻、礼圣殿、先贤祠、明伦堂、文会堂等人间景观。在彭时所处的时代,白鹿洞已经成为庐山名胜之首,这应该归功于朱熹对书院的完美规划。此后不久,巡宣南康的祁顺(1434—1497)亦游览了心仪已久的白鹿洞书院,留下了如下游记:

---

① (明)何镗《古今游名山记》卷十一上“彭时·游白鹿洞记”,《续修四库全书》史部·地理类,第736册,第687页。

昔唐李渤隐庐山白鹿洞，后刺江州，即洞创台榭，植花木，而名胜遂闻于时。南唐升元中，始建学，命李善道主其教。宋初以《九经》印本赐之。皇祐间，郎中孙琛置馆给田，学者云集。其后稍沦废。至晦庵文公大兴焉。国朝正统初，南康守翟侯溥福修之。后三十年，学宪李公龄增饰之。予慕向久之。成化己亥秋，旬宣南康，与佥宪庄君恭遂偕往游焉，出郭北，历田野，涉溪径，望五老峰而前，白云罩峰巅，隐隐不可辨，书院正当其下。冈峦环抱，涧水自西来绕而东之，由贯道桥入棂星、大成二门，旁径两庑，上谒圣殿。殿东有明伦堂，两斋西有先贤祠，塑李宾客、周濂溪、朱晦庵三像。祠后为希贤室，其东为号房，为延宾馆，皆正统以来所修复者。旧有楼曰圣旨，曰风泉云壑。阁曰圣经，曰云章。亭曰风雩，曰枕流，曰自洁。堂曰成德，曰摄仪，曰友善，曰文会。桥曰濯缨。皆弗存。惟枕流桥无恙。若流杯、小三峡、勘书、百花二台遗址，及"风雩""观德""漱石""枕流""圣泽""钓台""文行忠信""风泉云壑""敕赐白鹿洞书院"诸石刻，咸宛然如故。登览徘徊，为之兴怀。……书院或废或兴，得如今日之美盛者，圣贤道化与天地相悠久。其讲授之处，山川英灵，固默相而阴护也。①

阅读上述游记，我们可以发现其中的共性：其一，来访者对白鹿洞书院渴慕已久；其二，来访者对白鹿洞书院的认知，不仅来自于实地游览，而且来自于文献阅读；其三，来访者进入书院，必谒拜朱子遗像，对朱熹的尊崇不容置疑。

① （明）祁顺：《游白鹿洞记》见朱瑞熙：《白鹿洞书院古志五种·白鹿洞书院新志》卷六，第98页。

明清官绅和士人对朱子理学的尊崇，造就了庐山山南一带的理学风景线。在《庐山纪事》卷七“五老峰东南至白鹿洞书院”中，详细记录了“白鹿洞书院”一线的形胜、沿革、院内祠堂及亭台楼阁等建筑、书院四围山水、洞田、洞规、鹿洞诸贤及诗文、碑刻等艺文。[①] 在叙述沿线建筑、景观与人文时，还逐一列出文献出处，实现了学术与景观的有机结合。作者于卷末论曰：

> 罗辂《洞榜三事》云：洞学今为游观之所，官司往者，皆多拥驺从张气势，下吏畏罪盛供，具事奔走以自容，所耗民财甚多，民贫不能祗承，一也；洞学殿堂、斋祠、馆舍、庖厨，靡不具备，有司者以时修饬之，可以不废。顷者，诸司务出新意，建亭榭以自标，置事在上司片言耳，而耗财劳民，二也；顷者，洞田卖远买近，纷更混淆，易生弊端，而洞主兼督租事，出纳繁杂，乱心夺业，奸民玩愒，威令不能行。又建昌县民以别府地远，多逋负，租不时轮，三也。吕枃《新僻白鹿洞记》曰：奈何费田屋以业游观之徒。噫！有是哉。

在桑乔与罗辂等人看来，书院的根本是为了倡明理学，而非游观之所。因此，《庐山纪事》虽然以记述景观为主线，但其主要的关注点却是在于白鹿洞书院的学术文化传统，所以才会发出“奈何费田屋以业游观之徒”的感叹！

顺治年间编纂的《续庐山纪事》与康熙初年编纂的《增定庐山志》，基本承袭了《庐山纪事》关于“白鹿洞书院”的记述，但也增补了明末清初的内容。从毛德琦编纂的《庐山志》卷八可以看到，

① 详情参见（明）桑乔《庐山纪事》卷七，第395—455页。

清代的“五老峰东南至白鹿洞书院”一线，在书院内增加了“御书阁、紫阳祠”，在书院之西增加了“原泉亭”；在艺文类中，增加了不少清初官绅与士人游览白鹿洞的赋咏、诗作。[①] 这些新增的内容，集中反映了清代对“朱子理学”的推崇。

道光年间的《庐山小志》卷七，首现记述“鹿洞山水纂要”，接着介绍从后屏山到梅溪湖共五十个景点，包括《庐山纪事》中所列的院内、四围建筑与景观，至于其他洞田、洞规、洞内诸贤、艺文等，全部略去不收。[②] 这一时期，白鹿洞书院主要被视为名胜古迹，其倡明理学的意义已渐渐淡去。

晚清民国时期，白鹿洞书院的内核逐渐发生变化。吴宗慈曾采访前清遗老彭朝杰(1855—1939)，据回忆：

> 时闻风负笈者，除本省外，湖北、安徽、汇苏来者颇多，校舍不能容。别租上下坂李村为寄宿舍，称极盛焉。后因极盛难继，山长监院不常驻院，兼国家多故，领款均拨充军饷，遂不聘山长，裁师留官。至此以后，一蹶不振矣。院宇不致全颓者，则南康守叶庆增、王以敏曾相继修葺两次。旋奉令创办学堂，洞课取消。[③]

光绪年间，书院曾因陈宝琛的主持而盛极一时。[④] 此后，由于山长的缺席、院款拨为他用、裁师留官、改建新式学堂等原因，传统理学渐受冲击。至宣统二年，“提学司王同愈开办高等林业学

① (清)毛德琦：《庐山志》卷八“山川分纪七”，第9册。
② 参见(清)蔡瀛：《庐山小志》，清道光四年刻本。
③ (民国)吴宗慈：《庐山志》上册，第273页。
④ (民国)吴宗慈：《庐山志》上册，第273页。

校于鹿洞”。

民国元年（1912）五月二十二日，佛教居士高鹤年（1872—1962）游览庐山，对白鹿洞记述如下：

> 二十二日，由海会寺七里至白鹿洞，洞前白鹿书院。其脉由五老峰坡院南下，如顿万马，忽突起一山，是为屏山，其下即鹿洞书院，内供至圣像，并四圣十二哲七十二贤像。《山志》云：“贞元中……有礼圣殿，宋时朱文公所构，后废。”明正德间，王阳明先生巡抚南赣，增置学田，大宏讲肆。朱子鹿洞规约，书“父子有亲，君臣有义，夫妇有别，长幼有序，朋友有信”等文。在院内，凌云峰有水奔注，经书院东流出峡，为贯道溪。上有桥，名贯道桥。余游到此，觉苍松翠柏，尽是真如，鸟语花香，无非般若。王宗沐诗云：洗心赖境终非静，避俗耽山亦是尘。未丧斯文吾党在，莫教虚度电光阴。盖儒释一贯矣。①

当时虽然仍有后屏山、四圣十二哲七十二贤像、礼圣殿、学田、朱子洞规、贯道溪、贯道桥等景观，昔日理学的精神似乎还在，但在佛教居士高鹤年的眼中，这些历史遗迹“无非般若”“儒释一贯”，与佛教并无二致。此后，白鹿洞书院先后改为高等林业学校、农业学校、习林事务所等，旧式建筑改建为新式校舍、屋宇倾颓殆尽、书籍焚毁悉尽，昔日被朱熹及他的后继者们苦心经营的理学殿堂倍受冷落、排斥。据吴宗慈记述：

---

① （民国）高鹤年著，吴秋香点校：《名山游访记》卷三“由沪至匡庐游访略记”，宗教文化出版社2000年版，第96页。

入民国后,高等林业学校又迁回省城,其地改为农业学校。房屋尚为旧式者,后改建新式校舍一椽。今为江西公立农业专门学校白鹿洞演习林事务所,每年暑假期尚有少数学生来此实习。一切屋宇倾颓殆尽。现星子县设奉圣管理员、洞丁各一人。从前书籍,典守者自云焚毁悉尽。后于民国十二三年时,江西督理蔡成勋拨捐书籍若干,即现存图书馆也。二十一年,上海义赈会拨款修理文会堂、独对亭、名教乐地坊,又新建五老亭等处。①

胡适游白鹿洞的日记,见证了书院的凋落。他对白鹿洞书院的评论相当深刻,发人深省:

十七,四,九……到白鹿洞。书院旧址前清时用作江西高等农业学校,添有校舍,建筑简陋潦草,真不成个样子。农校已迁去,现设习林事务所。附近大松树都钉有木片,写明保存古松第几号。此地建筑虽极不堪,然洞外风景尚好。有小溪,浅水急流,铮淙可听;溪名贯道溪,上有石桥,即贯道桥,皆朱子起的名字。桥上望见洞后诸松中一松有紫藤花直上到树杪,藤花正盛开,艳丽可喜。……庐山有三处史迹代表三大趋势:(一)慧远的东林,代表中国佛教化与佛教中国化的大趋势;(二)白鹿洞,代表中国近世七百年的宋学大趋势;(三)牯岭,代表西方文化侵入中国的大趋势。②

尽管风景依旧,建筑却简陋潦草,朱子的足迹还在,但他建构

① (民国)吴宗慈:《庐山志》上册,第273页。

② (民国)胡适:《庐山游记》,第9页。

的理学传统却随着西方文化的侵入、牯岭的崛起而渐渐失去它应有的阵地。为何如此？吴宗慈有如下评述：

> 朱子《请重兴鹿洞书院疏》云："此山老佛之祠，盖以百数。兵乱之余，次第兴葺，独此儒馆，莽为荆榛。"又云："境内观寺钟鼓相闻，殄弃彝伦，谈说空幻，未有厌其多者；而先王礼义之宫，所以化民成俗之本者，乃反寂寥希阔。"呜呼！诚痛哉其言之也。展览遗文，用为感欷。夫自宋以来，数百年间，书院之废兴屡矣，今世衰道丧，较朱子所云"殄弃彝伦，谈说空幻"似未尽同，抑又甚焉，亦付之痛哭流涕。长太息而已矣！……爰将唐宋以来兴废因革详著于篇，庶几后之人于毁弃翦灭之余，幸而浸复旧观，相与挹先儒淳固悫实之余风，以救今日支离破碎之士习，岂非生民之大幸乎？然而难矣。[①]

被朱子建构起来的化民成俗的礼仪之宫，自宋以来历经数百年间兴废，却没能让我们免去世衰道丧、支离破碎的命运，这是缘于理学传统的愚弄百姓，还是缘于我们放弃了理学传统？我们看到，吴氏在反思与质疑理学传统的同时，亦有认同传统文化理性的一面。然而，随着日军的全面侵华，白鹿洞书院终于一蹶不振：

> 白鹿洞书院民国二十四年前，归林业学校管理。二十五年，军官训练团某班班本部驻此。二十六年，七·七事变后，军官训练团结束。二十七年八月，日军进占九星公路沿线，派兵队驻内。二十九年撤去。

① （民国）吴宗慈：《庐山志》上册，第269页。

> 书院附近贯道溪两岸，战前巨松，遮蔽天日。三十二三年，日军砍伐甚多，用作铁路枕木及桥梁，可谓巨劫。三十五年九月十五日，狂飙怒发，折断巨松三十余可株，现存无多。
>
> 院屋，在战时荒废八年，战后复无人管理，附近居民，常有盗窃瓦木事，致日益残破。三十五年秋，元首指定海会寺训练团旧址，及白鹿洞一带地，画为国立中正大学永久校址之用。中正大学，迄今尚未派员前来整理，古代文化遗产，任其日渐衰灭。地方官吏，及中正大学，似应共负其责。书院建置规模……中为礼圣殿，其东为紫阳祠，次为先贤祠，最东为林业学校，西为启圣祠，次为冀公祠，最西为邵先生祠。①

在战争阴霾的笼罩下，书院日显残破，残存的建筑与石刻湮灭在荒烟蔓草之中，留下的只能是无尽的感慨！

庐山长达九百年的儒学传统，留下了丰富的历史印迹。早期与陶渊明有关的故居、传说、遗迹、诗文与碑刻，隋唐时期的“浔阳三隐”“李渤书堂”，唐宋时期的“虎溪三笑”传说、白鹿洞书院故址，南宋时期白鹿洞书院的建筑、景观、奏疏、碑刻、学规、洞规、礼仪，元、明之际的碑记、奏疏、诗词歌赋、洞规、学规、讲义等文献，这些都是庐山儒学文化的丰厚遗产。康熙时期编纂的《庐山志》《白鹿书院志》与《庐山秀峰寺志》，记录了庐山理学文化的繁荣昌盛；而民国时期编纂的《庐山志》与《庐山续志稿》，却是庐山理学文化趋于衰败的历史见证。

---

① （民国）吴宗慈：《庐山续志稿》卷二“山川胜迹 · 山南第三路”，第2册，第49页。

图四　山南白鹿洞—秀峰寺一线及白鹿洞书院内部结构图

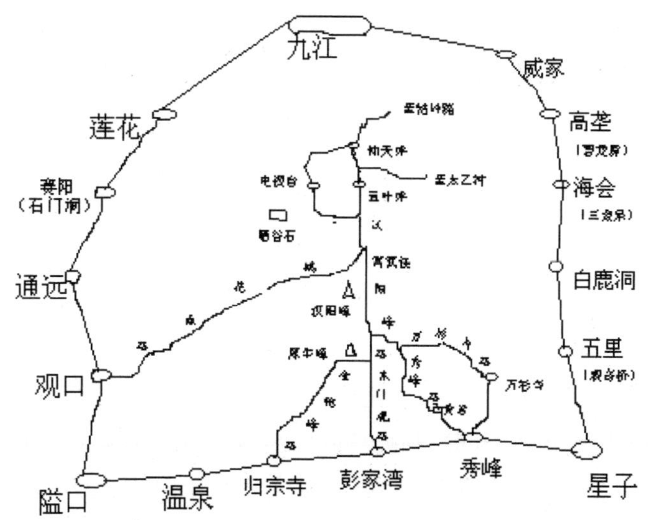

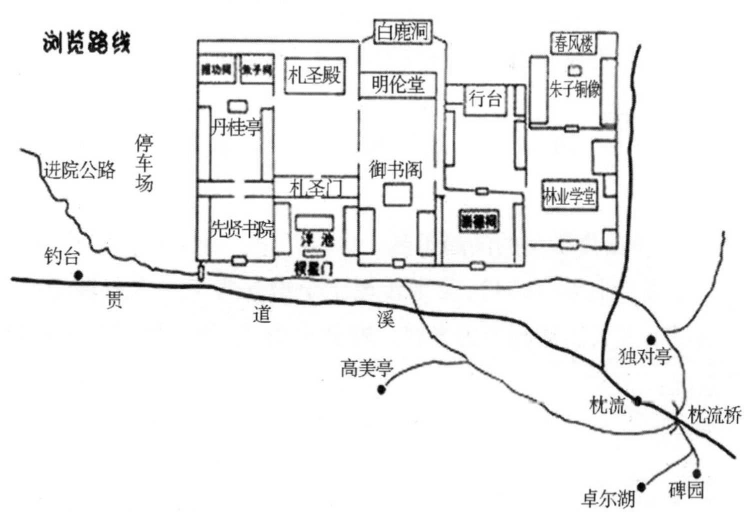

图片来源："庐山健步行"：经典庐山手绘地图之一（《庐山风光网》）

第五章
“牯岭特区”的中西文化博弈：以《庐山志》为中心

晚清以降，西学东渐，引发广泛的中西文化对话。[①] 庐山因其深厚的文化底蕴，成为中西文化博弈的竞技场。自英国传教士李德立进入庐山传教，开辟“牯岭特区”，至南京国民政府以“三民主义”改造“牯岭特区”，为庐山留下了大量汇聚中西特色的建筑、景观与文化设施，使之成为驰名中外的旅游胜地。吴宗慈编纂的《庐山志》，集中记录了这一历史过程。本章以《庐山志》为中心，考察西方文化在庐山的传播过程，以及国人的因应与反思。

第一节 基督教文化进入庐山

一、庐山儒释道的渐趋萧瑟

光绪二十年(1894)，英国传教士李德立为了寻求避暑之地，组织一个五人团体到庐山考察。在庐山山顶，他们见到了一片萧瑟景况：

① 参见庞绍堂：《抵御·自觉·融合——晚清中西文化观演化之我见》，《南京大学学报(哲学社会科学版)》，2009年11月。

山巅原为一片荒郊，豺虎野豸所出没的地方。间有一二烧野山者，寄居其间。古庙遗迹，隐约可见。在这寂寞荒凉之中，只有古刹一所，傲然独立。孤寥景象，更添上一点隐遁之风。传言当初有400寺观，为太平之乱所灭。据我们当时所知，这片荒土，从来没有属主的。[①]

庐山原有的寺庙道观，是否全为太平军所灭，如今已难以逐一查考。不过，庐山历史上的儒释道三教，都曾经盛极一时，也曾经渐趋萧瑟。回顾历史，我们可以清楚看到庐山儒释道文化的相互继替，也可以深入了解庐山传统文化的命脉所在。

从东晋到北宋初年，为庐山佛教的极盛时期。据陈舜俞记载，当时庐山共有佛寺一百四十八座，其中山北五十有五、山南九十有三。[②] 与此同时，作为儒学旗帜的白鹿洞书院却“鞠为茂草”。[③] 至南宋叶义问时代，屡受金兵困扰的南宋帝室掀起崇道高潮，以太平兴国宫为旗帜的庐山道教由此达到空前繁盛，与此前的庐山佛教成鼎足之势。淳熙六年登上庐山的朱熹，曾发出如下感慨：“庐山一带，老、佛之居以百十计，其废坏无不兴葺。至于儒生旧馆，只此一处，而一废累年，不复振起。”朱熹作为士大夫的代表，不忍任由事态如此发展下去，决心以兴复儒学为己任，白鹿洞书院自此崛起。此后直至明清时代，儒学成为庐山文化的学术标杆。嘉靖年间，桑乔在走遍庐山之后，对庐山儒释道的跌宕起伏

---

① (英)李德立著，文南斗译：《牯岭开辟记》，见庐山建筑学会主编《庐山风景建筑艺术》，江西美术出版社1996年版，第213页。

② 参见(宋)陈舜俞：《庐山记》卷二“叙山南篇第三”，吴宗慈《庐山志》副刊本，第31页。

③ 参见(宋)陈舜俞：《庐山记》卷二“叙山南篇第三”，吴宗慈《庐山志》副刊本，第27页。

有如下概述：

(桑乔生曰)：庐山自释慧远、陶靖节后，始稍稍著称，高人逸士类，喜居之。逮于赵宋，隐沦稀踪矣，而佛老之宫，山南北以数十百计，皆极侈丽壮伟之观，广田谷丰，储峙以仓，其徒其衣服与马仆从，比于上官。要以栖岩托钵之规，亦少逾矣。而上下崇信，奔走馈遗，惟恐不及。至如靖节、濂溪之栖白鹿，圣学之宗，乃反不逮，何耶？是时，庐山号称最胜，亦二氏有以崇饰之。乃今二氏之居日敝，白鹿之教益明，岂非盛世事哉？[①]

赵宋时期，佛老之宫“侈丽壮伟，白鹿圣学反不逮”；到了明代，“二氏之居日敝，白鹿之教益明”。庐山儒释道的此起彼伏，可以说是中国文化史的真实写照。从明代到清代，庐山的佛、道文化依然存续，但却是依附于帝王政治，或是以儒学附庸的形式出现。前述的天池寺与周颠、秀峰寺与超渊和尚、木瓜洞与道士石和阳，即是其典型代表。桑乔在其《庐山纪事》中，曾反复论及于此：

庐山南北寺之钜丽者，必以天池为冠，然无大禅德尸之，僧之习于寂静者益鲜。方且盛仪物事，奔走以逢迎上官，其视莲社风流不逮远矣。东林、开先同。[②]

天池寺虽为庐山南北寺庙之冠，寺内却无真正具有深厚修行

① (明)桑乔：《庐山纪事》卷一，成文影印本，第111页。
② (明)桑乔：《庐山纪事》卷二，成文影印本，第133页。

的禅僧住持，寺僧无心修行，却忙于“逢迎上官”。至于归宗寺及其他寺庙道观，亦同样如此：

> 洪武初，王忠文公过归宗，时归宗已尽焚圮，其故址皆灌木蒙翳，不可入。诸石刻崩裂荡尽，无复存者。其后，寺虽复建，然不振，并力作以自活，无大禅德尸之。……往在宋时，紫霄之下，佛老之宫，以十数，游者得迹攀焉。今诸寺观尽废，独余归宗、灵溪，又皆不振。樵采日至，山益童赤。其平土，人益斥以为田。即杏坛遗址，亦田。乃贤于佛老之宫多矣。①

无论是天池寺，还是归宗寺及其他寺观，为何皆“无大禅德尸之”？这是因为，自明初以来，庐山已经成为建构国家认同的政治文化中心，很难有真正潜心修道的高僧大德。

明清时期庐山儒释道的生存格局，与王朝的政治及宗教政策一脉相承。到了晚清时期，西方基督教文化强势渗入，这一格局开始有所改变。②

二、“牯岭特区”的开辟

咸丰十一年(1861)3月24日，中英签订《九江租地约》，九江租界地开始出现。③ 光绪十二年(1886)，英国美以美会传教士李德立来到中国，开始了他传教士的生涯。自此至光绪二十一年(1895)，他辗转于上海、汉口与九江，最终与庐山结下不解之缘。在此期间，李德立经过租地、购地、售地、筑路与建造教堂、医院、

---

① (明)桑乔：《庐山纪事》卷三，成文影印本，第206—220页。

② 周宁：《人间草木》，商务印书馆2009年版，第22页。

③ 参见许怀林：《江西史稿》，第605—606页。

学校等过程,成功开辟出一片属于传教士所拥有的社区。光绪二十五年(1899)四月,在镇江宣教会上,李德立以《The Story of Kuling》为题,向所有传教者讲演了他在庐山的成功宣教经验。从他的这一演讲稿中,可以还原西方传教士开辟"牯岭特区"的过程。

李德立初到九江,定居于"庐山脚下供外人团体居住的卑小别墅"。然而,由于九江"酷热、人满为患",驱使李德立到庐山找寻避暑之地。他最初到狮子庵购地,因和尚要价太高而失败。后来又到九峰购地,在即将完成税契之际,遭到九江县城士绅的反对,购地之事又被无限期地搁置。① 光绪二十年(1894)夏,在经历种种失败后,李德立把目光投向了庐山之巅:

> 是年夏季,我组织一个五人团体,去探察本山的形势。……我们自山麓直至山巅,前后都视察了一遍。在山的背面,发现了许多有趣的地方。我认为在这些处所,建筑别墅,极为合宜。因此我们便决定要在这山巅,得一块地皮。……我们决定与官厅交涉,取得此地。②

此后,由于道台的推诿、知县的故意阻难,激怒了自以为"洞悉晚清官僚伎俩"的李德立。③ 正在他决定要有所抗议之时,中日甲午战争爆发了,为他提供了购地的良机:

> 时机凑巧,当时中国正与日本开战。清廷谕令全国加意保护外人,对于交涉事件,尤须慎重……道台奉到北京谕令

① 文南斗译:《牯岭开辟记》,第212页。

② 文南斗译:《牯岭开辟记》,第213页。

③ 文南斗译:《牯岭开辟记》,第213—214页。

之后……函约我再去会洋务员。①

洋务员转达道台的意思:购地一事,如果地方人民、士绅不反对,官府是没有意见的。在道台的授意下,李德立把重心放在了争取士绅的支持上:

> 我特设宴,邀请全乡的绅士,商量进行。他们都被邀到了,承应为我将此事禀承二府,转呈道台。并且说他们对我购地一事,不持反对,但声明此事的责任应请官厅负之。②

地方士绅接受了李德立宴请,表示不反对购地一事,但应由官厅负责任。最后,李德立在官厅与士绅之间几经周旋,三方终于在卖地契上达成一致——由士绅立契,官厅税契,李德立向官厅交契税,官厅给予盖印生效:

> 道台又命二府来会我说,官厅不能直接给予卖地契约。若我能从绅士方面得一契约,经过调查而认为合法,官厅可予税契。于是我又重与绅士接洽,结果有三人愿负全责立契,余则愿作中人。契约内出笔人姓万……契约写好,我立即交给洋务员。……他说他要将契约呈上道台批阅。……牯岭之地契……自道台以下各级官员,莫不加以批阅。并差人往乡间调查实情,证明有无反对……对于该契约认为满意之后,由道台亲自交与县知事,令其盖印。……二府亲自将正式盖印的契约,并税契手续费的节目,寄交给我。我立即

---

① 文南斗译:《牯岭开辟记》,第214页。
② 文南斗译:《牯岭开辟记》,第215页。

付清手续费，并取得收据。……购地手续可谓大告成功。……我将该约送达英国领事……契约在领事府注册，认为一永久的租约。约文上面载明该地由英国人李德立承租，因该地原是荒土，为人民所不用，且对于出租，他们并不反对。①

光绪二十一年(1895)上半年，关于“牯岭购地”的一切手续皆已办妥，李德立成为那片原为“荒土”的暂时主人。其间，围绕着那一纸契约，官厅、地方士绅、李德立及无形中的清政府，都在互相较量着。这种较量，有地方长官害怕承担责任的推托、洁身自保的策略、不明政治形势的模棱两可，亦有地方士绅不忍失去国土的爱国热诚、面对政府软弱无能的无可奈何及面对利益诱惑的侥幸妥协，等等。所有这些，最终都抵不住李德立不达目的不罢休的决心，他的“牯岭购地”终获成功。

在购地之后，李德立在第一时间内做了两件事：第一件就是给这片暂时属于自己的土地改名，由原有的“牯牛岭”改名为“Cooling(清凉)”，译为中文即为“牯岭”。此后，这一名称名扬中外，成为庐山晚清、民国以来的标签，永远载入史册。第二件是从上海购电铃与银杯一套，馈赠立契过程中为其奔走的盛二府，以示感谢。后来发生的事件证明，这一馈赠的礼品，成了盛二府的催命符。

做好善后工作后，李德立开始了牯岭的全盘规划。他首先面临的是选择一条上到山巅的路线：

地土已得着了，寻一条路线以便交通，是刻不容缓的图

① 文南斗译：《牯岭开辟记》，第216页。

谋。没有现成的路……遍历山道，才择定现在的路径。因为这算是和九江在一条直线上最直捷的了。道路便可就此线而开筑。①

路线虽已踩定，但筑路工程所需钱款从何而来？李德立为此颇费心思：

有谁助我金钱呢？现在对我，只有一条出路：就是把我的土地售出。一则可以补偿我个人以前的开销；一则可以集得筑路的经费，和必需的建设工程。②

售地信息一经发出，在上海、汉口、镇江等地的外国人纷纷出钱购地，其中有亚基伯、贵雷、饶色、包那、约翰老百、潘老虎、希耳、白・阿文、班卜、伯森、大地莫、包提儿等。于是，筑路工程如期开工，一切似乎都在李德立的掌控中。然而包工的漫天要价、沿路村庄的百般刁难、村民的反抗，却让李德立颇费了许多金钱：

建筑道路，着实不易。包工的开盘估价，其高昂出乎意料。加之山上的村坊，争相承包，互相嫉视，各村只许自己干，不容别村染指。……凡路线所经过的各段地方的人，起来要求买路线，否则他们要阻挠修路的工程。……日本和中国的和议已告成了……中国人加劲地排挤我们……有一般的居民，以为我们要在山顶上建筑炮台。他们怕驻军队，常在他们的村庄往来和骚扰，所以他们反对筑路。又有的以为

① 文南斗译：《牯岭开辟记》，第 217 页。

② 文南斗译：《牯岭开辟记》，第 217 页。

路筑成之后，别处的樵夫会来伐尽他们的树木。种种无知的见解，用来怂恿一般居民起来反对我们。……最后还是金钱胜过了一切忧恐。①

凡是可以用金钱解决的问题，都不是问题。然而，随着筑路工程向山巅的延伸和中外政局的微妙变化，刁难与反抗逐渐升级：

有一个名叫李名玉的，主唆一般城里的缙绅，图谋分润。……因为这件事未遂他们的心愿，他们便翻动风波，不遗余力。墙上贴满了传单……乡下的人们，也被激动了。绅士则在各衙署呈递禀贴，道台和知县初则出示晓谕，解释情节，并明示此案手续合法，契约既已税妥，不能再有举动。但后来官厅渐渐地改变原来的态度，俯顺绅士的请求，竭力追还我的契约。……我认定那是我的所有权，乃拒绝交出。这件交涉，拖延一年之久……呈文投到各衙之后，有些人与此案有关系的，即被拘捕监禁。但此案的首要人万举人，自始至终，无人干犯。此老的威风，可想而知了！②

在李名玉的组织下，地方百姓、士绅、官厅达成一致，统一对抗李德立，逼其退还那一纸契约。在李德立表示拒绝交出时，除万举人外，先前那些立契人、中人与保人纷纷被捕入狱。他们成了这场“打着维护国家利益旗帜的爱国运动”的替罪羊，官厅选择了背叛。运动随之升级为武装暴动，一切涉案人员似乎都有了生

① 文南斗译：《牯岭开辟记》，第219页。
② 文南斗译：《牯岭开辟记》，第219页。

命危险：

> 一日我同米尔乌去到乡下，见沿山路的两旁，自九江一直到山，贴满了传单，激起民众，鸣鼓攻击外国人，并且要毁灭我们的房屋。……一日我准备偕同我的内人和小孩子并二三女友，去牯岭一游。我们借了社交公所住了一宿……次晨我们出发上山……正要上山的时候，米尔乌的差人，急急跑来报告说：山巅上已发生了暴动，房屋烧了，产业毁了。暴动的群众持着乡下粗鲁的武器，正在寻找外国人杀哩！……重返家园，他们把所经过的情形，并牯岭屋产损失的报单，一同呈报领事，要求赔偿。领事立即将此案电达驻京英国公使康诺伯爵。后来我们才知道那些暴烈分子，是由一般绅士雇来毁灭我们的生命和财产的。[①]

这场最初看似只是李德立与庐山地方百姓之间的土地交易事件，最终演变成国与国之间的交涉。地方官员在立契之前所担心的那只无形的“清廷的手”，在此时出现了：

> 官厅一次共捕去了13人，都是与此案有关系的。……定他们的罪名为盗卖官地。……这时候的案子，已由地方官呈到督抚，甚至到了北京。清廷特命钦差一员办理此案。……那时有英国舰上的陆战队，是派在我家里护卫的……憾不得有一个命令，统率一班水兵，直冲到衙里，把犯人抢了出来。[②]

---

① 文南斗译：《牯岭开辟记》，第221页。
② 文南斗译：《牯岭开辟记》，第222页。

1895年终,交涉终于有了结果:

> 牯岭之战可算告终。……赔偿已交付清楚,牯岭公司的一大段交还中国人。他们付给我1000元作为交换代价。……先前的契约,当着领事和道台的面前焚毁了。另外为我订了一个新约,14块界石,上面刻了我的名字。每块不啻是一个争端,费了许多唇舌。至终安置妥贴了。现在牯岭我们可以自由地发展。道路也归给我,不过载明作为公众用罢了。①

这样一个结果,似乎维护了双方的面子,但却是以牺牲那些中间人为代价的:盛二府自杀,其他13人备受牢狱之苦,他们成了整个案件的牺牲品。

在整个购地与筑路的过程中,李德立前后奔忙了十年,他最终赢得这方"用14块刻有他名字的界石"围起来的长冲之地。此时正是他的回国休假之期,为了让牯岭的建设有序、高效进行,临行前作了周密安排:

> 牯岭方面的建设工作……于我临行的前夕……指派数人组成托事部。其中有李德立,亚基伯、蓝登、若夫格雷、杨格非、希大卫、吓斯顿、下木诸人。并将契约一纸,并公司管理手续,一一委托他们。……他们承托公司的土地权,直接对地主负责。并规定每号售洋200元。……凡所得盈利,作为举办公益之需。如托事部有缺席者,则可照额补足。我又

① 文南斗译:《牯岭开辟记》,第224页。

于契约内载明：如地主欲解散托事部，而自愿对本公司的地产权负责，同时托事部认定时机已成熟，则可由他们组织市政府会议，公决行之。此事既经办妥，托事部即履行其执行权。自1896年春季以来，公司一直在该部管理之下。[①]

上引文字提到管理牯岭建设的两个机构，一个是李德立临行前组建的托事部，一个是先前组建的牯岭公司。至于牯岭公司何时组建，《牯岭开辟记》中没有明确的文字说明，但根据行文推测，应是在李氏准备售地筹款筑路之时。因此前一直处于动荡、冲突中，公司的管理没能走入正规化，是情理之中的。此次托事部的组建，“管理建设工作与土地权，直接对地主负责”，让公司开始正常化运转：

自托事部接办公司以来，有数位对于发展的工作，颇为努力。下木和邦票两君把余剩的地产，代表托事部出立契约，发卖不少。邦票君又从事于道路的改良。……甘约翰君是由循道会聘借过来的。他的工作，是测量公司的地区，并按号划成界线。……公司第一任经理是都约翰君。……公司一切的经营，得以处置裕如。亚当君为托事部的书记……各尽其能，以谋牯岭幸福，而使此地成一模范地区。[②]

托事部从经理，到书记，到各项专门技术负责人，他们各守其位，各司其职，牯岭的建设，日新月异：

① 文南斗译：《牯岭开辟记》，第225页。
② 文南斗译：《牯岭开辟记》，第226页。

托事部所管的地皮号数，不久便售出。购地的需求，犹复有加无已。收入既裕，则利用之以改良道路，公司房也立好了地基，住宅的建造则日多一日。当我假满回到牯岭，光景焕然一新了。……前之野穴荒山，而今尽为楼台亭阁所点缀，且在空旷之地，建筑的工程，尚在进行不已。①

日渐增多的购地地主，希望参与到牯岭的建设与规划中来，于是他们团结起来，选派代表组成了一个市政议会：

地主自动……选派代表，组成一个市政议会。托事部将关于道路桥梁的修理，公共建筑的保管，和关于市政改良所有一切事权，完全移交市政议会。（文氏注：市政议会即今日所称的董事会。）②

从牯岭公司，到托事部，再到市政议会：

公司的组织，一年缜密一年。以前的混乱，到现在完全系统化了。因此地价日涨一日，至今犹有飞腾之势。托事部与市政议会诸人，热心从事建设，对于责任丝毫不愿放弃。③

至光绪二十五年（1899），畅游在牯岭街上的游客将会见到"道路的改良，路灯的设立，行将告竣的两层公司房，沿路的绿化，森林的增长，水源的不竭，翱翔歌舞于青青山林的百鸟，建设中的

① 文南斗译：《牯岭开辟记》，第 226 页。
② 文南斗译：《牯岭开辟记》，第 227 页。
③ 文南斗译：《牯岭开辟记》，第 227 页。

公园与球场,造价4000的宏伟的礼拜堂"[①]。

从1895年底至1899年初,在短短三年的时间里,牯岭出现了系统化的组织、一应俱全的现代化建筑与设施,使之成为真正的模范社区。牯岭社区的建设过程,加上此前的购地、售地与筑路过程,形成了"牯岭模式",或者更确切地说是"李德立模式"。与此同时,日渐增多的购地需求、日涨一日的地价,刺激了李德立扩充地界的强大欲望,甚至也有美、俄、法等国传教士如法炮制:

> 回山后……我认定有速规划地界的必要……我呈报官厅由县知事转呈道台。道台谕令县知事与二府,他会同我到牯岭交涉此事。县与二府对于此案……征询我的意见,我说如他们愿意把这坡岭的全地,从上面延长一直冲过界线,都让租给我,我则十分乐意。……他们通知我说,他们已将此事商得绅士的同意,又奉督抚谕示,对我的请求,已蒙批准。于是官府同我到牯岭,重树界石,再立新契一纸,规定由我每年出地租若干。
>
> 上海的海克医士在牯岭谷也购置了地皮。当时反对者有人,但此事经道台和美国总领事交涉,乃告解决。此地由中国政府永租给海克医士,每年向中国政府给租税若干,并立契约为凭。俄国人在毗邻的山谷,也取得一块土地,并划分地亩出售。其办法与牯岭相同。[②]

对于地界的扩大,李德立重新复制着他的那一套模式,"呈报官厅、取得绅士商量、督抚谕示、现场勘察、树界立契"。美国的海

① 文南斗译:《牯岭开辟记》,第227页。
② 文南斗译:《牯岭开辟记》,第228页。

克医士、俄国的传教士亦如法炮制,获得了属于他们的租借地。

自光绪二十三、二十四年始,至民国六年(1917)止,美国的海格思、俄国的尼娑、英国的杨格非、法国的樊体爱在李德立牯岭开发成功的刺激下,先后复制了"李德立模式",取得长冲之外的医生洼等十处租借地(详情见表6—1)。这些租借地与长冲租借地共同组成了"牯岭特区",在此特区内,外人有专门的组织:牯岭公事房、董事会等;有专门的巡警设置,维持特区内的公安,并办理卫生运输一切事宜,俨然与租界相同。①

表6—1:"牯岭特区"租借地简表②

租借地名	时间	租借人与国籍	面积(亩)
长冲	光绪二十一年(1895)	李德立/英国	1029
医生洼、猴子岭东坡	光绪二十四年(1898)	海格思/美国	75
芦林(星洲)	光绪二十四年(1898)	尼娑/俄国	551
草地坡、下冲	光绪三十年(1904)	杨格非/英国	488.4
猴子岭	光绪三十年(1904)	杨格非/英国	44.4
医生凸	光绪三十三年(1907)	杨格非/英国	8
大林寺冲	宣统元年(1908)	杨格非/英国	37
狗头石	民国三年(1914)	樊体爱/法国	12.6
狗头石旁	民国六年(1917)	樊体爱/法国	77.2

资料来源:胡注本《庐山志》"山政"纲目之二十一(上)《各租借地交涉案汇考》第400—424页。

① (民国)吴宗慈:《庐山志·山政》,胡注本,第414页。

② 此表参考龚志强:《渐进与跨越:明清以来庐山开发研究》,2010年6月暨南大学中国古代史博士学位论文,第156页。并根据胡注本《庐山志》"山政"纲目之二十一(上)《各租借地交涉案汇考》第400—424页完善。

土地承租下来,他们或划号出售,从中谋利;或直接通过转租获利。或自建房屋、教堂、医院,真正为传道所用。[①] 在演讲的最后,李德立不无自豪地讲说着庐山人民对他的爱戴:

> 庐山从今日后,再不为野兽所居处了。它已成为有地利之区了。它不但对于西国人……同时又能给与本地居民以工商的利益。……本地居民的态度大大地改变了。……他们将要加冕于我,立我作牯岭之王呀!……牯岭这桩案子的成功,发生了良好的影响。从任何方面说,它的功效是良好的。它给了外国人优越的地位。是从前所没有的。现在我可以无疑无阻地去到江西内地,开辟教区而且到处受人欢迎。……我并不是说——一点也不——在心灵的方面,有了显著的成功。但是我极力地承认一件事:就是布道的门路,从此大开了,再不像从前处处给我们以闭门羹了。在中国的中部和扬子江流域的传教会的工作,因着牯岭,得了一种焕新的景象。

"布道的门路,从此大开。"这扇大开的门,指的是什么呢?是基督信仰?是西方文化?还是"李德立模式"对中国百姓、庐山百姓的刺激?

三、牯岭研究

李德立等西方传教士的到来,为庐山注入了新的文化因子——基督教文化,庐山随之在宗教文化、旅游文化、建筑文化及

---

① 参见龚志强:《渐进与跨越:明清以来庐山开发研究》,2010 年 6 月暨南大学中国古代史博士学位论文,第 155 页。

政治文化诸方面发生了翻天覆地的变化。前人对此已有丰富的相关研究成果,主要集中在以下几方面。

就宗教文化而言,目前所见有两篇论及九江近代化与基督教传入之关系的论文。论文作者所持主要基本是:挟殖民主义之威渗入九江地区的基督教,虽然主观上是要改造中国人,但在传教过程中,通过创办新式教育、西式医疗、慈幼恤老等慈善公益机构,推动了九江社会的快速转型,为当地的近代化起了一定的促进作用。① 可能是出于语言障碍或是政治敏感,从基督教这一角度进行研究的成果并不多见。

更多的研究成果,集中在伴随牯岭开辟而来的旅游文化与建筑文化的繁荣方面。江西师范大学硕士祝顺保撰文认为:牯岭特区的开辟,使西方文化正式植入庐山区域,西方人的现代旅游观念、休闲娱乐理念以及先进的市政规划、管理方法和经营方式等都对国人产生极大示范效应,庐山的旅游文化、思想观念就是在这种示范下逐渐发生改变,最终衍致社会的变迁。② 对此,清华大学硕士钱云认为:李德立以来庐山的建设与发展,较之数千年,发生了天翻地覆的变化。在短短的不到一百年的时间里,庐山从传统社会的只有文人墨客、官僚仕宦或是官场失意后而踏及的目的地,一跃而成为诸多上层人士、普通百姓蜂拥而至的“避暑地”“夏都”“疗养胜地”“度假旅游区”。③ 与此相对应,湖南师范大学硕

---

① 详情参见肖俊、李浩:《近代九江基督教的发展及其对教育医疗事业的影响》,《南方文物》,2005 年第 4 期;许晓芸等:《施善与传教:西方教会在九江的慈善公益事业》,《江西师范大学学报(哲学社会科学版)》,2011 年 12 月。

② 祝顺保:《庐山旅游近代化研究(1895—1949)》,2006 年 4 月江西师范大学专门史硕士论文,第 53 页。

③ 钱云:《庐山度假旅游地的形态演变与更新研究》,2005 年 5 月清华大学工学硕士学位论文,第 29 页。

士管国泉认为，一部庐山史就是一部庐山旅游形象演变的历史，从隐居之庐到僧侣的极乐世界，再到道士的洞天福地，再到理学圣地，再到避暑胜地。还有不少相关研究成果，都旨在证明庐山旅游文化突显于西方文化楔入后的事实。①

20世纪九十年代以来，庐山申报世界文化遗产，围绕庐山的建筑文化，有一系列研究成果出现。欧阳怀龙把庐山建筑风格分为东晋南朝时期的寺观园林、唐宋时期的草堂建筑与书院园林建筑及近代的别墅建筑群，作者从这些建筑群的选址、设计、规划、蕴藏其中的诗境及对后世的影响等方面都进行了描述和梳理。②此文是研究庐山建筑文化较具代表性的文章。在关于牯岭建筑群的研究中，代表性成果为清华大学冯铁宏的硕士论文《庐山早期开发及相关建筑活动研究(1895—1935)》。作者通过对历史陈迹、历史遗存的实物考察与文献资料之间的比较、核对、修补，梳理了庐山自1895年至1935年发生的所有建筑活动，追溯这些建筑活动背后的原因及其对后世产生的作用与影响，试图展现出历史的整体原貌。③ 此外，彭开福、罗时叙、张敏龙等对庐山近代建筑作了基础性研究。④

---

① 郭代习：《西方文化与庐山社会及其旅游资源开发》，《江西社会科学》，2002年第11期；龚志强：《近现代(1895—1937)庐山开发及其社会变迁》，2006年南昌大学硕士学位论文；吕晓玲：《近代在华外国人避暑度假之风探析》，《湖南科技大学学报(社会科学版)》，2012年5月；张辉：《近代中西文化交流背景下庐山牯岭的发展与变迁研究》，《城市发展研究》，2011年第9期。

② 欧阳怀龙等：《庐山建筑文化》，《南方建筑》，2003年第12期。

③ 冯铁宏：《庐山早期开发及相关建筑活动研究(1895—1935)》，2004年6月清华大学工学硕士学位论文。

④ 彭开福等：《中国近代建筑公览·庐山篇》，中国建筑工业出版社1993年版；罗时叙：《庐山别墅大观》，江西美术出版社1995年版；张敏龙、罗奇：《从"三大公建"看庐山近代建筑风格的演变》，《华中建筑》，2003年第5期。

1927年的北伐战争，扭转了国内外的政治局势。国民革命军直下长江，汉浔租界先后收回，“牯岭特区”警察行政权于1927年收回。1935年底，蒋介石政府收回“牯岭特区”外国人的所有权力，庐山正式成为国民政府的“夏都”。① 此后，国民党和共产党在庐山展开了一系列政治活动②，翻开了庐山作为“政治名山”的新一页。陈朝辉等研究了蒋介石政府在庐山的建设，指出以庐山“三大公建”为代表的建筑，反映了国民政府在建设庐山过程中构建民族主义空间的倾向。③ 黄细嘉、田勇、夏蓉等人研究了庐山抗战等重大政治军事④，祝顺保、张辉研究了庐山的政治文化旅游⑤。研究者都或多或少注意到，民国时期庐山的历史，实际上都是牯岭文化的续篇。

综合上述已有研究成果，它们基本存在如下三方面的共性：

其一，民国吴宗慈主编的《庐山志》与《庐山续志稿》两部志书，构成了研究的资料基础。其二，庐山近现代史可以分为四个时期：晚清李德立等人的进入期、民国政府的调整期、蒋介石国民

---

① 冯铁宏：《庐山早期开发及相关建筑活动研究（1895—1935）》，2004年6月清华大学工学硕士学位论文，第67—68页。

② 蒋介石政府的十一次重要会议。国共两党关于联合抗战的谈判，蒋介石在庐山发表抗日宣言，美国总统为了调停国共内战而八次上庐山与蒋介石会谈，以及新中国成立后的三次“庐山会议”等。参见钱云《庐山度假旅游地的形态演变与更新研究》，2005年5月清华大学工学硕士学位论文，第26页。

③ 陈朝晖、陈蕴茜：《1927—1937年南京国民政府对夏都庐山的建设》，《民国档案》，2006年第4期。

④ 黄细嘉：《试论庐山抗战的精神文化价值》，《抗日战争史及史料研究（一）——中国近现代史史料学学会学术会议论文集》，1995年；田勇：《“庐山谈话会”与蒋介石讲话评析》，《江西社会科学》，1997年第9期；夏蓉：《宋美龄与抗战初期庐山妇女谈话会》，《民国档案》，2004年第1期。

⑤ 祝顺保：《庐山旅游近代化研究（1895—1949）》，2006年4月江西师范大学专门史硕士论文；张辉：《关于庐山发展政治文化旅游的思考》，2011年5月《中国报业》。

政府的夏都时期与1949年后的逐渐恢复、发展期。其三，庐山的基督教文化、旅游文化、建筑文化与政治文化，成为近现代庐山文化的主要标志。

为了把上述分段式与分块式研究整合起来，最好的方式是综合考察《庐山志》的创作、内容与流传过程，从中揭示庐山牯岭开辟前的文化传统与开辟后的应对方式。

第二节 "牯岭特区"与《庐山志》

一、国势日危的担忧与《庐山志》的创作

《庐山志》出版于民国二十二年（1933），目前所见版本为上海仿古书局铅印本。该版本为竖排宣纸线装，有6开本与8开本之分，共14册（以下简称"民国本《庐山志》正刊"）。与此正刊一同出版的还有副刊五种，分别为《庐山金石汇考》四册，《庐山古今游记丛钞》上、下两卷两册，《庐山历代文广存》一册，《庐山历代诗广存》三册，宋陈舜俞《庐山记》一册。[①] 由于发行量有限，民国本《庐山志》目前流通不多。1996年，在江西省古籍整理办公室、江西人民出版社、庐山地方志办公室联合资助下，出版了江西省社科院研究员胡迎建点校的"民国本《庐山志》正刊"本，该版横排、上下两册（以下简称"胡注本《庐山志》"）。本文如引用正刊资料，多使用这一版本，文中与脚注一律简称"胡注本《庐山志》"；如引用副刊资料，则使用前一版本，文中与脚注一律简称"民国本《庐山志》副刊之一"。

主修吴宗慈（1879—1951），字霭林，别号哀灵子，江西南丰县

① 徐效钢：《庐山典籍史》，第98页。

人。清宣统己酉科(1909)优贡,历任广东饶平初级师范学堂监督、江西学务公所视学,后在广东汕头创办《晓钟日报》,宣传民主思想。辛亥革命时期追随孙中山先生参加国民革命。民国十八年(1929)后开始转向兴办实业。历任广东总统府秘书、参谋部秘书长、滇黔赣联军总司令部秘书长、国民政府参议院参议员、检校《清史稿》主任、国立中山大学研究院指导教授、(中山大学)师范学院史地系主任、江西省通志馆馆长。新中国成立后,应江西省长邵式平的聘请,出任省人民政府参事。一生著作颇多,主要有《中华民国宪法史》《庐山志》《庐山续志稿》《江西通志稿》等。一生跨越光绪、宣统、民国及新中国四个时期。他阅历丰富,既参加过清朝的科举,也参加过反清的国民革命;既从事过教育,也创办过经济实体,还主编过报纸。此人堪称民国时期著名的学者与历史学家。而其对江西方志学的贡献,至今无人能出其右,他又是一位名副其实的"方志学家"。①

吴宗慈的一生,经历了列强瓜分之下的晚清政府、辛亥革命推动下的军阀割据政府、国共混战与合作时期的蒋介石政府及共产党胜利后的新中国等四个不同阶段。面对江河日下、国势日危之境,他与同时期一批有识之士共同探索着中华民族的强大之路,不惜尝试武力革命、投身教育、创办实业及著述地方文献等多种方式。《庐山志》的编纂即是其中之一。

民国十九年(1930)夏,吴宗慈携妻儿老小由上海迁至庐山定居。在游览庐山景观及目睹牯岭盛况之余②,他的那颗忧国忧民

① 详情参见徐效钢:《庐山典籍史》,第98页;王令策:《从〈系年私录〉看吴宗慈与辛亥革命》,《江西社会科学》,2001年第10期;王蕾:《惧怕与浓情——吴宗慈与〈庐山志〉的故事》,《博览群书》,2009年第9期。

② (民国)吴宗慈:《庚午旧除夕冒雪登庐山记》,见胡注本《庐山志》下册,第130页。

之心,促使他必须有所行动。他曾与生活在庐山脚下的晚清名士散原老人陈三立(1859—1937)促膝谈心,形成了如下共识:“庐山曾有的辉煌与现有的西方人的天堂,不能够被人记得,从此丢失在沧桑里。”[①]他们都认为,即便是把曾经的辉煌与现今的屈辱记录下来,也是有必要的:

> 《庐山志》,自康熙时毛德琦编纂后,距今二百余年矣。其间天时人事之摧荡,与夫盛衰存废之迹不可胜原。而牯牛岭一隅,为海客赁为避暑地。屋宇骈列,万众辐辏,寝成一都会。尤庐山系世变沿革之大者,不可不综始末,备掌故也。岁庚午,余与南丰吴君霭林同居牯牛岭,霭林有感于此,慨然以续毛志为己任,余亟赞之。[②]

《庐山志》的再次编纂,正是在吴氏与陈氏等人的“惧怕与浓情”[③]的驱使下而完成的。它聚焦“牯岭”,从资料搜集到体例设置,无一不围绕着“牯岭”的来龙去脉而展开:

> 本记(笔者注:《The Story of Kuling》)出版在1899年,距今已33年了。我很稀奇,在这个长时间中,竟无一人把它译出来,以供众览。去冬吴霭林君,为重修庐山志,征集牯岭开辟事实,托我注意英文文献,因将所藏本记译出,刊成单行本,使留心牯岭历史者,得先览为快;对于重修庐山志,亦可

---

① 参见王蕾:《惧怕与浓情——吴宗慈与〈庐山志〉的故事》,《博览群书》,2009年第9期。

② 陈三立:《庐山志·序》,胡注本《庐山志》上册,第1页。

③ 参见王蕾:《惧怕与浓情——吴宗慈与〈庐山志〉的故事》,《博览群书》,2009年第9期。

作为史料的贡献。①

《The Story of Kuling》,即英国传教士李德立于光绪二十五年四月在镇江宣教会上的讲演稿。民国十九年,吴宗慈在组稿过程中,委托文南斗收集英文文献,文氏遂以《牯岭开辟记》为题,把《The Story of Kuling》翻译成中文。此译文后来大部分收录于《庐山志·山政纲》内,由此而为国人广为知悉。② 章炳麟在《庐山志》的序言中说:

余友吴宗慈霭林,为《庐山志》十二卷……余曰:内则栖逸民,外则容桑门者,在庐山也。以岩穴处驵侩,以灌莽起华屋者,今之庐山也。……庐山枕大江,蕃客俗士,即易窥其变迁乃如是,固地势然也。虽然,自今而往,山日槎,市日廓,欲隐于其地者,非高赀则不能已人之情。求仕不获无足悲,求隐而不得其地以自窜者,毋乃天下之至哀欤!

霭林,负俗之士也。曩以议员走南北,几十年贡而去,其后未尝为不义屈。常居是山,期与昏狂相远,其自重若斯之笃也。所为志笮核去华,于昔之胜迹、今之变故详矣。"山政"一卷尤质实,足以备故事。其情之肆,非不可知;要之,今之庐山,必与霭林所期者稍远矣。③

昔日"逸民、桑门"可随意来去栖隐之地,却因牯岭开辟而导致"非高赀不能隐其地"。身为前清遗老的章炳麟(1869—1936),

---

① 文南斗译:《牯岭开辟记·译者的话》,第208页。

② 参见徐效钢:《庐山典籍史》,第95—97页;

③ (清)章炳麟:《庐山志》题辞,胡注本《庐山志》上册,第2页。

与吴宗慈等人惺惺相惜，深刻领会吴氏编纂《庐山志》设置“山政”一纲以“备故事”之本意，而所谓的故事，即是牯岭开辟的来龙去脉。对此，吴氏在“山政”前言中有所交待：

> 庐山一隅地，其政治形象所构成，虽具体而微，然逐年嬗蜕进化之迹可得言焉。当清光绪间，租借地既辟，政治始具其萌，逐年演进，于是一切对外交涉，对内行政，门分类别，其务渐繁。①

志书的体例及内容，应该因时局的变化而有所变化与增减。随着光绪年间租借地的开辟，庐山开始出现内政外交并日趋频繁，“山政”一纲由此而生。它汇集多方文献记录，从多维角度展现了“牯岭特区”的形成过程及国人对它的再建构。

二、《庐山志》的编纂模式

“民国本《庐山志》正刊”共十二卷，十四分册。副刊五种，十一分册。正刊十二卷分属七纲三十目。其中卷一为“地域”纲，下分庐山总图、经纬度与释名（附秩祀）、地质志略（李四光，附全山地质图）、山脉（附全山山脉水系图，庐岳全境山岭高度表）、水系、形胜、沿革、疆界、道路、面积（附全山道路图）及气候（附气象概测表）等九目；卷二至卷六为“山川胜迹”纲，下分山川胜迹总文、山北四条路线及山南七条路线等十二目；卷七为“山政”纲，下分各租界地交涉案汇考、省行政及建设与行政、商工、生计、礼俗、宗教、方言、本山房屋与人口统计等三目；卷八为“物产”纲，下分植物与动物两目；卷九为“历代人物”纲，仅有晋至清人物一目；卷十

---

① （民国）吴宗慈：《庐山志》上册，胡注本，第 399 页。

至十一为“艺文”纲,下分庐山专著书目汇载、历代文存、历代诗存及金石五目;卷十二为“杂识”纲,仅有内篇与外篇一目。详见文后附录五“八种庐山志书卷(纲)、目简表”。

为了便于理解,在此试对历代庐山志书的编纂、体例及流传情况,作一简要概述。

所谓山水志,特指专门以名山、胜水为记载对象的志书。庐山开发历史悠久,历来不乏专志记载。据不完全统计,庐山志前后编纂十余次,版本达 26 种之多。① 现在笔者能见到的有北宋初的《庐山记》、明嘉靖年间的《庐山纪事》、清顺治时期的《续庐山纪事》、康熙年间的《增定庐山志》与《庐山志》、道光年间的《庐山小志》及本章所涉及的民国《庐山志》与《庐山续志稿》。②

前已述及,《庐山纪事》分庐山为山南、山北,山南六条路线,山北五条路线,各路线上的建筑与景观、艺文与趣事,分别以“一线串珠的形式”串联起来,真正奠定了“景以地分,文以景附”的庐山志书体例。此后的《续庐山纪事》《增定庐山志》《庐山志》《庐山小志》及民国《庐山志》与《庐山续志稿》基本都沿用了这一体例。且《庐山志》与《庐山续志稿》在沿用的基础上亦多有创新。《庐山续志稿》基本是《庐山志》的后续,仅在原有体例基础上增加了新的内容,故以下阐述基本是以《庐山志》为中心。

就沿革方面来说,除“山政”纲外,《庐山志》其他六纲及相关目次,在《庐山纪事》等明清五部志书中都能找到相应的卷目。如“地域纲”中的“庐山总图”目相当于《庐山纪事》五部志书中的“登山路线图”卷,“经纬度”一目相当于《增定庐山志》与毛德琦《庐山志》的“星野”卷,山脉、水系、形势、沿革、疆界、道路、面积、

---

① 伍常安:《历代江西山志述要》,《文献》,1991 年第 2 期。

② 徐效钢:《庐山典籍史》,第 98 页。

气候等目相当于《庐山纪事》五部志书中卷一的“山纪”篇。“山川胜迹”纲相当于《庐山纪事》第二至十二卷。“物产纲”相当于《庐山纪事》卷一的“品汇”篇；“历代人物纲”相当于《庐山纪事》卷一的“隐逸、仙释”篇。“艺文纲”相当于把《庐山纪事》五部志书中附在各景点下的诗文碑刻单独抽出来另立一卷。“杂识纲”直接来源于《庐山小志》的“杂记”卷和“神异”卷。诸如此类，不一而足。对此，吴宗慈在“凡例”中有所交待：

> 山川胜迹之纪载，仿桑乔《庐山纪事》，用《水经注》体，名目位置为纲，分疏其沿革现状，期略而不遗，详而不秽，事烦文省。①

虽然《庐山志》相关纲目在旧志中都能找到相应卷目，但吴宗慈却是用了更加科学的方法进行处理，使内容更精准与科学。对此，前庐山图书馆馆长徐效钢有所总结：

> 吴志最显著的特点，在于运用科学观点和现代科学技术，第一次对庐山尤其是自然的庐山进行了科学描述。如以往山志都论及星野，亦多有示意性的木刻图像，但限于技术，均显粗糙。吴志却首次精确地测量了庐山所处的地理方位、经纬度，测绘出了精确的庐山全图、形势图、道路房屋详图、山脉水系图、山岭高度表等。又如地质、植物、气象等方面情况，吴宗慈独具慧眼，将它们列为专门记述，并大量采用各学科专家的论述。②

---

① (民国)吴宗慈：《庐山志·凡例》上册，胡注本，第5页。

② 徐效钢：《庐山典籍史》，第100页。

《庐山志》各卷、纲、目在已有志书基础上的增、删、减及其用词表述的不同,多源于时代的变化、西方文化的楔入,这种变化更集中体现在《庐山志》卷七"山政"纲的设置:

> "山政"一纲,为古今各山志之创。其分目中,"各租借地交涉案汇考",重牯岭始辟也;行政及交通、通讯等,为国政、省政所由籍也;商工生计、教育、礼俗、宗教、方言等,一般社会组织之状况也;公共事业新建设计划及房屋、人口统计等,为人民自治与政治设计之待演进也。凡此皆本志创述,用示与政治、社会息息相关,非漫谈山川风物比也。①

近代以前,庐山本身并无行政建制,所以《庐山纪事》等旧志并无此类记载和卷目的设置。吴氏在编纂《庐山志》书时,单独设立"山政"一纲,汇集晚清、民国政府档案与公文、庐山本地人的口述、中间人的陈述、李德立的自述、士人的游记、旅游指南的介绍等多种文献与调查(详情参见文后附录六:民国《庐山志》文献系统简表),试图保存与客观解读"牯岭特区"的形成过程及其影响。与前述李德立的《The Story of Kuling》相较,《庐山志》"山政纲"更多地展现了政府官员、庐山地方百姓与士绅以及有识之士眼中与笔下的牯岭,它把参与其中的每一方都考虑到了,而不仅仅是李德立一个人的牯岭。应该说这样一种多维度的考察,比较全面地展现了历史真实,虽然文本背后难免折射出一些被侵、屈辱、自强、独立等民族情感。

① (民国)吴宗慈:《庐山志·凡例》上册,胡注本,第5页。

三、“牯岭特区”租借始末在《庐山志》中的体现

如上所述，无论从编纂背景、作者意图，还是编纂体例来看，《庐山志》都是为“牯岭特区”而编。当我们进一步深入到志书内容当中时，会发现整部志书都透露着陈三立、吴宗慈等人对庐山前途与中国传统文化的关怀。具体而言，他们试图弄明白以下问题：“牯岭特区”因何而来？“牯岭特区”的开辟给庐山带来了哪些变化？期间，中国传统的儒释道又是如何应对的？志书卷七“山政”纲非常集中的解答了这些问题，其他各卷、纲、目中也有少许涉及。本小节即以志书文本内容为基础，还原吴宗慈试图解答的上述问题。

1.“牯岭特区”形成的中方表述及其给庐山带来的变化

前述的李德立讲述的牯岭开辟过程，在《庐山志》“山政”纲中集中于“长冲租借地交涉案”。吴宗慈就此案，汇集了官方、民间及李德立本人自述的六方面的史料来还原一个历史真实。吴氏认为“庐山租借地之历史，以讹传讹，以蔡广田之说为最甚。《庐山指南》次之，戴鹊臣之言近实，然与李德立自述《牯岭开辟记》语又略异”。[①] 其差异表现在何处？为了方便比较，笔者试转引《庐山等处租地说略》中的一份官方文书与“戴鹊臣口述”如下：

> 庐山之牯牛岭、长冲、高冲、女儿城、大小校场、讲经台等处公地，因前清德化县举人万和赓等立契，盗卖与英商李德立造屋。地方绅耆查知，控阻，饬缓兴造，不听，以致地方人民折毁木篷等物。经前清饶九道督饬县委劝令退还，一面拘盗卖之人讯办。旋接总理衙门来电，英使催办速结，李德立

① (民国)吴宗慈：《庐山志》上册，胡注本，第402页。

欲留长冲一处，并索偿被毁损失。饬县督同绅士履勘长冲，无关风水泉源樵采，由德化县于光绪二十一年十一月十六日立约，租与李德立建屋避暑，每年出租钱十二千文，并由公家赔偿英洋四千一百十五元。牯牛岭、女儿城、大小校场、高冲、讲经台一概退还，立碑永禁租卖。在押之万启勋等，从宽释放。其长冲四至，丈尺列下：

（一）长冲东北山垠下大黑石旁界石起，直量至西头山口内界石，计长三百八十七丈，合英尺四百五十六丈；

（二）长冲东北山垠下大黑石旁两边山脚界石，横量计宽二十三丈一尺，合英尺二十七丈二尺；

（三）长冲北山口路边左右界石，横量计宽八尺七寸，合英尺一丈三尺；

（四）长冲西口内左右界石，横量计宽七十九丈七尺，合英尺九十三丈八尺；

（五）长冲东南角城门下左右界石，横量计宽八丈三尺，合英尺九丈八尺；

（六）城门下余基起，至第二界石止，一齐以山腰为界，其余均以山脚界石为界。

上引官方文书所立时间，吴宗慈在转引时，并没有标明，但从行文中可知，此文书应书写于光绪二十一年（1895）十一月十六日。与李德立所述的“1895 年年终结案”时间一致。文书概述李德立由购买至承租牯牛岭等土地的整个过程，与李氏自述大体一致。不同的是行文中的某些细节与表述的侧重点：第一，公文定义“牯牛岭、长冲、高冲、女儿城、大小校场、讲经台等处”为公地，而李氏自述中一再强调这些地域为“荒土”。第二，公文定义“万和庚等立契向李德立卖牯牛岭等处”一事为“私人盗卖公产”，属私人行为，国家不予承认。而李氏自述中一再强调“万和庚等立契”是得到官府授意、调查、契税与盖印的，是在官府与地方士绅同意与认可下的合法行为。第三，对于此案最后处理结果，公文中的表述是“由德化县立约，租长冲一地与李德立建屋避暑”，其强调的是租而不是卖。李氏自述中只提到“废旧约，立新约，立界石 14 块”，对李氏来说，租与卖没有任何区别，丝毫不影响他接下来的建设行动。第四，因为各自代表的立场的不同，公文对卖与租的地名、界址的表述非常清晰与明确，而李氏自述对此都是笼而统之。

以上是二者表述的主要差异，这些差异在“戴鹄臣口述”中亦有体现：

> 清光绪十一二年间，美以美会教士李德立由沙河上山，经天池至黄龙寺，因至女儿城，望长冲地势平坦，下至其处勘查，水流萦绕，地势极佳，合建屋避暑之用，托由戴鹄臣（吴注：戴，湖北人，陪李德立来山者，教会中人也）辗转介绍，由德化举人万和庚出立契据，为永远租借长冲荒山一片。字样写契人为万启勋。李德立以此契据向德化县税契，县拒之。时九江同知盛富怀兼洋务局委员，李托盛饬县用印。当时万和庚得地价洋百元，印契后补给四百元，李并赠盛银器皿等值洋二百余元为酬。次年，建筑板屋，雇工修路。所修路为由剪刀峡至连花洞之路，即所谓旧路，非今上山通行之新路也。李既建屋修路，九江人知其事，控。由江西巡抚派大员尽拘当事人，在九江考棚开特别堂讯。风潮急时，盛二府吞金自尽，卒无结果。李在山仍继续进行其建屋避暑之计划，

> 划地分号，登报出售，招集多人来山避暑。九江人愤，乃于西人上山避暑者拦路殴击之，并烧毁临时建筑木屋。于是交涉范围扩大，辗转数年。适福建亦有相等之教案交涉，总理衙门电知速结，此案姑得解决。①

比较戴氏口述、前引公文与李氏自述三者表述的异同，从找寻避暑区域，到山巅视察，到购地，到筑路，大体过程是一致的。但其中某些细节略有差异，表现在：其一，戴述中提到万和庚立契于光绪十一二年间，而李氏自述把所有的事集中于光绪二十年与二十一年，而公文中没有提到具体时间。其二，在出立契约方面，戴氏口述为"完全是李氏花钱收买万和庚立契并由盛富怀命令县衙用印"，纯属李德立与万和庚、盛富怀之间的私人行为，这点与公文表述一致。与李氏自述的差异前面已提到。其三，戴氏用"永远租借长冲荒山一片"来定义李德立与万和庚的这一契约行为，这种表述与公文所说的"盗买公地"、李德立自述的"购买荒土"都有不同。

"公地"与"荒土"的差异，"盗买"与"购买"、"承租"的差异，"官方合法行为"与"私人非法行为"的差异，等等。这些不同的表述，同样充斥在美、俄、英、法等传教士在庐山获得各自租借地的具体交涉档案文件中。历史真实究竟如何，已经很难确知。我们从不同文献对同一事件的不同表述中，解读出了中西文化的差异。更为重要的是，李德立等人已经进入了庐山，可以"在牯岭自由的发展"，从而给庐山带来不可预知的变化。

伴随"牯岭特区"的开辟，设立了庐山警察局与"专理租借地

① （民国）吴宗慈：《庐山志》上册，胡注本，第401页。

外之官地划界收租事宜”的清丈局(民国十五年后改设为“庐山管理局”)[①]。庐山因此有了邮政、电报局、电话、自来水等通讯与市政建设,甚至有新建轮船、铁路、汽车、钢绳挂车、长途汽车等交通运输设备的计划。[②] 上山居住的中国居民,模仿李德立牯岭公司的形式,成立了属于本国人自治的组织——庐山董事会。[③] 在外国教会学校的刺激下,庐山设有匡庐小学、江西省立林业学校、九江县立区学校、芦林小学、励志社国学专科与国学暑期补习学校等。[④] 因为中外游客的不断涌入,庐山开始有了新式旅馆、银行、中外货币、中西药房、照相馆等。随着房屋建造需求的增多,庐山的建筑业开始兴起。[⑤] 在牯岭区,先后建有十多所教堂,“学校医院及慈善机关,均为教会设立。国人信仰者颇多”[⑥]。受到教会礼仪的影响,庐山南北的婚丧祭祀礼仪开始有了新、旧式之分。[⑦] 甚至连庐山地区的语言,也逐渐发生了变化,“牯岭方言遂有参互错综之势,英语亦成牯岭一种重要语言”[⑧]。由此可以看到,“牯岭特区”的形成,给庐山行政、交通、通讯、商工生计、教育、礼俗、宗教、方言等带来了全方位的变化。更有甚者,西方传教士建构“牯岭特区”的模式,也逐渐为本国人所学习、模仿与利用。

2. 莲谷新村:“李德立模式”的中国再造

在“牯岭特区”的形成过程中,李德立等人的“承租荒山、划号

① (民国)吴宗慈:《庐山志》上册,胡注本,第430—438页。
② (民国)吴宗慈:《庐山志》上册,胡注本,第439—443页。
③ (民国)吴宗慈:《庐山志》上册,胡注本,第445—453页。
④ (民国)吴宗慈:《庐山志》上册,胡注本,第453—454页。
⑤ (民国)吴宗慈:《庐山志》上册,胡注本,第454—457页。
⑥ (民国)吴宗慈:《庐山志》上册,胡注本,第460—461页。
⑦ (民国)吴宗慈:《庐山志》上册,胡注本,第458—460页。
⑧ (民国)吴宗慈:《庐山志》上册,胡注本,第461—462页。

出售、转手获利”等经营方式，对生活在牯岭四周的德化、星子地方的百姓与乡绅产生了无穷的诱惑力。在此背景下，中国耶教青年会购买莲谷一地，组建“莲谷新村”，而德化、星子二县因地界与利益分配的不均，兴起了一连串诉讼。从构讼、平讼与建筑、规划，到最终形成“莲谷新村”，可以视为“李德立模式”的翻版。但不同的是，这是一次国人打着“爱国旗帜”的对抗与谈判行动。事情的起因，还得从李德立租地开始：

前清光绪十二年(1886)冬间，有德化县举人万和庚等，将庐山牯牛岭、长冲、高冲、芦林、讲经台等处公地，盗租与英人李德立。经前九江道诚勋议将长冲一处钉界，租给建屋避暑，界外余地，一概退还。光绪二十七年，驻沪英总领事霍必兰、驻浔英领事乐民乐，函请于长冲界外扩充租界。又经前清赣抚李兴锐派员查勘，划定草地坡、下冲、猴子岭、大林寺冲四区，由前九江道瑞澄会同乐领事，于光绪三十年八月间立约，租给英商牯岭公司建屋避暑。约内载明，女儿城、大小校场即高冲，均为庐山名胜，一概划在界外，作为永远官山，不得租与中外国人。其附近土人不得在该处修造房屋、耕田凿石。西人亦不得承租，栽树、搭盖凉亭。嗣因庐山旷地甚多，华人往往建盖房屋。又经前九江道议订章程，设立牯岭清丈局，专理租界外官荒山地划地收租等事，听凭华人承租建屋。此庐山租地之原始也。①

光绪二十一年(1895)，李德立承租长冲一地；光绪三十年

① (民国)吴宗慈:《庐山志》上册，胡注本，第425页。

(1904)，牯岭公司扩充租界地至草地坡、下冲、猴子岭、大林寺冲四区。随着租借地的形成，产生了两个结果：其一，光绪三十年八月二十八日中英签订的《庐山草地坡等处议订租地条款》（以下简称《租地约》）确认："女儿城、大小校场即高冲，均为庐山名胜，一概划在界外，作为永远官山，不得租与中外国人。"①这也是此后"莲谷购地化、星二县争界案"的核心所在。其二，由于美、法、俄及本国人竞相效法李德立的做法，使庐山的土地管理一度处于混乱与无序状态。光绪三十四年(1908)，设立了"牯岭清丈局"，就是为了"专理租界地外之官荒山地划界收租等事"。② 而事实证明，"莲谷购地案"的发生，却与清丈局有密不可分的联系：

> 宣统二年间，前清丈局委员周怀煊将庐山草地坡东旷地照章租给夏瑞芳等，即有星子县绅李锦焕，以周委员将女儿城一带禁地私行出租，有关该邑栖杨吴障两党樵采水源报，由前星子县许廷恩禀，经前九江道派员查勘，女儿城另在一处出租之地，并非禁地，两不相涉。惟星绅以地属星邑，欲分地租。但该地是否应属星子，或隶德化，既无界址可分，县志亦未详载。拟请饬星、德二县会同查勘定界，以杜争执，旋因改革中止。③

宣统二年(1910)，清丈局委员周怀煊将"庐山草地坡东旷地"租与德化县绅夏瑞芳，星子县绅李锦焕向官厅控诉："草地坡即是《租地约》中禁止外租的'女儿城'，该地关涉星子县泉源水系，周

① (民国)吴宗慈：《庐山志》上册，胡注本，第411页。
② (民国)吴宗慈：《庐山志》上册，胡注本，第430页。
③ (民国)吴宗慈：《庐山志》上册，胡注本，第426页。

委员等私行出租是有违《租地约》。”经官厅经派员查勘，回复了两点：其一，夏瑞芳所承租的此女儿城并非《租地约》中的女儿城，二者并无关联。其二，此地是属德化还是星子，并无明确界址及文献可证。为了杜绝争执，有必要汇同两县查勘定界。然而，由于辛亥革命的发生，这一合理建议未能付诸实施。民国元年（1912），在德、星两县绅士的坚持下，九江、南康两府知事亲往踏勘，议定：“该山处在德、星两县之交，建议作为两县公产处置，所获租金拨归两县，办理公益。”此一解决方案，虽经都督李烈钧（1882—1946）批准，然而因其可行性低，问题并未得到根本解决。民国三年（1914），讼案又起：

> 民国三年九月间，据星子县知事汪知本详接县属六区公民李联光等禀，以夏瑞芳租地内有人动工建屋，经汪知事亲往勘明，见有美国洋人康熙在彼监工。询明夏瑞芳身故，其地由夏瑞芳家属转租与王阁臣。王即现在之中国青年会董事。该洋人系受王阁臣委托，代为监工。经本使批饬浔阳道尹派员查勘核办，旋据青年会组合董事长王阁臣来函，内称“该会于民国元年经内务部批准立案。此次在庐山草地坡东建筑会所，当地官绅谓该地即女儿城，以保存古迹为阻止之计划，惟青年会并非外人所有，所谓保存者，指本有者而保存之，断非一片荒芜。听其长此终古，可云保存也？故于该地建筑会所，及将来规画医院，即为保存之一法。况其地既建会所，可以渐望兴盛。往来人多，则工商繁密，即小贩营生者，亦必有利可图，奚至反对？拟即选派专员来赣面陈”等语。

与宣统二年第一次讼案相比，此次讼案中的涉讼人员都发生了变化。世事沧桑，昔人已逝，问题尤在。李联光等“试图阻止草地坡东租地内的建筑行动”，官厅派员查勘后，让王阁臣对“洋人康熙出现在租地内一事”作出解释，王阁臣给官厅写了一封信，表达了四层意思：其一，青年会是中国人自己办的；其二，女儿城是一片荒山，并非什么古迹；其三，青年会选择女儿城建筑会所，是想有所作为的；其四，青年会在女儿城的作为，将会给很多人带来就业机会，将会带来商业繁荣。细细品读这封信，字里行间都跳跃着李德立的幽灵。一名外国人可以把原本是荒山的牯岭变成闹市，可以给众多人带来为之生存的职业，为什么中国人自己不可以？为什么还要遭受中国人自己的百般刁难？新任民国官员读了此信，颇为震撼，委派浔阳道尹、九江关监督及九江、星子两县知事通同查勘此事，最后得出一致结论：

> 该草地坡东即县志所载之女儿坡，并非《约》载禁地之女儿城。然星民所争之点，不过曰星邑泉源所系，或恐租给外人，因援庐山禁租成案以耸听闻，其实别有觊觎。惟女儿城既属《约》载禁地，女儿坡亦为地方古迹，拟请保存，立石禁租，以杜争端。

通过实地勘查与文献查证，官厅辨明了女儿城与女儿坡的差异，毫不留情地指出了星子县绅频频兴讼背后的利益驱动。同时，又认为女儿坡为地方古迹，勒令王阁臣退租予以保存。这样一个给双方各打五十大板的解决方案，注定是没有任何成效的。王阁臣因此据理力争，而星子县绅亦不放弃，双方似乎都坚持不下。于是，星子垦植会会长刘树棠出面调解：

> 其时适值星子县绅有垦植会之组织，公举庐山森林局绅刘树棠为会长。刘树棠对于青年会租地一事，自愿任为调人。旋据浔阳道妥详，据九、星两县官绅三面会议，已允将女儿坡仍旧租给青年会，由星绅与该会订立合同。大旨在保存泉源古迹，并由青年会捐助一千元，为星子地方公益之用。另由官厅拨给该山左近荒地，约官价二千元之谱，为星子垦植会种植地亩，借以保存泉源。双方均已议妥。

此案自宣统二年至民国三年，前后经历四年，跨越两朝，经历三次诉讼，最终以九江（德化）、星子与官厅三方各让一步以结案：青年会以捐助一千元给星子地方公用而获得女儿坡的租用权，星子垦植会以二千元官价获得荒地一块以种地亩，而官厅则坐享双方承租地土所带来的利益。

获得了土地合法使用权的青年会，开始大展拳脚，建构区别于“牯岭特区”的属于中国人自己的“新区”，即“莲谷新村”。居于条件所限，莲谷新村规划、建设的过程并无具体史料可查，而其成果却在《庐山志》“山川胜迹”纲中有所保留：

> 莲谷者，新村之一也。……购地开辟始于民国初年……乃本国耶教青年会集合会中诸友所共同组织者。由小天池山东行里许，有石刻“莲谷消夏社”五字。转而南行，山谷夷衍。经晒衣石、演说台，折西南行，有石刻“人格救国”四大字。有“四年五月七日之事”八字行书。旁题摹岳忠武手书布告“同胞共雪此耻”等字。渐转西北行，有石到“在山泉清，如沧灵泉”。过此下石磴约里许，即至牯岭东街。其地当牯牛岭之背，女儿城之下，故由小天池绕牯牛岭作圆形，由东而

西南而北以至牯牛岭街。谷中划地分建住宅及公共娱乐之游泳池、网球场，设备颇具新式教育化。有二路可通牯牛岭。①

在“莲谷消夏社”“人格救国”“同胞共雪此耻”等石刻题字的背后，暗含与“牯岭特区”一争高下的民族情感与爱国热诚！然而，“谷中划地分建住宅及公共娱乐之游泳池、网球场”，却又是直接承袭“牯岭特区模式”而来。无论从租地，到设计、规划、建筑、道路，“莲谷新村”都与“牯岭特区”有着千丝万缕的联系。

类似的新村，还有梁和甫组建的“小天池新村”②与古层冰、曾晚归等人组建的“太乙村”③。其组建过程与社区模式，与“莲谷新村”基本类似。

3. 大林寺冲划界修路的努力

自李德立开辟“牯岭特区”以来，从英、美、法、俄等外国传教士，到青年会、星子垦植会、天一公司及其他各种私人的、官方的组织与机构，纷纷在庐山租地建屋避暑，使得“山岭崎岖之庐山，所存未租之地东鳞西爪”④，或被成片承租，或被东侵西吞。与李德立长冲租借地相对的“大林寺冲”，就是处在这样一种境地。

大林峰、大林寺的历史，可以追溯至晋、唐之际。有诗、文为证：

大林峰为庐山胜区，一名云顶峰。桑乔《山疏》称“晋昙

① （民国）吴宗慈：《庐山志》上册，胡注本，第181页。
② （民国）吴宗慈：《庐山志》上册，胡注本，第180页。
③ （民国）吴宗慈：《庐山志》上册，胡注本，第292页。
④ （民国）吴宗慈：《庐山志》上册，胡注本，第426页。

诜法师于讲经台东南杂植花木，郁然成林，故名大林”。旧有寺三，咸以大林名之。白香山《游大林寺序》推为匡庐第一境……寺久毁于火，故址但存其二。①

牯岭开辟以来，大林寺冲因毗邻长冲等租借地，地界受到侵犯：

牯岭者……一面长冲，一面即大林寺冲也。……外人游处既多，长冲无地可容，复推广及于草地坡、下冲、猴子岭、大林寺冲四处，盖皆毗连长冲，于光绪三十年汇订租约者也。……医生洼租界……订约于光绪二十四年，虽与大林寺划界无关，特因其地与猴子岭犬牙相错，连类志之。其草地坡、下冲早经订立界石，猴子岭租地十二号亦复无异，惟大林寺租地一百号外人已造屋数楹，庆落成矣，或有谓其溢出原约范围者。②

李德立、海格思等人的租借地范围，并不包括大林寺冲，而他们在建筑过程中东侵西吞，越占了大林寺近一百号地土。民国八年，江西省自省至地方长官一致认为，有必要重新丈量地界、划清界址：

庐山为江西著名胜景，本省大吏如督军陈公、镇守使吴公、浔阳道尹傅公、交涉使景公……民国八年春……奉命勘

① （民国）袁延闿：《大林寺冲划界记碑》，见（民国）吴宗慈《庐山志》副刊之一《庐山金石汇考》，第3册，第211页。

② （民国）袁延闿：《大林寺冲划界记碑》。

丈……从事划界。予偕清丈局长文君定祥……暨董事与测绘诸君登山丈量……乃丈出溢出地十一号又十分之四……在东首……西首附近和尚坟划出三号又十分之二，北址沿大路边划出五号又十分之二，皆绘图摄影，留以备考。[①]

此次丈量，共清出所溢地土十一号。为避免此类事件再次发生，时任江西省省长戚扬提议在“牯岭特区”与大林寺冲之间修一条大路，以代替此前“易于移动的界石”。在财政厅杨公等人的赞同及经费支持下，这一建议得以实现：

省长又以大林寺为沙河通衢，旅客往来至为繁多，道路崎岖既无以便行人，且与租界密迩，其地早已修僻，如砥如矢，相形见绌，若不急图平治，不徒有伤国体，亦无以保路权。爰商诸财政厅长杨公，杨公以为然，立拔巨款指日动工，计自土巴岭起至御碑亭止，路长约英尺五百二十余丈，宽一丈六尺，起夏历五月，至十月乃克蒇事是役也，费库银五千元。[②]

在整个大林寺冲划界修路过程中，我们看到了民国官员对地权维护的积极与认真态度；同时，从修路关涉事宜，我们也看到了民国官员维护国体与主权的某种努力。经过不懈的努力，“牯岭特区”最终被收回，国人继续在这片土地上建构着自己民族的文化。当日，李德立的影子却已烙在了这片土地上，被保存在《庐山志》中。

---

① （民国）袁延阊：《大林寺冲划界记碑》。

② （民国）袁延阊：《大林寺冲划界记碑》。

第三节 《庐山志》的流传与文化转型

一、《庐山志》的流传

民国十九年至二十二年,《庐山志》的调查、组稿与出版工作逐步完成。志书的编纂,从最初的收集资料、组稿,直至后续的印刷、校雠、出版费用,完全是来源于社会各界的捐款赞助。对此,吴宗慈在副刊中有所交待:

重修《庐山志》经费全由私人集募,自开办至印竣,阅时四载,用款达四万余元。计调查编纂十九年冬至二十二年夏上,用款二万元有奇,印刷校雠二十二年夏至二十三年夏止,用款二万元弱,捐募不足者,称贷以益之,其间赞助既玉成其事者,凡百有余人。爰分类述载,刊于本志副刊《金石汇考》之前,期与名山永寿云尔,编纂主任吴宗慈谨识。①

这份捐款名单共列有九十二人,数额达两万六千三百元。受经费的限制,这套由上海仿古书局于民国二十二年铅印而成的《庐山志》,一共只刊印100套。此后不久,上海抗战爆发,留存的版片损毁无存:

正志印行后,全书留拓纸版,其地质图、地图及金石风景等,均留铅版及锌版。二十六年春,拟由沪运庐山,战祸陡起,事遂中止,暂存沪友寓。八年抗战,卒获胜利,询悉仅存

① (民国)吴宗慈:《庐山志》,副刊之一《庐山金石汇考》,第1册,第1—3页。

纸版，他皆散失。续志将付印，拟并正志印行，讵估价竟达二亿元以上，私人固不克负担，公家亦窘于挹注。然则续志印行，正志绝版，真事之无如何者。[①]

引文中提到的正志为《庐山志》，续志为《庐山续志稿》，二志同为吴宗慈主修。不同的是，正志为私修，续志为官修。吴氏在续志自序中，对此有特别说明：

余修庐山志，创始于民十九年冬，经三年毕役，其性质为私修。今修续志，乃官修。此其性质之不同者。……正续二志经一人之手，纂辑而成，亦为一千余年方志史上，不多见之事，此个人所堪引以自慰者。[②]

续志既与正志同出一人之手，其编纂模式自然一脉相承。如卷、纲、目体例的沿用，“山政”纲的特设，分庐山为山南、山北的叙述模式，等等。[③] 需要注意的是，续志是在八年抗战胜利后经官方授意而编纂的，与正志的编纂出版仅相隔十五年，自然也就突出了庐山抗战与蒋介石政府的活动：

今编续志……因时局迁嬗，略有变例，如卷首所增(1)绪论；(2)特载，恭纪国民政府主席蒋公，历年驻节庐山，内政外事方策；(3)大事纪。专纪庐山抗战之经过史实。……山川胜迹，凡经倭寇残毁者，详载之，用志沧桑之迹。其已见正

① (民国)吴宗慈：《庐山续志稿序》，第1页。
② (民国)吴宗慈：《庐山续志稿序》，第1页。
③ (民国)吴宗慈：《庐山续志稿·凡例》，第2页。

志，则择重要者，略述大端，备未阅正志者之参考。……艺文增“专载”一目，选载蒋主席历年驻山所发表之言论。再益以文存补，诗存补，金石补。……图片集，专采有关历史文献之品物，其山川风景等片，人所习见，或已见正志者，均从略。惟被倭寇毁灭之胜迹，则选印原片，借识沧桑，而备考证。①

续志的筹备、取材，直至整理编纂出版，前后不到一年时间，难免“征材不备，调查不周”之憾。从上述的主编人、编纂体例、纲目内容，甚至是志书名称来看，续志都可看成是正志流传过程中的延伸版，从中可以看出庐山历史自开辟“牯岭特区”以来的进一步发展。

二、“牯岭特区”的重构

自“牯岭特区”开辟以来，从佛教界到蒋介石国民政府，都曾试图以自己的方式，打破“李德立模式”，重构“牯岭特区”。

民国十一年(1922)，太虚大师(1890—1947)登上庐山，寻找位于大林寺冲的大林寺遗址：

庐阜……自牯岭开辟避暑区之后，周围十里间只有耶稣教堂林立，退处偏远的僧侣佛徒，久已无立足的余地。民国十一年夏，我与竹安登牯岭，寓大观楼，先一漫游附近诸胜。临春，在天池寺客僧坦山等数人来访，叹息匡庐佛地，乃今只盛传耶教，不闻佛声！我询以就近有无佛刹遗址？则告大林寺近在一二里间，即偕以策仗寻觅，经大林冲至划界桥，夕阳垂尽，新月已升，荒烟蔓草中牧童叱牛群归去，见有碑矗立桥

① (民国)吴宗慈:《庐山续志稿·凡例》。民国三十六年(1947)铅印本，第一册，第2页。

旁，扪石辨字而读，知桥北菜佣瀚妇茅屋草坪错落间，即为上大林寺原址。……遂拟依寺基修建一讲堂，作暑期讲演佛学的场所。归汉口，于佛学院院董会席上乘机提议，得梁启超、李开侁等的赞同，担任筹画进行，是为大林寺复兴的起因。①

太虚大师面对牯岭当下耶稣教堂林立的现实，提出复兴大林寺、打破基督教一统庐山局面的建议，得到了梁启超、李开诜等人的赞同以及政届、军届、民间甚至日本等各方的支持：

李隐尘、王森甫诸居士力助之，推严少孚居士上山主其事。得庐山清丈局长允于原址划四十方先建讲堂，旁构一小室。次夏落成。余偕武汉诸缁素登山，开暑期讲会。旋发起次年开世界佛教联合会，乃由孙厚在居士等更筹建楼屋五间。民十三夏开会时，到有日本及各国、各省信佛士女，讲学极盛，而大林寺遂名闻寰宇矣。民十四秋，购入张炳记地二百余方，于是与古莲花池复合为一。至民十八，邀竺庵长老住持经理，乃集钟益亭、罗奉僧、彭绵城居士等建大林莲社其上。②

黄季刚、张促如、汤用彤、太虚等著名人物亲临暑期讲演会，日本及各国、各省信佛士女光临世界佛教联合会。这些盛况，让大林寺一度名闻海外，对“牯岭特区”的基督信仰造成一种冲击之势：

---

① 《太虚大师自传》，见《太虚大师全集》卷三十一，宗教文化出版社 2005 年版，第 249—256 页。

② 《大林寺募修佛殿法堂序》，见《太虚大师全书》，第 1093—1095 页。

讲演开始，自然我讲的次数最多，汤用彤讲了一次，黄季刚讲了一次，张仲如亦讲多次。……华洋的基督徒，尤大生惊异，讲时每结群来伺察，平时多有提问难的。头一二年，讲堂上也没装塑佛像，完全是黑板讲台的一个新式讲堂。但有一天，讲桌上供了一尊数寸高的佛像，有一洋人见了，便说："你们是偶像，不是真神！"我说："你们的真神照自己的样子造你们这些人，所以你们这些人的自身，便是你们的真神偶像！若不把你们自身灭掉，便灭不了偶像。"一些洋教徒为瞪目不能答！如此一类的问答，不时发生。一天……张仲如一人讲演，讲到基督教为天神教，不及佛教究竟，竟有青年会的基督徒十数人，群起哄堂质难。然也有虚衷研求的，渐渐改变态度。

到十三年暑假，我偕武汉僧俗佛徒数十人上山，筹备六月十一到十七开联合会七天，大引起洋教徒妒忌。一天，有一地位很高的洋教师率教徒数人到寺，自云到中国已二十八年，确见中国的佛、儒、道教都是死的，只有基督是活的，所以你们应改信基督，不可信佛。寺中职员虽据理种种辩论，但他一概不听，只将中国都是死的一句来抹煞。我见他蛮不讲理，乃出众突问道："你怎样知道中国都是死的。"他仍说："我在中国已二十八年，所以知道都是死的。"我大笑道："你只二十八年，那里能够知道！我在中国三万年了，尚不知道哩。"他跳起来道："怎么？你在中国三万年了！"我笑道："不错，你们的上帝没有造世界，我就在中国了！但你们的耶稣早钉死在十字架，我仍在中国，你看是谁死谁活？"他惊愕得起身出门，一路说你们不讲理而去。我笑应着，请你自己想想到底谁先不讲理。但从此，便没有洋教徒敢来噜苏了。庐山的佛化，就这样披荆斩棘地开辟出来。①

"真神"与"偶像"的辩难、武力的冲突、文化的抗争，都是为了打破"牯岭文化"一统庐山的局面。太虚大师等人通过兴复大林寺、举办暑期讲演会与世界佛教联合会的形式，使得民国时期庐山佛教文化、似乎重又兴盛起来：

上大林寺……历代均有废兴。民十二年时，曾开世界佛学联合会于此。十四年，再购地建精舍。十八年，又建大林莲社。二十一年，太虚来山讲经，后并兼任住持，骎骎有复兴景象。佛教会亦以此为办公地址。二十四年，新修大佛殿竣工，颇具轮奂之美。②

当然，这一时期庐山文化的复兴趋势，主要表现为国民政府主导的"三民主义"文化建设。民国十五年(1926)冬，"国民政府各委员及革命军领袖由南昌赴牯岭召开第一次'庐山会议'"③，使庐山成为国民政府的临时政治中心。民国十六年(1927)，汉口、九江英租界收回；同年八月，"牯岭特区"内的警察权收归庐山警察局。④ 历经"宁汉合流"与"四·一二政变"，蒋介石(1887—1975)逐渐成为南京国民政府的首领。民国二十一年(1932)六月十日，蒋介石赴汉口指挥"剿共"，经过浔阳而转上庐山，驻节牯

① 《太虚大师自传》，见《太虚大师全集》卷三十一，第249—256页。
② (民国)吴宗慈：《庐山续志稿》卷二"山川胜迹"，第30页。
③ (民国)吴宗慈：《庐山续志稿》卷首"绪论"，第3页。
④ (民国)吴宗慈：《庐山志·山政》，胡注本，第431页。

岭。自此,庐山成为国民政府首脑的常驻之地:[①]

> 庐山……至清光绪十一年,乃有英人李德立牯岭之辟建,宗教人文,异军突起,欧西文化,渗入此山,骎骎乎后来居上。再历五十年,外人在牯岭租借地,经陆续交涉收回。近年以来,国府主席林、蒋二公,暑期驻节庐山。蒋公始于民国二十二年,海会寺办"军官训练团",嗣在山南北兴学练军饬政,壁垒一新,"三民主义"之文化,崭新特立。……牯岭者,庐山之一峰也,自李德立开启山林,数十年来,易灌莽为华屋,其功自不可没。然市政建树,则未遑逮。迄租借地收回,在本国治权管理下,于道路通讯电灯自来水等新建设……次第进行……蒋公莅兹山后,内政外交,辐辏咸集,蔚为全国军事政治之中心,牯岭一隅,乃有暑都、夏都等称号,"三民主义"之文化,遂益趋于发扬光大。[②]

蒋介石在庐山先后组织了各种暑期训练班,培训人员从军界、政界到学界,其中尤以"庐山军官训练团"(以下简称"军训团")最为著名。在蒋介石的"训令"中,对该团创办的原因、目的及培训人员有明确说明:

> 土匪盘踞赣南,日形猖獗,迭经痛剿未著特效。推厥原因,实由各部队中、初级军官之"武德"、"武学"尚欠深造所致。亟应严格训练。注入剿匪特要之学术科,以增进剿匪之效能。兹在庐山设立"北路剿匪军军官训练团",分别召集各

① (民国)吴宗慈:《庐山续志稿》卷首"绪论",第30—64页。

② (民国)吴宗慈:《庐山续志稿》卷首"绪论",第1—2页。

部队之中初级军官、赴该团训练。并制定该团章程，随令颁发……于七月十三日齐集庐山，听侯开学。[①]

民国二十二年(1933)七月，“军训团”正式开办，以海会寺为基地，至九月，共创办三期，培训中下级军官上万人(详见下表6—2)。

为了配合“军训团”，于该年八月开办“党政人员训练所”：

鉴于“三分军事七分政治”之主旨，复创办“党政人员训练所”于庐山。……于八月八日开学，调训各级党部与政训处党政人员，予以精神训练，使与军官训练团之训练两相配合。其训练地点，在星子县。八月十四日委员长曾亲赴星子训练所致训，至九月八日行毕业典礼时，再度前往致训。[②]

同年九月，在星子县创办了“合作人员训练班”；民国二十四年(1935)夏，在星子县开办了“暑期县长训练班”。民国二十六年(1937)度，庐山各种暑期训练班分期举办，从中小学校长，到各县干事，到军训教育官、政训教育官、党务人员、童子军干事等各类基层人员，都陆续被抽调上庐山受训。关于上述各训练团(班)名称、时间、人员及人数，详见下表：

---

① (民国)吴宗慈:《庐山续志稿》卷三“山政”，第3页。

② (民国)吴宗慈:《庐山续志稿》卷三“山政”，第8页。

表6-2:“庐山训练团(班)”简表

训练团(班)名称	起止时间	培训人员、人数及地点		
庐山军官训练团(共三期,1933年)	7月18日—8月4日	1920人	下级军官	海会寺
	8月10日—8月27日	2517人		
	9月3日—9月18日	3241人		
党政人员训练所	1933年8月8日—9月8日	各级党部与政训处党政人员		星子县
合作人员训练班	1933年9月20日始	合作人员		
暑期县长训练班	1935年6月28日始	鄂赣豫闽皖五省现任县长之半数		
暑期各县干事训练班	1937年7月—9月	军官、县长、军训教育官、政训教官、党务人员、中学校长、新运会职员、童子军干部等共14000人		
全国中学校长暑期训练班之拟办	1937年7月1日,计划六周	因抗战中止		
中国童子军夏令营	1937年7月17—7月22日	童子军团长30人		庐山牯岭
三民主义青年团庐山夏令营	1946年7月20日始	青年军士兵代表、各大学直属团代表、团员、各地区工作者		

(注:此表根据吴宗慈《庐山续志稿》卷三·山政,第3册,第2—10页、19—22页制作。)

在民国三十五年(1946)七月二十日“三民主义青年团庐山夏令营”开幕典礼上,蒋介石曾论及上述暑期训练团(班、所)的起因、目的及效果:

自九·一八事变以后,我们中国天灾人祸连年不断,内忧外患,交迫而来。迨民国二十一年,国家民族的危机,达于极点。其时,国内人士,大多数对民族复兴的前途和革命事业的成功,都丧失了自信心。以为国家危机,已无可拯救。正当这样国家存亡危机、人心萎靡不振的时候,我们就在民国二十二年夏季,创办"庐山训练团",从此每年一次,召集军政干部,研究国民革命的形势,讨论对外对内的大政方针,励志养气,自强不息,准备自国内外一切反动侵略势力,以及假革命反革命者总决斗。最后,到了民国二十六年暑期,日寇侵略中国,日甚一日,逼迫我们走到最后关头,忍无可忍,乃决定对日发动全面抗战,于是本党领导军民,集中力量,再接再厉,愈挫愈奋,苦战八年,到了今天,卒能达到驱除敌寇,光复国土的目的。可以说这胜利,都是从"庐山训练团"五年暑期训练所获得的效果。这五年庐山暑期训练,可以说是我们中华民族起死回生转危为安的唯一枢机,这种伟大的历史意义,是我们一般青年子弟不可不知的。[①]

在经历八年艰苦抗战之后,重新回到庐山,蒋介石希望继续延续"庐山训练团",争取达到国家的统一、民族的强盛。这是他在训词中所要传达的主要精神。

"庐山训练团(班)"的举办,造成频繁的人员流动。为了解决流动人员的食宿、办公、议会、文化、教育、娱乐等问题,规划和建设了以山南"海会寺"为中心的一系列建筑,同时在牯岭形成了"庐山图书馆""传习学舍"与"大礼堂"三大建筑:

---

① (民国)吴宗慈:《庐山续志稿》卷三"山政",第3册第20页。

> 海会寺……山南五大丛林之一也。创建于明代，清咸丰时兵燹毁，其后，僧至善重建。寺在五老峰下，背五老峰，面潘湖，距牯岭三十五里。……民二十二年，国民政府军事委员会委员长蒋公于此开办军官训练团，团本部即设寺内，并兴造营房。二十四年，完成大礼堂、大会场、委员长官邸、办公厅处、教室、仓库、运动场、游泳池，以至学员宿舍等。其时，国家银行及中国旅行社，均于此设有办事处，训练规模之宏大可知也。历年继续举办，至二十六年，八·一三抗战全国开始动员，委员长下令全体学员总归队，训练乃停止。[①]

为了便于蒋介石及相关将领随时督促“军训团”的活动，专门修筑了牯岭经含鄱口至海会寺的大道“中正路”。[②] 同时，为了保卫受训人员安全、有序、有效地训练，相继修筑了九星公路、星德公路、九莲公路、濂溪公路与太平公路，与南浔铁路相连接，组成环绕庐山的交通网。[③] 如上一系列的规划、设计与建筑，聚焦在以“庐山图书馆”为中心“庐山三大建筑”上：

> “庐山图书馆”创议于民国二十二年暑期，其时蒋委员长正在庐山创办“军官训练团”，因鉴于庐山为中外人士游览胜地，避暑佳境，亟应创建“庐山图书馆”，借以供给避暑者及游人以精神食粮。兼以庐山训练，对于“庐山图书馆”更有密切需要，乃指示……迅速筹办。……二十三年八月开工，至二

① （民国）吴宗慈：《庐山续志稿》卷二“山川胜迹”，第47页。

② （民国）吴宗慈：《庐山续志稿》卷一“地域·道路”，第16页。

③ （民国）吴宗慈：《庐山续志稿》卷一“地域·道路”，第14页。

十四年七月，全部房屋工程连同自来水及卫生设备，同时竣工。[①]

“庐山传习学舍”与“大礼堂”，系二十六年“中央党部”所修建……费资七十万左右。“传习学舍”……全部均用钢骨水泥筑成，与庐山一般洋房，均用石块者不同。内部装置，如暖气、电灯、漱口池等，一应俱备。楼计六层，全部可容千二百人，每室二十人至四十人不等。卧室之左右，则为洗畲室，均按卧室之人数分配，此外有教室办公室等。“大礼堂”则为宫殿式、覆琉璃瓦，内分二层，下作膳厅，上为礼堂，可容千数百人，并可放映电影，一切设备极完善。此两大建筑在牯岭之河东路、“图书馆”两旁。……在抗战以前，系“庐山训练团”之一部分团址。民二十六年七月至八月间，两期高级将领与大中学校长训导主任之训练，均在此举行。七七事变既起，委员长蒋公“牺牲不到最后关头，决不轻言牺牲，和平非到完全绝望，决不放弃和平”与“一经抗战，便牺牲到底，决不再求妥协”的历史性之名言，即在此间所发表。……“三民主义青年团”又在此地举办“夏令营”，并举行“第二届全国代表大会”。[②]

集中建于牯岭的“庐山图书馆”“庐山传习学舍”“庐山大礼堂”，号称“庐山三大建筑”。无论从其创建初衷与目的，还是从其建筑规划与设计，都让我们看到了对“李德立模式”的学习、模仿和改造。在民国二十五年（1936）“牯岭特区”收回后，改造的趋势更趋明显。

---

① （民国）吴宗慈：《庐山续志稿》卷三“山政”，第39—50页。

② （民国）吴宗慈：《庐山续志稿》卷三“山政”，第14页。

"牯岭租借地"的回归,经历了一个漫长的过程。民国十五年,北伐军克复长江一带后,收回牯岭部分警权。十八年,收回俄教堂租地芦林。二十二年,庐山管理局开始涉入"牯岭特区"。二十三年八月初,庐山管理局局长蒋志澄与英国驻汉英领事许立德,开始商讨交接"牯岭特区"的办法。二十四年十二月三十日,蒋志澄与英"驻汉总领事"默斯签订牯岭交接协议。[①] 民国二十五年(1936)元月一日,"牯岭租借地"正式收回,国民政府中央表示非常满意,决定每年拨十万元,作为庐山建设事业费。省政府自出拟具就收回之租借地,建立大规模"国家公园"计划,交由蒋志澄赴京向行政院报告收回情形,请求核定。[②] 然而,由于日军的全面侵华,打断了其改造的计划与步伐。战后,蒋介石政府虽然试图继续实施"夏都"营建计划,但随着国共内战的到来,最终只能把这一计划束之高阁,载入《庐山续志稿》等地方文献之中。

在晚清民国以来近五十年的中西文化博弈过程中,相继出现了"牯岭特区""莲谷新村""小天池新村""太乙村"等新式社区,催生了"大林寺的复兴"与"三民主义文化建设"等文化复兴计划。吴宗慈主持编纂《庐山志》与《庐山续志稿》,收入了这一时期形成的《牯岭开辟记》《庐山指南》、各种避暑日记与游记、各种碑刻与档案、公文等历史文献,让我们有可能重温这段历史,反思国人在中西文化博弈中的不同对策。

---

① (民国)吴宗慈:《庐山续志稿》卷三"山政",第 30 页。

② (民国)吴宗慈:《庐山续志稿》卷三"山政",第 36 页。

第六章

结语

全书通过对庐山七种历史文献的深度解读，探讨地方文献与文化建构的互动关系。在结束全书之前，试就庐山文献系统的形成、庐山多元文化的建构及庐山文献与文化景观遗产等问题，总结全书的基本论点，并对相关理论问题略述己见。

第一节　庐山文献系统的形成

在庐山历史上，形成了相当庞杂的文献系统，其中既有山志、书院志、寺院道观志、府县志、旅游指南等文献汇编，又有摩崖石刻、游记、诗文等原始资料。这些体例不同、内容各异的历史文献，都是与一定时期的文化活动相联系的，共同构成了庐山文化的历史记忆。换句话说，庐山历史上的佛教、道教、儒教及王朝政治和殖民文化，造就了不同历史时期的庐山文献，建构了庐山文献的庞杂系统。

自安世高"度化庐山神"，佛教文化曾经在庐山占据主导地位。"庐山慧远"承上启下，以东林寺为基地，糅合儒、道与民间信仰于一家，完成佛教"通俗化"与"本土化"的弘法使命。这一历史过程，造就了历代的各类佛典、志怪小说、民间弘法故事、碑刻及文人士大夫的诗词歌赋，诸如《高僧传》《出三藏记集》《慧远年谱》《大宋僧史略》《十八高贤传》《异苑》《庐山远公话》《复东林寺碑》,以及唐宋时期的诸多诗文。北宋初期编纂的《庐山记》,不仅汇集了此前乃至同时代的众多庐山文献,更是对庐山近七百年的佛教文化史的系统总结。

慧远去世后,陆修静入住庐山,开启了庐山的道教文化史。他杂取庐山丰富的民间道教元素、儒家的纲常伦理以及佛教的“三业清静”思想,改造道教的教理教义与斋醮仪范,使其进入官方信仰体系。历经唐宋,在陆修静后继者的努力下,民间道教逐渐正统化与国家化。在庐山道教史上,形成了为书众多的道教文献,诸如《使者灵庙碑》《使者灵验记》《录异记》《稽神录》《奉安玉册记》《刘仙石记》,等等。宋元时期编纂的《庐山太平兴国宫采访真君事实》,汇集了庐山早期道教的传说、故事、景观、遗迹、碑刻、小说、宫记等历史资料,真实记录了庐山近六百年的道教文化发展史。

明太祖为了建构国家认同,在庐山丰厚的宗教文化的基础上,封庐山为“岳”,在天池寺奉祀亦佛亦道的“庐岳神”周颠,享受位同五岳的“爵禄与秩祀”。与此同时,为周颠立传、竖碑、建亭,创造了大量周颠尽忠报国的神话传说。明代的官僚、士绅与僧人,在庐山留下了各种游记、题刻、石劖、诗赋等历史文献,如李梦阳《天池寺歌》、王守仁《昨夜月明峰顶宿》、黄养正《重修天池寺碑》、天池寺僧《天池寺志》等。嘉靖年间编纂的《庐山纪事》,汇集了以周颠信仰为中心的历史资料,奠定了庐山作为政治文化名山的基调。

庐山的儒学文化,肇始于陶渊明,复兴于朱熹,再造于明清之际。在长达一千多年的庐山儒学史上,留下了非常丰富的历史遗迹与文献资料。尤其是白鹿洞书院保存的历代碑记、奏疏、诗赋、洞规、学规、讲义等历史文献,确立了庐山在理学文化中的正统地位。清康熙年间编纂的《白鹿书院志》,汇集了庐山的历代儒学文献,论证了庐山的理学传统。与此同时编纂的康熙《庐山志》与《庐山秀峰寺志》,同样是以“崇尚理学”为依归,通过建构儒僧、儒道的历史形象,印证了理学传统在庐山文化中的主导地位。

晚清以降,西学东渐,引发了中西文化的对话与博弈过程。西方传教士进入庐山,通过租地、划界、修路、开辟“牯岭特区”,传播西方的宗教与科技文化。国人在历经抵制之后,模仿创建了“莲谷新村”“小天池新村”与“太乙村”等新社区,引入了西式建筑与现代生活方式。与此同时,在庐山相继兴起了“大林寺的复兴”与“三民主义文化建设”,试图以现代观念改造中国的传统文化。民国时期编纂的《庐山志》与《续庐山志》,汇集了晚清以来的庐山历史文献,包括《牯岭开辟记》《庐山指南》、日记、游记、碑刻、档案及各种公私文书,记录与见证了这一历史转型过程。

庐山历史上曾经盛极一时的佛教文化、道教文化、儒教文化、基督教文化、政治文化等,如今大多已经仅存遗迹,或是已经湮灭无存。然而,我们可以通过解读现存的历史文献资料,重建与再现庐山文化史。当然,每一种历史文献都是由特定时代的特定人物编纂的,他们各有自己的主观意愿、自己的时代局限和自己的特殊机缘。因此,我们必须深入研究每一文本的编纂者、编纂过程,才有可能准确理解和解释其中隐含的历史文化过程。

第二节　庐山多元文化的建构

晚清名士郑观应(1842—1923)在游览庐山之余,赋有一首《游庐山》诗,综述庐山的多元文化景观,揭示其面临的困境。全诗如下：

匡庐之山高插天，千岩万壑浮云连。我来莲花洞口眠，濂溪墓在岩洞前。晨起策杖陟其巅，石迳崎岖级累千。蝉鸣鸟语皆管弦，夏无暑气多清泉。黄龙树大不计年，万山朝拱如参禅。谁昔禅室开西筵，桑门教衰鲜的传。竹影疑踪待有缘，火龙已化草芊芊。天池尚在寺成田，御碑文论周颠仙。入水不溺火不燃，亭上俯视山如拳。长江襟带在目前，女儿城畔逢婵娟。大雾时行望緲绵，大小校场广陌阡。天气飒爽草木妍，宜设书院居英贤。或筑精舍共谈元，他族逼处先着鞭。牯牛岭中多人烟，洋房百有三十椽。牧师计取何论钱，鹊巢鸠占宁偶然？[①]

莲花洞、濂溪墓、蝉鸣鸟语、参禅、桑门教、竹影、天池寺、御碑文、女儿城、大小校场、书院、精舍等，这些昔日的文化景观，究竟如何被牯牛岭、洋房、牧师所取代？面对西方文化侵入中国的大趋势，晚清、民国时期的知识界都在思考其由来。他们在亲临庐山的景观游览与文献阅读基础之上，试图通过重新理解与诠释这些景观与文献所承载的庐山文化，建构一种新的文化传统，达致与西方文化相抗衡的目的。

事实上，通过考察七种代表性文本在后世的流传与解读，我们可以看出，这种文化建构方式不仅仅是中国传统文化面临西方文化挑战之时才出现的，它贯穿于庐山多元文化结构形成的始终。换句话说，庐山多元文化结构是在“历代庐山文献不断地被

① 夏东元主编：《郑观应集》，第1315页。

重新解读、被重新理解”的过程中建构起来的。

庐山最早的志书《庐山记》，自北宋初年编纂出版以来，经历了相当复杂的流传过程。其文本功能，由最初的游览庐山指南，变为编写庐山地方文献（更多的是道教文献与佛教文献）的资料库，或者是成为文献考证、校勘的资料库。其核心内容“慧远传说”，在两宋时期曾被僧俗两界广为传诵，内容日益丰满，各种由传说转化而来的寺庙建筑与景观空前繁盛。元初，佛教进入了新的发展高潮，“慧远传说”成为兴复东林寺各种建筑与景观的历史依据。明代推崇“周颠信仰”之后，“慧远传说”开始遭受质疑与解构，由传说转化而来的寺庙建筑与景观亦渐趋败落。至崇祯朝，地方官绅重拾“慧远传说”，重建东林寺殿。明末清初，随着“经世致用”思想之兴起，“慧远传说”经历了全面解构，由传说转化而来的寺庙建筑与景观，至道光时期已荡然无存。晚清民国时期，佛教一度复兴，东林寺殿得到一定程度的修复。从日本影印归国的完本《庐山记》，却又成为新时代重构慧远佛教的可靠依据。

自南宋叶义问编纂《采访真君事实》以来，历经宋、元、明初住宫道士的不断增补，其文本内容与版本最终定格于明初。其文本功能，由最初的国家道教科仪书，发展为一部庐山地方宫观志书，成为历代编写庐山地方文献（更多的是山志文献）的资料库。文本塑造的“九天采访使者”，原为宋、元王朝的国家守护神，太平兴国宫因之“穷壮极丽”。至明代嘉靖以来，这位国家神逐渐被江西地方神许真君所取代，“九天采访使者”神话备受质疑与解构，其宫观建筑与景观亦渐趋败落。明清之际，在战乱与异族统治者“崇尚理学”的冲击下，太平兴国宫从建筑到景观一片破败。晚清民国时期，在西方文化与日军武力侵入之下，太平兴国宫仅剩一件被庐山旅游指南编纂者刻上“Moorish 式建筑”标签的婆媳塔。

明嘉靖年间编纂的《庐山纪事》,其编纂体例及保存其记录时代政治内容的特色,一直为此后的志书所沿用。其神化皇权的核心内容“周颠信仰”,曾经造就了庐山山北“天池寺—御碑亭”一线繁荣的政治景观,成为各级地方官绅朝拜的政治圣地。至万历年间,随着明王朝统治的日益腐朽,周颠神话开始遭受质疑,“天池寺—御碑亭”一线的政治景观日益残破。明清易代,康熙帝及地方官绅围绕白鹿洞书院、秀峰寺与木瓜洞,致力于在庐山山南建构以儒学为核心的国家认同,供奉周颠的“庐岳祠”沦于废弃之境,“天池寺—御碑亭”一线的政治景观逐渐被庐山山南“白鹿洞书院—秀峰寺—木瓜洞”一线的儒学景观所取代。晚清民国时期,面对西方文化与日军武力的侵入,周颠信仰或成为愚弄百姓而导致国家落后的罪魁而被唾弃,或成为国家统一的符号而被人怀念。

康熙朝编纂的《白鹿书院志》、康熙《庐山志》与《庐山秀峰寺志》,清朝不断有版片的补刊。至民国时期,庐山发生了翻天覆地的变化,直接导致康熙《庐山志》被民国《庐山志》所取代。把三部志书建立起联系的是其核心内容“理学”,它们成就了康熙朝以来庐山山南“白鹿洞书院—秀峰寺—木瓜洞”一线儒学景观的繁盛,成为各级地方官绅蜂拥朝拜的理学圣地。终清一朝,木瓜洞昙花一现,秀峰寺经历了一个从热闹非凡到趋于寂寥,直至被归宗寺代替的短暂过程。白鹿洞书院始终成为“崇尚理学”的一面旗帜而存在着。晚清民国之际,面对西方文化的强势侵入,理学成为愚弄百姓而导致国家落后的罪魁而被质疑,白鹿洞书院一度成为新式学堂改造之场所,而日军的全面侵华打破了这一改造趋势。

吴宗慈编纂的《庐山志》，自民国年间出版以来，至今影响深远，有续志《庐山续志稿》与1996年胡迎建点校本的出版。其记录“牯岭特区”形成始末的“山政”一纲的内容，集中展现了中西文化博弈的过程。面对西方文化的强势侵入，以太虚大师、吴宗慈、蒋介石等为代表的宗教界、文化界与军界、政界人物试图通过重新理解与诠释庐山传统文化，在糅合西方先进文化的基础上，重新建构一种新的文化传统，从而达致民族自立与自强。

《庐山记》存世近千年，《采访真君事实》近九百年，《庐山纪事》近五百年，《白鹿书院志》，康熙《庐山志》，《庐山秀峰寺志》近三百年，民国《庐山志》近百年，它们都有着数百甚至上千年的流传史。这些历史文献的存世，为我们保存了最初的文化记忆，让我们不断地可以想起庐山曾经有过佛教，有过道教，有过王朝政治，有过儒教，有过基督教。与此同时，后人对这些文本及文本所载文化的重新解读与利用，又可以说是庐山多元文化不断建构的过程。

两宋时期成书的《庐山记》与《采访真君事实》，成为东林寺与太平兴国宫维修与扩建的文本基础，其承载的佛、道文化为此一时期官僚仕宦游览庐山的必备指南。至明初，汇合庐山佛、道文化精华的周颠，成为明朝统治在庐山的政治象征。与此同时，《庐山记》与《采访真君事实》文本都开始遭受卷目分析与散失，其所承载的慧远传说与九天采访使者神话亦开始遭受质疑，东林寺建筑与景观日显破败，太平兴国宫主神改祀许真君。《庐山纪事》如实记录了这一过程，成为明中叶以来官僚仕宦游览、朝拜周颠信仰的指南。至晚明，随着王朝统治日益腐朽，周颠信仰开始遭受挑战，部分传统官僚试图重拾慧远传说记忆、重振佛教以拯救行将没落的王朝统治，而具有民主思想的读书士子在质疑与解构周颠传说的同时,对慧远传说亦给予全面解构。清初,在进一步解构周颠信仰与慧远传说的同时,从帝王到官绅共同致力于重塑南宋朱熹兴复以来的白鹿洞书院,崇尚朱子理学。颇受质疑的慧远佛教与早已没落的太平宫道教纷纷与儒学挂钩,而成就秀峰寺与木瓜洞的异军突起,与白鹿洞书院一起,代替周颠信仰,成为清朝统治在庐山的政治象征。《白鹿书院志》、康熙《庐山志》与《庐山秀峰寺志》如实记录了这一过程,成为康熙朝以来官僚仕宦、道士与僧侣崇尚与游观理学文化的指南。晚清民国以来,王朝统治日益腐朽,西方文化强势进入。中国陷入列强瓜分与军阀割据、混战局面。面对庐山"牯岭特区"展现出来的西方先进文化与现代科技,代表王朝统治的周颠信仰与朱子理学成为中国落后的罪魁而遭受质疑,太平兴国宫仅剩的婆媳塔被庐山旅游指南的编纂者刻上 Moorish 式建筑的标签,慧远佛教被一批接受西学的知识分子寄予抵制基督教文化以强国的厚望,民国《庐山志》如实记录了这一过程。文本编成后,成为民国以来官僚、政客、接受西学的现代知识分子及普通百姓向往与游览西方文化的指南。随着日军的全面侵华,庐山所有儒、释、道及王朝政治与基督教文化景观都遭受了重创,周颠成为重构太平世界的美好记忆而重被提起,儒学成为拯救日益支离破碎中国现状的根基而被怀念,蒋介石试图以糅合了中国儒、释、道传统与"牯岭特区"文化为一体的"三民主义文化"重建国家正统,国共内战结束了这一切,《庐山续志稿》如实记录了这一过程。

与本章第一节所述文化建构文本而言,在上述后人对《庐山记》等文本的解读与利用过程中,我们看到更多的是,文献对文化建构的意义。它们或是因为不符合新篇,而被质疑与解构;或是成为后世重构记忆的工具与手段;或是被重新解释,整合到新的文化因子里，使其成为一个有机整体。

从东林寺，到太平兴国宫，到天池寺—御碑亭一线，到白鹿洞书院、秀峰寺、木瓜洞，直至“牯岭特区”，历经唐、宋、元、明、清，至民国，每个时代都有它辉煌的文化因子，两晋南北朝至两宋，是慧远佛教文化与承自民间道教而来的国家道教，明清时期是杂和儒、释、道于一体的国家正统，晚清民国时期是西方基督教文化。从时间层面来说，这是线性的、时间进程性的庐山文化，是庐山文献系统形成的基石。大部分研究者所关注到的正是这一层面的庐山文化。

然而，这些层层积累下来的断代的、片段的庐山文化，并不是转瞬即逝的，它们已经变成了庐山多元文化的有机组成部分。庐山历史上的多元文化，正是在后人不断重新定义与解释的过程中建构起来的。

第三节　庐山文献与文化景观遗产

自从庐山被列入世界文化景观遗产以来，学术界及相关部门就一直在酝酿着如何打造庐山这块“世界文化遗产”招牌，江西旅游局一度提出了“江西旅游打庐山牌，庐山旅游打文化牌”的口号。然而，究竟应该如何打造庐山“文化牌”？至今尚未形成明确的思路。或许是由于时代较近、文献易得、文字易懂及文化易理解等因素，晚清民国以来外国传教士在庐山开发的以牯岭为中心的历史及景观，成为大部分研究者及国内外游客关注的主要对象，而庐山东南麓、西北麓的东林寺、太平兴国宫、御碑亭、白鹿洞书院、秀峰等汇集了自唐宋至明清以来文化积淀的诸多文化景观，因时代的阻隔及文献、文字与文化的隔膜，成为研究与旅游的

"冷点",往往被研究者与游客绕过和忽视掉。[①] 我们现在看到的庐山"文化牌",似乎始终是一张残缺的、本末倒置的品牌。

"品牌定位不是去塑造新奇的东西,而是去操纵已存在心中的东西,去重新结合已存在的联结关系。"[②]原来没有而无中生有,有一种言而无据的尴尬;原来有而无法言说,却是另一种欲说不能的无奈。面对具有深厚文化底蕴的庐山,研究者的当务之急是如何操纵那些延续千年的文化积淀,使之重新联结起来,打造出完整而亮丽的庐山"文化牌"。在这方面,庐山文献研究是不可或缺的学术资源和文化建构策略。

> 在这些文献所叙述的事情的基础上——有时是只言片语——重建这曾经是文献的来源,而今天却远远地消失在文献背后的过去。[③]

"文献背后的过去"有着丰富的内涵,它包括文献创作之前数百甚至上千年的文化呈现:建筑、景观、遗迹、故址、礼仪、制度及相关文献,还包括文献创作的时代背景及编纂者的创作立场与知识结构,进一步还包括文献数百甚至上千年的流传史中,后世对它的重新定义与解释。

面对庐山丰富的文献资源,历史研究者不仅需要对各种文本作诸如版本、校勘、目录、注释、考证、辨伪、辑佚等传统文献学范

---

① 详情参见卢娜:《世界遗产视野下的庐山文化景观解读及旅游意义》,2011 年 5 月四川师范大学旅游管理硕士论文,第 88 页。

② 李蕾蕾:《旅游地形象策划:理论与实务》,广东旅游出版社 2004 年版,第 114 页。

③ (法)米歇尔 · 福柯著,谢强、马月译:《知识考古学》,三联书店 2003 年版,第 6 页。

畴的研究工作[①]，而且应该思考如何对它们进行区分、重组、划分层次、建立序列、从不合理的因素中提炼出合理的因素、测定各种成分、确定各种单位、描述各种关系，通过还原文献的历史，揭示蕴藏于不同文化景观单体之间的庐山文化的建构过程，进一步进行文化再创造。

具体到庐山文献研究中，如陈舜俞的《庐山记》。我们可以吸收已有的以“文献分析技术”为基本研究方法的研究成果，考证它的作者、卷目与版本，也要借助于这些技术考索《庐山记》版本的种类、文字的差异、卷目的多少、版本的精良等方面的内容，但这还只是研究工作的起步。在进一步的研究工作中，我们还要考证陈舜俞的生平和知识结构、《庐山记》的资料来源和创作背景。这就需要借助于我们对宋史、佛教史、道教史、儒学史的宏观认识，才能够清晰的判断出《庐山记》为什么会编成这个样子？它为什么会花大量篇幅去记录东林寺与慧远？为什么热衷于去讲与慧远有关的“神运殿”“虎溪三笑”之类的传说与故事？在明白了这些问题后，我们就找出了《庐山记》的内容特征，也即是它的时代性。接着，我们要考察《庐山记》讲述的慧远传说与故事在后世发生了什么样的变化？它们是如何被解读的？不同的解读背后隐含着什么样的时代特征、反映着不同文化元素之间的变化？要解

---

① 此类研究成果颇多。如：龚志强《山志编纂与古代庐山旅游活动》，《江西社会科学》，2013 年第 5 期；虞万里《陈舜俞〈庐山记〉卷帙辨证》，《中国典籍与文化》，2012 第 1 期；李勤合《陈舜俞〈庐山记〉版本述略》，《图书馆杂志》，2010 年第 10 期，陶勇清《庐山历代石刻》，江西美术出版社 2010 年版；滑红彬：《〈庐山志〉所载佛教人物辨误》，《九江学院学报（哲学社会科学版）》，2010 年第 4 期；项楚《〈庐山远公话〉新校》，《中国文化》，2001 年 11 月；李才栋《〈白鹿洞书院志〉考述》，《江西社会科学》，1999 年第 9 期；李科友《白鹿洞书院明至民国重建维修碑记综述》，《南方文物》，1998 年第 2 期；伍常安《历代江西山志述要》，《文献》，1991 年第 2 期。

答这些问题，需要我们对宋、元、明、清、民国等不同时期的大历史背景与文化元素的变化有宏观把握，才能明白为什么两宋时期的士大夫与僧人热衷于对慧远传说进行重述与扩充、明代为什么开始对其进行质疑、明末清初为什么开始进行全面解构。伴随着这种内容解读的变化，由传说转化而来的各种建筑景观由繁盛到倍受冷落，再到全面败落。通过如上三个研究步骤，我们不仅看到了“慧远的东林，代表中国‘佛教化’和佛教中国化的大趋势”，而且看到了庐山佛教文化与儒、道、王朝政治、西方殖民文化的相互竞争及变化过程。

在这样一个研究过程中，文献始终是我们联结与解读各文化景观单体的最终依据。作为代表庐山佛教文化景观个体存在着的东林寺，若要解读出蕴含其中的反映魏晋南北朝、唐宋时期的政治、经济和意识形态的整体意义，我们最可靠的依据是产生于那个时代的文献，诸如《庐山远公话》之类的民间话本、《复东林寺碑》之类的碑刻、《高僧传》之类的佛教典籍及唐宋时期士人的庐山游记，等等。从这些文献中，我们可以把前述研究者列入不同类别的、孤立的文化景观单体——诸如东林寺、西林寺、远公塔、慧永塔、东林寺碑刻、三笑亭、远公讲经台、虎溪桥、聪明泉、卓锡泉、虎跑泉、出木池、白莲池、杏林、文殊金像、莲花漏、虎溪三笑、佛教、慧远、陶渊明、谢灵运、陆修静等①——建立起某种联系。陈舜俞完成了这一联结，《庐山记》成为唐宋以来文化再创造的总结性文本。这一文本在后世的流传与解读，充分反映在神化皇权的《庐山纪事》、崇尚理学的《白鹿书院志》与康熙《庐山志》及接受

① 参见胡海胜：《文化景观变迁理念与实证研究》，中国林业出版社 2011 年版，第 148—151 页。

西学的民国《庐山志》等文本之中,《庐山记》时代的佛教文化景观在王朝政治、儒学与基督教文化盛行的不同时期,或遭受质疑,或废弃,或整合重建,或荡然无存。由此,东林寺作为单体的文化景观,它与其他景观之间的关联,与那些遗失了的景观之间的关系,与它所生存时代的政治、经济和意识形态之间的意义,就是在《庐山记》及其相关文献的生产、流传与使用过程的解读中得以揭示。依此类推,代表庐山道教文化的太平兴国宫、王朝政治的天池寺与御碑亭、儒家文化的白鹿洞书院、秀峰寺与木瓜洞及西方殖民文化的"牯岭特区"等其他景观个体意义的揭示也可在《采访真君事实》《庐山纪事》《白鹿书院志》,康熙《庐山志》《庐山秀峰寺志》及民国《庐山志》等文本及与其相关文献的生产、流传与使用过程的解读中全面揭示。

由此,通过"重建历代庐山文献的过去",我们可以逐步建立佛教文化、道教文化、王朝政治、儒学文化与西方殖民文化等多种文化元素之间的关联性。更进一步,我们还可以将现存四百多个文化景观单体、景观背后蕴藏的社会象征意义以及现存景观与那些遗失了的景观之间建立起联系。在这种建立联系的过程中,融文化、自然与景观为一体的整体的、连续的与融合的庐山文化即揭示出来。概而言之,困扰庐山申遗专家与研究者的庐山文化景观的相互演替及关联性——即庐山文化景观遗产所具有的"突出普遍价值"——的揭示,可以通过"重建历代庐山文献的过去",将文献记录的一重重的过去转变成重大遗迹,构成一个有机整体,进行文化再创造。庐山文献之于庐山文化景观遗产的意义即在于此。

继庐山之后,五台山成为中国第二个先申报世界自然与文化混合遗产,而后被列入世界文化景观遗产的景观遗产名录。由于对文化景观的概念和价值没有清晰的认识,这些文化景观遗产在申遗过程中未能进入国家的提名议程,因而进入预备名单。在对文化景观理论、概念与价值梳理清晰之后,申遗专家及研究者发现,中国不但不乏此类遗产,而且非常丰富。甚至先前列入文化遗产或混合遗产之列的其他遗产,都可归入此类。面对如此丰富的文化景观遗产,摆在申遗专家与研究者面前现实而又具体的问题是:我们该如何撰写申遗文本?如何展示各文化景观遗产的不同面向?通过对庐山历史文献与庐山文化景观的深入探讨,或可为今后的此类研究提供有益的借鉴。

世界遗产组织的保护对象,从自然遗产与文化遗产增加到自然与文化混合遗产,再增加到文化景观遗产的过程,有力地证明了其保护理念与实践是不断发展、与时俱进的。1986 年和 1989 年,英国湖区两次申遗都遭受失败,原因在于其拥有的难与分割的历史文化渊源与自然乡村风光,致使其在世界遗产组织中无类可从。① 这一事件,直接催生了世界文化景观遗产的诞生。文化景观是一个西方词汇,它的理论基石是欧美的文化地理学。② 自其诞生之日至 2009 年的近十七年的时间里,中国一直处于一种被动接受状态。然而,文化景观遗产所突出强调的"人和自然之间长期而深刻的相互作用关系",却与中国哲学和文化中对于人和自然关系的整体把握、对天人和谐关系的思考有某些不谋而合之处。由于"文化景观"本身是一个不断发展而难以界定的概念,对其定义、分类及标准的研究因地区、国家的差异而有不同。

① 参见韩锋:《世界遗产文化景观及其国际新动向》,《中国园林》,2007 年第 11 期。

② 参见韩锋:《文化景观——填补自然和文化之间的空白》,《中国园林》,2010 年第 9 期。

借助于对庐山及五台山等文化景观遗产的全面研究,有助于促成我国申遗工作的观念转变。在对文化景观遗产面向深度认识的基础上,主动影响世界遗产保护,使其成为中西融合的遗产标准。这种不断发展、与时俱进及包容性,也正是世界遗产组织自诞生存在至今的魅力所在。

附 录

附录一:《庐山记》文献系统

前三卷引用书目或诗文

《史记》《汉书》《水经注》《庐山略记》《豫章旧志》《寻阳记》《郡国志》《晋书》《伏滔游山序》《王彪之山赋叙》《孙放山赋》《宋支昙谛赋》《梁元帝序》,李白《下寻阳城泛彭蠡》,张正见《湓城诗》《神仙传》《高僧传》《录异记》《使者祥验记》《张灵官记》,李泚《使者灵庙碑》,李邕《复东林寺碑》,崔黯《复东林寺碑》,李肇《东林寺经藏碑》《唐史》,荆楚之谣、《匡山集》《五杉集》《九江录》,谢灵运《望诸峤诗》,谢灵运《望石门》,李讷《东林寺舍利塔铭》《法华资圣院碑》,欧阳询《西林道场碑》,虞世南《复宝林寺记》,贯休《题东林寺四首》,李卫公《匡庐赋》,白居易《游大林寺诗并序》,孟浩然《晚泊浔阳望庐山》,韩愈《题西林寺故萧郎中旧堂》,《茶经》,康王观碑刻、《南史》《晋书》《寻阳记》《景德传灯录》,宋涣《祥符观碑》《望庐山瀑布》《庐山谣》《高僧传》《道书真诰》《太平寰宇记》《搜神记》《宋史》《庐山集》《送李女真归庐山》,张景《莲花峰诗》,刘删《登庐山》,张祜《简寂观诗》,徐凝《瀑布》,刘禹锡《登清辉馆》,张弘《道门灵验记》,苏轼《李氏山房藏书记》,杨衡《宿青牛谷诗》,韩熙载《先天观碑》《宋史》《晋史》《高僧传》。

卷四:古人留题篇

《游庐山》四首(慧远、刘遗民、王乔之、张野),《入彭蠡湖口作》《望石门》《登石门最高顶》(谢灵运三首),《登庐山》(鲍昭),《从冠军建平王登香炉峰》(江淹),《东林寺》(刘孝绰),《问简寂观》《秋晚还彭泽》《还彭泽山中早发》(张正见三首),《登庐山》(刘删),《游东林寺》(崔融),《晚泊寻阳望庐山》《彭蠡湖中望庐山》(孟浩然二首),《庐山谣寄卢侍御虚舟》《别东林寺僧》《庐山瀑布水》《望庐山瀑布水》《望庐山五老峰》《送李女真腾空归庐山》《送内寻腾空》(李白七首),《瀑布》(宣宗皇帝),《栗里》(颜真卿),《简寂观》(张祜),《春日观省属城始憩东西林精舍》《题从侄绪西林精舍书斋》《题郑侍御遗爱草堂》《简寂观西涧瀑布下作》《寻简寂观瀑布》(韦应物五首),《简寂观》(秦韬玉),《瀑布》(陆蟾),《翻经台》(包吉),《题西林寺萧郎台堂》(韩愈),《瀑布》(徐凝),《访陶公旧宅并序》《春游二林寺》《游石门涧》《题元十八溪亭》《香炉峰下新置草堂即事咏怀题于石》《登香炉峰顶》《宿简寂观》《宿西林寺》《宿西林寺早赴东林满上人之会因寄崔二十二员外》《题庐山山下汤泉》《上香炉峰》《香炉峰下山居堂初成偶题东壁》《戏赠李十三判官》《携诸山客同上香炉峰遇雨而还沾濡狼藉互相笑谑题此解嘲》《读灵彻诗》《别草堂三绝句》《题别遗爱草堂兼呈李十使君(李方滞居庐山白鹿洞)》《草堂前新开一池养鱼种荷日有幽趣》《白云期黄石岩下作》《出山吟》(白居易二十首),《题远大师坟》《东林寺寄包侍郎》《题西林寺水堂奉寄武阳公》《简寂观》(僧灵彻四首),《五老峰大明观赠隐者》(姚系),《简寂观》(孙鲂),《宿青牛谷梁炼师仙居》《寄庐山隐者》(杨衡二首),

《瀑布》《简寂观二首》(江为三首),《去东林》(曹汾),《东林寺》(裴休),《和舍弟寄题东林寺》(裴谟),《简寂观》《再到东林寺》《瀑布》《望庐山》(沈彬四首),《题东林寺》(布衣周礎),《题东林寺四首》《怀西林寺诸道者》(禅月大师贯休五首),《题东林寺》《远公影堂》《简寂观》《落星寺》《西林水阁》《题东林寺联句》(荆门僧齐已六首),《题东林二首》《落星寺》(文通大师匡白)

卷五:古碑目与题名

李泚《使者灵庙碑》、潘观《使者灵验记》、徐铉《张灵官记》、章岷《胡则传》(太平观碑刻四通);孟拱辰《真人庙记》、倪少通《真人庙记》(太一观两通);李肇《东林寺经藏碑并序》、许尧佐《唐故东林寺律大德粲公碑铭(并序)》、谢灵运《慧远法师碑铭》、《宋佛驮跋陀罗禅师碑》、李讷《兀兀禅师碑》、李邕《东林寺碑并序》、张又新《碑阴记》、李演《东林寺远法师影堂碑(并序)》、许尧佐《唐故东林寺律大德熙怡大师碑铭(并序)》、刘轲《庐山东林寺故临坛大德塔铭并序》、白居易《唐庐山兴果寺律大德湊公塔碣铭并序》、侯高《唐故东林寺律大师石坟哀志铭并序》、刘轲《唐栖霞寺故大德玭律师碑并序》、白居易《东林寺白氏文集记》、刘轲《唐庐山东林寺故宝称大律师塔碑》、僧元楚《庐山东林寺观音方丈记》、白居易《唐抚州景云寺故律大德上弘和尚石塔碑铭并序》、柳公权《复东林寺碑铭》、蔡京《东林寺经藏碑阴记》、苗绅《故江西道观察使武阳公韦公写真赞》、苗绅《大唐庐山重建东林寺故禅大德公碑铭(并序)》、薛正己《广平公旧因纪》、倪匡明《庐山东林寺大师堂记》、余文贞《德化王于东林寺重置白氏文集记并序》、杨弼《弥勒菩萨上生殿记》、伊从道《上方禅师舍利塔记》(东林寺二十六通);欧阳询《西林寺道场碑文》、郑素卿《唐故庐山西林寺水阁院律大德齐郎和尚碑并序》(西林寺两通);沈璇《庐山简寂观碑》、于德晦《有唐庐山简寂观熊君尊师碣》、张崇《庐山简寂观重造大殿记》、陈觉《庐山简寂观新建石坛记》、吴筠《简寂先生陆君碑》、王路《庐山改修简寂灵宝并斋堂记》、徐宪《庐山简寂观修石路记》、李德裕《简寂观大孤山赋碑》(简寂观八通);冯延巳《大唐新建庐山开元禅院碑》、王沂《李氏书堂记》(开先寺两通)。唐永泰丙午(766)岁,颜真卿与殷亮、韦柏、尼贾鉴游东、西林寺题名碑;希远、懋赏大中十年(856)游西林寺题名碑;韦宙大中十二年(858)经东林寺题名碑,周勍、张自牧等从行;江州刺史陈辇乾符三年(876)与邓思齐、张崇题名碑;武义元年景迢题名碑;夏谦叨昇元二年留题;冯翊、严续保大七年留题;皇甫晖唐保大十一年(953)题记;王颜癸丑岁留题;黄延谦保大十五年题记;孙汉晖显德五年(958)九天使者庙题记。

注:本表根据民国二十二年(1933)上海仿古书局铅印版吴宗慈《庐山志》副刊之一《庐山记》制作而成。

附录二:《明太祖御制周颠仙人传》

颠人周姓者,自言南昌属郡建昌人也。年一十四岁,因患颠疾,父母无暇,常拘。于是颠入南昌,乞食于市,岁如常。颠如是更无他往。元至正间,失记何年,忽入抚州一次,未几,仍归南昌。有时施力于市户之家,日与俦人相杂,暮宿间阎之下。岁将三十余,俄有异词。凡新官到任,必谒见而诉之。其词曰:“告太平。”此异言也。何以见?当是时,元天下承平,将乱在迩,其颠者故发此言,乃曰:“异词。”

不数年,元天下乱,所在英雄据险,杀无宁日。其称伪汉陈友谅者,帅乌合之众以入南昌,其颠者无与语也。未几,朕亲帅舟师复取南昌,城降。朕抚民既定,归建业,于南昌东华门道左见男子一人拜于道旁。朕谓左右曰:“此何人也?”左右皆曰:“颠人。”朕三月归建业,颠者六月至。朕亲出督工,逢颠者来谒,谓颠曰:“此来为何?”对曰:“告太平。”如此者朝出则逢之,所告如前。或左或右,或前或后,务以此言为先。有时遥见以手入胸襟中,似乎讨物,以手置口中。问其故,乃曰:“虱子”。复谓曰:“几何?”对曰:“二三斗。”此等异言大概。知朕之不宁,当首见时,即言:“婆娘反。”又乡谈中常歌云:“世上甚么动得人心,只有胭脂胚粉动得婆娘嫂。”里人及问其故,对曰:“你只这般,只这般。”每每如此,及“告太平”。终日被此颠者所烦,特以烧酒醉之。畅饮弗醉,明日又来,仍以虱多为说。于是制新衣易彼之旧衣。新衣至,朕视颠者旧裙腰间藏三寸许菖蒲一茎,谓颠者曰:“此物何用?”对曰:“细嚼,饮水,腹无痛。”朕细嚼,水吞之。是后颠者日颠不已,命蒸之。初以巨缸覆之,令颠者居其内,以五尺围芦薪缘缸煅之。薪尽火消,揭缸而视之,俨然如故。是后复蒸之,以五尺围芦薪一束半,以缸覆颠者于内,周遭以火煅之。烟消火灭之后,揭缸而视之,俨然如故。又未几特以五尺围芦薪两束半,以缸覆颠者于内煅炼之。薪尽火消之后,揭缸视之,其烟凝于缸底若张绵状,颠者微以首撼撼,小水微出,即醒无恙。命寄食于蒋山寺,主僧领之。月余,主僧来告,颠者有异状,与沙弥争饭,遂怒不食,今半月矣。朕奇之。明日,命驾亲往询视之。至寺,遥见颠者来迓,步趋无艰,容无饥色,是其异也。因盛殽羞,同享于翠微亭。膳后,密谓主僧曰:“令颠者清斋一月,以视其能否。”主僧如朕命,防颠者于一室。朕每二日一问,问至二十三日,果不饮膳,是出凡人也。朕亲往以开之。诸军将士闻是,争取酒殽以供之。大饱弗纳,所饮食者尽出之。良久,召至,朕与共享食如前,纳之弗出。酒过且酣,先于朕归道旁侧道右边待朕至。及朕至，颠者以手画地成圈，指谓朕曰："你打破一桶，再做一桶。"发此异言。当是时，金陵村民闻之，争邀供养。一日逢后生者，俄出异词："噫！教你充军便充军。"又闲中见朕，常歌曰："山东只好立一个省。"

未几，朕将西征九江，特问颠者曰："此行可乎？"应声曰："可。"朕谓颠者曰："彼已称帝，今与彼战，岂不难乎？"颠者故作颠态，仰面视屋上。久之，端首正容，以手拂之曰："上面无他的。"朕谓曰："此行偕往可乎？"曰："可。"询毕，朕归。其颠者以平日所持之拐擎之，急趋朕之马前，摇舞之状若壮士挥戈之势，此露必胜之兆。后兵行带往。至皖城，无风，舟师艰行，遣人问之，颠乃曰："只管行，只管有风。无胆不行，便无风。"于是诸军上牵以舟薄岸，泝流而上，不二三里，微风渐起；又不十里，大风猛作，扬帆长驱，遂达小孤。朕曾谓相伴者曰："其颠人无正语，防闲之。尚有谬词来报焉。"当中江，豚戏水，颠者曰："水怪见前，损人多。"伴者来报，朕不然其说。颠果无知，弃溺于江中。至湖口，失记人数约有十七八人。将颠者领去湖口小江边，意在溺死，去久而归，颠者同来。问命往者："何不置之死地，又复生来？"对曰："难置之于死。"语未既，颠者猝至，谓朕欲食。朕与之。食既，颠者整顿精神、衣服之类，若远行之状。至朕前，鞠躬舒项，谓朕曰："你杀之。"朕谓曰："被你烦多，杀且未敢，且纵你行。"遂茹糗粮而往。去后莫知所之。

朕于彭蠡之中大战之后回江上，星列水师以据江势。暇中试令人往匡庐之下、颠者所向之方询土居之民，要知颠者之有无。地荒人无，惟太平宫侧草莽间一民居之。以颠者状云之，谓民人曰："是曾见否？"对曰："前者，俄有一瘦长人物初至我处，声言'好了，我告太平来了。你为民者用心种田。'语后，于我宅内不食半月矣。”深入匡庐,无知所之。

朕战后归来。癸卯,围武昌。甲辰,平荆楚。乙巳,入两浙。戊申,平吴越,下中原、两广、福建,天下混一。洪武癸亥八月,俄有赤脚僧名觉显者至。自言于匡庐深山岩壑中见一老人,使我来谓大明天子有说。问其说,乃云:“国祚。”殿廷仪礼司以此奏。朕思方今虚诳者多,朕驭宇内,至尊于黔黎之上,奉上下于两间,善听善见恐贻民笑,故不见不答。是僧伺候四年,仍往匡庐。意在欲见,朕不与见,但以诗二首寄之。去后二年,以便人询之果曾再见否,其赤脚者云:“不复再见。”又四年,朕患热症,几将去世。俄,赤脚者至,言天眼尊者及周颠仙人遣某送药至。朕初又不欲见,少思之:既病,人以药来,虽其假,合见之。出与见,惠朕以药。药之名,其一曰温良药两片,其一曰温良石一块。其用之方,金盒子盛着,背上磨着,金醆子内吃一醆便好。朕遂服之。初无甚异,初服在未时,间至点灯时,周身肉内搐掣,此药之应也。当夜病愈,精神日强一日。服过二番,乃闻有菖蒲香醆,底有砂丹沉坠,鲜红异世有者。其赤脚僧云:“某住天池寺,去岩有五里余。俄,有徐道人来言竹林寺见请,往视之。某与同往,见天眼尊者坐竹林寺中。少顷,一披草衣者入。某谓天眼曰:“此何人也?”对曰:“此周颠是也。方今人主所询者,此人也。即今人主作热,尔当送药与服之。”天眼更云:“我与颠者和人主诗。”某问曰:“诗将视看?”对曰:“已写于石上。”某于石上观之,果有诗二首。”朕谓赤脚曰:“还能记乎?”曰:“能。”即命录之。初见其诗粗俗,无韵无联,似乎非诗也。及遣人诣匡庐召致之,使者至,杳然矣。朕复以是诗再观,其词其字皆异寻常,不在镌巧,但说事耳。国之休咎存亡之道已决矣,故纪之以示后人。

天眼尊者诗曰:“圣主祥瑞合天基,如影随形总是痴。奉天门下洪福大，生灵有难不肯依。非非相处方出定，金轮积位四海居。明君有道乾坤广，等闲一智声如雷。”

周颠仙人诗曰：“初见圣主应天基，一时风采一时痴。逐片俱来箍一统，浩大乾坤正此时。人君自此安邦定，齐天洪福谢恩驰。我王感得龙颜喜，大兴佛法当此时。”

群仙古诗：“匡庐之巅有深谷，金仙弟子岩为屋。炼丹利济几何年，朝耕白云暮种竹。”

御赞赤脚僧诗曰：“跣足殷懃事有秋，苦空颠际孰为俦。愆消累世冤魂断，幻脱当时业海愁。方广昔闻仙委迹，天池今见佛来由。神怜黔首增吾寿，丹饵来临久疾瘳。”

御制祭天眼尊者周颠仙人徐道人赤脚僧文：“昔者其色相空万物而空。万法外，色相而难之，以存一灵。斯若是，历苦劫于无量。今者神神妙用，幽隐于庐岳，独为朕知而济朕难。然朕终不忘于利济之恩，当以礼谢。虽然，神已灵妙不测矣，寻常无碍于上下，逍遥乎两间，周游乎八极。翫阅人情，猝然礼至，杳然弗应，岂不为世所嗤！故先期京师，已告诸祠，又遣使至庐岳之下，祷于庐岳之神，方以礼进，礼不过谢而已矣。今世之人知幽明之理者鲜矣，敢请倏然而显，倏然而隐，使善者慕而不得，恶者身而难亲，岂不有补于世道者欤！”

谨按：语云：“神仙有无何杳茫，天下岂有神仙，尽妖妄耳。”今观国初周颠仙之事，则又历历皆实，有不可尽以为诬者。要之天地间自有一种仙风道骨，但仙凡隔路，不可力致而强为也。

出自桑乔《庐山纪事》卷二，第120—153页。《中国方志丛书》华中地方第九五一号，成文出版社据明嘉靖四十年刊本影印。

附录三:《庐山纪事》文献系统

各卷引用书目或诗文

《山海经》《九微志》《豫章旧志》、慧远法师《庐山记》、周景式《庐山记》、谢颢《广福观碑》、《郡国志》、伏滔《游庐山序》、平敞之《原山图》、王祎《六老堂记》、《旧志》、晋湛方生《庐山神仙诗序》、张野《庐山记》、宋支昙谛《庐山赋》、梁元帝《庐山碑序》《水经注》《茅君内传》《龟山白玉上经》、张华《博物志》《衡山记》、元《欧阳玄记》《慧远年谱》、唐李泌《九天使者庙碑》、唐卢藩《庐江四辩》《蓉塘纪闻》《列异记》《郭璞赞》《格物论》、杨孚《异物志》《图经》《道书》《宝玄经》《古浔阳记》《搜神记》《酉阳杂俎》《白乐天诗》《广志》《墨薮》《余冬序记》、陶谷《清异录》《黄山谷记》《南方草木记》《格物总论》《匏里子笔谈》《退斋杂闻录》《清异录》、吕大防《瑞香图序》、嵇含《草木志》《浔阳记》《抱朴子》《庾肓吾诗》《南康志》《零陵总记》《登真隐决》《上元宝经》、江淹《菖蒲颂》《晋书》《唐诗纪事》《五代史》《文献通考》《宋史》《鹤林玉露》、游诚之《跋养直墨迹》《后湖遇黄真人记》《高僧传》《传灯录》《史记》《河渠书》《列异记》《真仙通鉴后集》《三水小牍》《唐诗纪事》《圉余录》《东坡怪石贡》《庐山记》《学圃余力》《续庐山记》《庐阜纪游》《兴国志》、元范椁《先天观山水图诗》《纪游集》《南康旧志》《夷白斋诗话》《真仙通鉴》《商芸小说》、祖台之《志怪》《高贤传》、朱文公《山北纪行》《纪游集》、李梦阳《庐山记》、徐邦宪《祭文》、吴郡梁懋元《凌虚阁赠日峰上人诗》、何迁《四仙亭野望诗》、林俊《游天池记》《续浔阳记》《商丘漫谈》、吉阳《何迁诗》《天池集》、林俊游《天池寺记》《御制周颠仙人传》《御制祭天眼尊者周颠仙人徐道人赤脚僧文》《御赞赤脚僧诗》《御制群仙古诗》、念庵罗洪先《性空禅师塔铭》《景德传灯录》《神僧传》《白乐天游大林寺序》《周元公诗》《九江郡志》《一统志》《列仙传》、李太白《送侄专游庐山序》、王祎《经行庐山记》、于鹄《温泉僧房诗》、朱晦翁《温泉诗》、唐颜真卿《醉石诗》、无名氏《醉石诗》《陶集注》、朱文公《归去来馆诗》《太玄张天师请雷提点住醉石观疏》《续晋阳秋》、《濠州志》、留元刚《纪游志》《谢灵运诗》、曾南丰《墨池记》《五灯会元》《宝训》《龙川志略》、朱文公《游归宗和尤延之韵》、李梦阳《归宗寺诗》、朱晦翁《紫霄峰诗》《豫章记》《江南野史》《咦呓集》、唐杨衡《紫霄峰赠黄仙师诗》《黄山谷答濂溪书》《郡国志》、张僧鉴《浔阳记》《梅溪集》、钱闻《诗礼斗石诗》《述异记》《太真上仓无上录经》《梦溪笔谈》《归宗总老》《王十朋诗》《黎崱纪游集》、韦应物《简寂观西涧瀑布下作》《程史》、朱文公《万杉寺诗》《摭言》、刘轲《上座主书》《白乐天代书》《刘轲与马植论史书》《通考》、苏东坡《李氏山房藏书记》、苏东坡《志林》、唐刘昚虚《庐山寺诗》、杨衡《庐山寺诗》、郑常《送头陀赴庐山寺诗》《进士马戴庐山寺诗》《苏子由栖贤寺记》、王祎《游栖贤寺记》《元学士虞集诗》、元学士《李洞溉之记》《栖贤寺记》、朱文公《栖贤磨崖志》《宋黄山谷栖贤桥铭》、苏东坡《三峡桥诗》《参议孙应鳌栖贤桥诗》《唐书陆羽传》《六帖》、欧阳修《大明寺水记》《余冬序记》《鹤林玉露》《晦翁与崔嘉彦柬》、朱晦翁《西源庵记》《晦翁次张彦辅西源之作》《宗门武库》、张文潜《冰玉堂记》、欧阳永叔《庐山高诗》、朱晦翁《卧龙潭送水文》《龟山文集》、杨龟山《南康值雨诗》、朱文公《卧龙庵记》《朱晦翁诗》《李梦阳诗》、何迁《卧龙潭观泉诗》《参议孙应鳌诗》《晦翁题志》《商丘漫语》、朱文公《游庐山阜五老峰诸山题志》《李太白五老峰诗》、吴筠《庐山五老峰诗》、明参议孙应鳌《五老峰诗》、同知陈守义《泊舟鄱阳湖望五老峰诗》《太白年谱》《唐诗纪事》《崔群送符载还蜀省觐序》、柳宗元《上江陵赵宗儒启》《云溪友议》、唐姚系《五老峰大明观赠隐者诗》、杨衡《宿吉祥寺寄隐者诗》、李涉《再游头陀寺诗》、元虞集《白鹤观记》、唐包佶《赠庐山白鹤观刘尊师诗》、韦应物《寄黄刘二尊师诗》、宋苏轼《白鹤观诗并序》、元虞集《白鹤观诗》、王袆《六老堂记》、陈篆《南康军治记》、张文潜《冰玉堂记》《扪虱新话》《事文类聚》《十国纪年序》《冰玉堂记》、朱晦翁《冰玉堂记》、黄山谷《过致政屯田刘公隐居诗》、朱晦翁《壮节亭记》、陶渊明《游斜川诗序》《幽明录》《冷斋夜话》《白鹿洞志》、晦翁《跪坐拜说》《朱子白鹿洞规》、蔡宗充《洞规说》《渔隐丛话》、晦翁《白鹿洞所藏汉书跋》、张南轩《诸葛忠武侯传》、周颐《圣寿无疆颂》、唐吕温《恭同夏日题寻真观宽中秀才书院诗》、参议孙应鳌《云锦屏诗》《洞天灵迹记》、河岳山人《游庐山记》、李梦阳《游庐山记》、朱晦翁《与黄商伯书》、元赵孟頫《水帘泉诗》、礼部文矩子《方上叠屏诗》、参议孙应鳌《水帘泉诗》、宋元为子杨杰《昭德观碑》、李太白《赠李腾空诗》《又送内寻李腾空诗》、朱晦翁《昭德源诗》《九江志》《明实录》、朱晦翁《濂溪先生行实》、左丞蒲宗孟《濂溪先生墓铭》《宝佑中金华何子举辨》、念庵罗洪先《谒濂溪先生墓诗》《孙应鳌次韵》《朝野遗记》、张孝祥《青虚观诗》、叶义问《感应记序》《宫志》、宋洪刍《奉安玉册记》《广州志》《朝野杂记》、濂溪先生《爱莲说》、朱晦翁书《爱莲说后》、朱晦翁书《光风霁月亭》《赵善僚文》《韦应物始至郡诗》《周繇诗》《权德舆诗》《晋史》《世说新语》《李太白诗》、白居易《庾楼岁旦诗》《项斯庾楼燕集佳句》《典略》、南唐《彭滨记》、唐崔黯《复东林寺碑》、程之《发愿文》《十八高贤传》《出三藏记》《慧远文集》《高贤传》《嵩仲灵抄书记》、皇明学士宋濂《跋匡庐结社图》、南唐元皓《影堂记》、无名氏《题影堂》、王祎《经行庐山记》、苏东坡《书三笑图后》、苏东坡《三笑图赞》《远法师传》《云溪友议》《权德舆酬上人诗》《长庆集》《照觉禅师传》、(张野序)《谢灵运慧远上人塔铭》《谢灵运慧远上人诔》《唐王维远公龛诗》《僧灵辙远公塔诗》《唐许尧佐塔铭》《唐颜鲁公题志》《宋永嘉守谢颢广福观碑》《李德裕望匡庐赋》《白乐天遗爱寺前溪松诗》《韦应物侍御弘宪遗爱草堂诗》《白乐天与元徽之书》《白乐天祭匡山文》《又祭庐山诸神文》《白乐天草堂记》《白乐天草堂诗》《又重过江州题别遗爱草堂兼呈李十使君李亦庐山常隐白鹿洞》《后汉地理志》《庐山诸道人游石门诗序》《晋谢灵运登石门最高顶诗》《岳柯程史》《宋鲍照登庐山望石门诗》《岳柯程史》《九江府图经》《圆通事实》《苏东坡赠仙公诗序》《李梦阳陶靖节序》《续晋阳秋》《云仙散录》《梁昭明太子陶渊明传》《宋颜延年靖节徵士诔》《梁昭明太子陶靖节集序》《鄱阳汤文清公序》《吴澄陶靖节先生祠堂记》《十三贤共注庐山记》、宋留元刚《纪游记》、毛希元《题志》、马应翔《龙君记》《九江府志》《茶经》《王禹称序》、唐张又箫《谢山僧寄谷帘泉诗》、唐吴筠《云液泉赋》、朱文公《景德观诗》《梅溪集》《白乐天早发楚城驿诗》。

各卷艺文

晋慧远《庐山记》、元奎章阁学士李洞《游庐山记》、晋慧远《游庐山诗》、宋鲍照《庐山诗》、宋吴迈《游庐山观道士石室诗》、唐李白《庐山谣》、刘元济《经庐岳回望江州想洛阳有作》、韦应物《寄庐山布衣居士诗》、刘文房《送郑十二归庐山诗》、李端《寄庐山真上人诗》、丘为《寻庐山崔徵君诗》、朱余庆《送僧游庐山诗》、周贺《送庐岳僧诗》、赵嘏《送僧归庐山诗》、朱晦翁《山北纪行十二章章八句》、元学士揭曼硕《庐山诗》、明高启《庐山诗》、提学副使李梦阳《庐山九日诗》、参议孙应鳌《匡庐雪霁诗》、解元唐寅《登庐山诗》、朱晦翁《天池寺诗》、李梦阳《天池寺歌》、东桥顾邻《夜雪登天池寺诗》《参议王乔龄诗》《佥事张美中诗》《抑亭陈洪濛诗》、《参议孙应鳌诗》《知县刘徽诗》、萧梁太子仆射沈璇《简寂观碑》、陈张正见《简寂观诗》、白乐天《宿简寂观诗》、宋朱文公《简寂观诗》、南唐冯延巳《开先寺记》、黄山谷《开先华藏禅院修造记》、皇明李梦阳《开先寺诗》、参政朱应《陪乔侍御自白鹿洞游开先寺诗》、刘轲《黄石岩禅院记》、文与可《妙明庵记》、王祎《游开先寺记》《石亭集》、苏东坡《志林》《诗话》《唐诗纪事》《诗史》、李梦阳《观瀑布赋》、唐张九龄《瀑布泉诗》《湖口望庐山瀑布泉诗》、李白《瀑布泉诗》、吕祖谦《白鹿洞书院记》、朱晦翁《白鹿洞赋》、王祎《游白鹿洞记》、甘泉湛若水《四勿总箴》、朱晦翁《寻白鹿洞故址爱其幽邃议复兴建感叹作》《次卜掌书落成白鹿佳句》、李梦阳《白鹿洞别诸生诗》、吴遵《白鹿洞示诸生诗》、何迁《白鹿洞书院诗》、孙应鳌《重游白鹿洞歌》、九江守朱曰藩《白鹿洞诗》、唐李泚《九天使者庙碑》、元学士贯云石《太平宫诗》、学士詹玉《水调歌头》《又重游太平宫洞仙歌》、明参议孙应鳌《太平兴国宫用玉龙溪韵》、宋潘兴嗣《赠茂叔太博诗》、朱晦翁《同王太守暨诸公谒濂溪祠诗》、皇明王守仁《谒濂溪祠诗》、参议孙应鳌《同赵南庵谒濂溪祠次阳明先生韵》、唐李邕《东林寺碑》、宋谢枋得《修白莲堂疏》《修诸天阁疏》、元本中峰《修东林寺疏》、唐李太白《东林寺诗》、《又别东林寺僧诗》、孟浩然《舟中望东林寺诗》、王昌龄《送廉上人还东林寺诗》、韦应物《春月观省属城始思憩东西林精舍诗》、黄滔《东林寺杂咏》、僧齐己《东林寺作寄金陵知己》、僧贯休《东林寺诗》、元学士李洞《过东林寺诗》、副使王慎中《发东林寺登庐山绝项还过本寺留止》、参议孙应鳌《春同双江臬使不东藩伯夜坐东林寺诗》、隋欧阳询《西林寺碑》、韦应物《题从侄成绪西林精舍书》、僧无可《秋夜宿西林寺寄贾岛诗》、伍乔《西林寺水阁诗》、明状元罗洪先《题僧石峰卷》、李梦阳《闻石门涧桥断水涌宿东林诗》、提学副使朱应登《圆通寺和杭双溪诗》、副使廖纪《圆通寺诗》

注：本表根据成文出版社1989年影印嘉靖四十年刻本《庐山纪事》制作而成。

附录四：《白鹿书院志》文献系统

南宋

朱熹创作的文献　知南康军榜文、白鹿洞牒、申修白鹿洞书院状、与尚书劄子、与丞相劄子、乞赐白鹿洞书院敕额、延和殿奏事、请洞学堂长牒、洞学榜、招举人入白鹿洞书院状、白鹿洞成告先圣文、告先师文二首、白鹿洞规、讲堂策问、讲座铭、与吕伯恭论白鹿洞书院记书、与东莱论白鹿书院记、答吕伯恭书四首、与黄商伯书五首、与曾致虚书、与杨伯起二书、与叶永卿、吴唐卿、周得之、李深子书、答程正思（节文）、答胡平一元衡（节文）、答白鹿洞长二书、跋伊川与方道辅帖、跋康节诫子孙文、跋所刻和靖帖、跋所刻包孝肃诗、跋白鹿洞所藏汉书、跪坐拜说寄洞学诸生（附坐进說）、陆九渊书堂讲义（朱子跋语）、吕祖谦白鹿洞书院记、其他（诗、赋、铭等若干首）

其他　黄榦：南康军新修白鹿洞书院记、袁甫：重修白鹿书院记；白鹿书院君子堂记；诗、赋、铭若干篇

元

马廷鸾：庐山白鹿洞书院兴复记（1288年）、虞集：兴复洞田记、王祎：游鹿洞记（1366年）；诗、赋、铭若干篇

明

解缙:庐阳书屋记(1390)、胡俨:重建白鹿洞书院记(1442)、陈敏政:重修贯道桥记【天顺戊寅(1458)】、彭时:重修白鹿洞书院记【成化元年(1465)】、李贤:重建白鹿洞书院记(时间同上)、李龄:重修白鹿洞书院记;重修贯道桥记;规示诸生八事;八戒;(时间同上)、胡居仁:续白鹿洞学规;白鹿洞讲义;贯道桥记;延宾馆记(节文);贯道门由礼门记(节文);复南康何(水睿)太守;寄周时可;与艾崇德;荐陈大中;寄丘时雍;奉祁参政钟宪副庄佥宪;奉何布政;胡居仁与南康府论租;答陈大中;奉祁大参钟宪副;与陈大中;奉何方伯;辞祁大参钟宪副;祭李宾客白鹿先生;袁端:白鹿洞志后序(节文)【成化己丑年(1469)】、祁顺:游白鹿洞记【成化己亥年(1479)】、陈献章:送刘李二生还白鹿洞序;辞聘复江西藩宪诸公;【成化十七年(1481)】、张元祯:白鹿洞志序【弘治七年(1494)】;重建白鹿洞书院记【弘治十二年(1499)】;张元祯洞学田记;弘治十二年洞学田记碑阴【弘治十二年(1499)】;何乔新:重建白鹿洞书院记【弘治十二年(1499)】、娄性:白鹿洞学田记【弘治十二年(1499)】、邵宝:白鹿洞谕来学文;白鹿洞书院习士相见礼说;独对亭记;品士亭记【弘治十四年(1501)】、杨廉:宗儒祠记;与苏伯诚;与邵国贤;【弘治十四年(1501)】、甘泉湛若水:白鹿洞谕士文;白鹿洞规说;白鹿洞书院讲章有序;心性图并说、四勿总箴并图有序;【弘治十七年(1504)、嘉靖十年(1531)、嘉靖十五年(1536)】、蔡清:告夫子文;告先圣文;告先贤文;告白鹿洞主李宾客文;【正德元年(1506)】、李梦阳:独对亭铭并序;六合亭记;钓台亭记;宗儒祠记;游庐山记(节文);白鹿洞新志序;独对亭铭并序;新朝铭;六合亭铭;奉苏先生入祠告文;祀白鹿先生辞三章。【正德六年至八年(1511—1513)】、高贲亨:洞学十戒【正德十年

(1515)】、王阳明:遗洞修道说石刻;遗洞大学古本序石刻。【正德十三年(1518)】、蔡宗兖:申明洞禁榜;告二贤文;告白鹿主李宾客文;告周朱二先生文;洞规说;白鹿洞谕士文;告周朱二先生文;【正德十六年(1518)】、唐龙:大意亭记;起蔡宗兖为白鹿洞主疏;起蔡宗兖为白鹿洞主劄付;【正德二十年(1520)】、国朝丘(水睿)白鹿洞规论、知府罗辂:洞学榜;洞榜三事;高美亭铭;周广:续修洞志序【嘉靖四年(1525)】、马朋:上吕泾野先生请记启;高美亭铭;【嘉靖八年(1529)】、王溱:新辟石洞告后土文;心性图跋;四勿总箴跋;【嘉靖十年(1531)】、刘世扬:新辟白鹿洞文;告二贤文;告先贤文;告忠节祠文;【嘉靖十年(1531)】、吕楠:新辟白鹿洞记、何岩:石鹿记【嘉靖十四年(1535)】、王(木延):白鹿洞讲义【嘉靖二十年(1541)】、郑守道:重修白鹿洞书院记【嘉靖二十三年(1544)】、冯元:清田记【嘉靖二十七年(1548)】、曹忭:思贤亭记【嘉靖三十年(1551)】

郑廷鹄:白鹿洞讲义四首示诸生;郑廷鹄新置都昌洞学田记;示白鹿洞主帖;酌定肄业洞生;查取纂修事件五条;讲议;示主洞教谕崔柏帖。【嘉靖三十一年(1552)】、崔柏:重刻白鹿洞讲义跋;白鹿洞谕士友说(节文)【嘉靖三十二年(1553)】、吴遵白:白鹿洞示诸生讲义【嘉靖三十四年(1555)】、陈洪谟:告三贤文、朱资:谕士友说;申明晦翁先生洞规说;独对亭记;钓台亭记;重刻白鹿洞志序;白鹿洞赋次韵【嘉靖三十四年(1555)】、邹守益:游白鹿洞示诸生四首;饶宗藩义田记;【嘉靖三十四年(1555)】、祭酒敖(铁先)宗室养士田记;【嘉靖三十四年(1555)】、王宗沐:朋来亭记【嘉靖三十六年(1557)】、胡松:谕白鹿洞来学诸生【嘉靖四十年(1561)】、王畿:白鹿洞续讲;致知难易解;参议冯谦重修白鹿书院郎中王畿撰记【嘉靖四十三年(1564)】、陈汝简:请改礼圣殿及礼圣门义(凡四条):请建启圣祠议;请建敬一亭议;请改坊额议;请移碑建桥议。【嘉靖四十三年(1564)】、李资元:白鹿洞学交盘册序;【嘉靖四十三年(1564)】、邵锐:依拟白鹿洞禁约【万历七年后(1579)】、陈文烛:复洞田记【万历十三年(1585)】、但贵元:清复山田记、于孔兼:游鹿洞记;复洞田记;冯景隆:教条、潘志伊:复洞帖;兴复白鹿洞书院记【万历十三年(1585)】、程拱宸:复建昌县洞田帖【万历十三年(1585)】、张治具:初说;讲义【万历十六年(1588)】、朱廷益:讲议;格物说;谕来学诸生;建贯道门桥记;【万历十七年(1589)】、章潢:为学次第八条【万历十七年(1589)】、张位:复修庙宇记【万历十八年(1590)】、彭梦祖:示洞生孟子养浩然之气论、于越:李般答问八篇、许子伟:建喻义亭朱陆同然说;叶云礽:建太极亭记;、田琯:清复洞山增置洞田说允申文;讲议;忠节祠记;祀各祠祝文;【万历十七年(1589)】;新修白鹿洞志序【万历二十年(1592)】、赵参鲁:四教说、李材:示洞诸生说、葛寅亮:课语;讲义;重修白鹿洞书院记;方大镇:白鹿洞悟语、舒曰敬:白鹿较艺序、袁懋贞:申聘南昌乡宦舒曰敬主洞并议款;申请主洞文;白鹿文茸序、李槃:洞主问答四条、熊德阳:重修礼圣殿记、方文:陟岵亭记、熊维典:学宪合肥赵公置洞田记;重与白鹿书院记、王在晋:白鹿较艺序、李应升:申议洞学科举详文;洞规;白鹿文茸序;李应升修志序(天启二年);诗、赋、铭若干篇。

清

李长春:兴复洞学看语;重兴白鹿书院记;与熊维典三书;【顺治七年(1650)】、蔡士英:初行白鹿书院告示;示定洞规;重修白鹿书院记;与李长春书;与熊维典书;复李长春书;又复李长春书;请瑞昌明经何孝先副讲书;淮上与司理范礽言洞事书;再与范礽书;三与范礽书;寄司理朱雅淳书;请熊维典主洞启;【顺治十年

(1653)】、范礽:征刻西江淳意启、杨兆鲁:请熊维典书。

吴炜:重修白鹿洞书院记【康熙六年(1667)】、廖文英:申详减租文【康熙九年(1670)】、伦品卓:详请修理鹿洞文;重修白鹿书院碑记【康熙十六年(1677)】、高璜:白鹿洞书院经久规模议【康熙二十一年(1682)】、汤来贺:学规;【康熙二十二年(1683)】、安世鼎:御书阁记【康熙二十四年(1685)】、熊飞渭:讲义【康熙三十二年(1693)】、干建邦:讲义;周子太极图说、宋荦:谕诸生【康熙三十一年(1692)】、王综:戒勉各八条;【康熙三十四年(1695)】、朱子升配十哲部文、周灿:请建御书阁详文、高经久:规模议、张象文:申覆朱子专祠文;紫阳祠记【康熙四十八年(1709)】、蒋国祥:申请另棚考试童生文;重建二贤祠记【康熙五十一年(1712)】、原敬:续规;【康熙五十一年(1712)】、叶谦:详星子县知县毛德琦提调白鹿书院文;【康熙五十二年(1713)】、冀霖:重修白鹿书院记【康熙五十三年(1714)】、张贞生:宣圣诞期碑记、李凤翥:提学冀霖讲堂碑记、邵延龄:建邵康节祠记;诗、赋、铭若干篇。

注:本表根据朱瑞熙《白鹿洞书院古志五种》制作,五种书院志版本情形如下表:

五种《白鹿洞书院志》版本信息简表

志书名	作者/卷数/版本	采用底本
《白鹿洞书院新志》	李梦阳/八卷/正德八年刻本	美国国会图书馆藏本
《白鹿洞志》	郑廷鹄/十九卷/嘉靖三十三年初刻本	北京图书馆藏本
《白鹿洞书院志》	周伟撰/十二卷/万历二十年刻本	北京图书馆藏本
《白鹿洞书院志》	李应升/十七卷/天启二年刻本	台北中央图书馆藏本
《白鹿书院志》	毛德琦/十九卷/康熙五十九年刻本	故宫博物院藏本

附录五:八种庐山志书卷(纲)、目简表

志书名	卷(纲)	目
陈舜俞《庐山记》五卷		序
	卷一	总叙山水篇第一、叙山北篇第二
	卷二	叙山南篇第三
	卷三	山行易览第四、十八贤传第五
	卷四	古人留题篇第六
	卷五	古碑目第七、古人题名篇第八
桑乔《庐山纪事》十二卷		序、图、目录
	卷一　通志	山纪　品汇　隐逸　仙释　杂志　灾祥　怪异　艺文
	卷二　通志	总论登山道路
	卷三	山南自隘口东北行至张公岭
	卷四	山南自张公岭东北行至七尖山
	卷五	山南自七尖山东北行至含鄱口
	卷六	山南自五老峰南行至官亭湖
	卷七	五老峰东南至罗汉岭　白鹿洞书院
	卷八	山南自五老峰东北行至吴章山
	卷九	山北由吴章山东北行至南湖嘴
	卷十	山北自分水岭东北行至浔阳江
	卷十一	山北自分水岭西行至岭末
	卷十二	山北由乌龙潭西南行至隘口

续表

志书名	卷(纲)	目
范礽《续庐山纪事》十二卷	同桑纪,略	
吴炜重订,李滢编辑《增定庐山志》十五卷		序、重修庐山志爵里姓氏、庐山志诗文爵里姓氏考、庐山志引用书目、目录、图
	卷一	星野 舆地 祀典 隐逸 仙释 物产 杂志 灾祥
	卷二:山川分纪一	总论登山道路 锦涧桥锦涧庵 天池山天池寺 清凉台铁船峰白云峰 御碑亭白鹿升仙台青龙庵慈云庵 佛手崖佛手庵锦绣谷推车岭三塔庵
	卷三:山川分纪二	大林峰卧龙庵银台上大林寺 掷笔峰白云庵赤脚塔将军山神龙宫 霞封寺黄龙寺 金竹坪 九奇峰上霄峰仰天坪 牯牛岭仁王寺铃冈岭含鄱岭 小汉阳峰大汉阳峰
	卷四:山川分纪三	黄龙山通书院温泉 栗里虎爪崖濯婴池醉石 般若峰耶舍塔董奉馆杏林 归宗寺 屏风山西古山 紫霄峰 封家山鸡笼山白云峰简寂观
	卷五:山川分纪四	鹤鸣峰黄石岩双剑峰香炉峰 开先寺 黄严寺 瀑布泉青玉峡 迁莺谷鼓子严庆云峰万彬寺
	卷六:山川分纪五	栖贤谷含鄱口楞伽院李氏山房 太乙峰庐山寺 三峡涧栖贤寺 玉渊潭栖贤桥 西源庵西涧清净退庵 五乳峰卧龙冈卧龙庵
	卷七:山川分纪六	五老峰 犀牛塘青牛观白鹤观 东古山西古山 南康府彭蠡湖 落星石 水玉洞 前山少府岭后山宫亭湖

续表

志书名	卷(纲)	目
吴炜重订,李滢编辑《增定庐山志》十五卷	卷八:山川分纪七	白鹿洞书院
	卷九:山川分纪八	华严寺华盖石 观山寻真观玉川门 三叠泉 石牛山相辞涧青山 屋脊山麦社山马英山 仙居洞
	卷十:山川分纪九	吴章山马祖山大孤山 塔尖山龙泉寺金沙洲鞋山 洞林山陶墓江巩山南湖嘴 虎山天花井山宝严寺 濂溪墓大源山双剑峰 鸡公石山圭璧峰锦绣峰莲花峰 拔云峰清虚观云溪寺
	卷十一:山川分纪十	松花岭圣治峰 太平宫 濂溪祠 九江府紫极宫
	卷十二上:山川分纪十一上	乌龙潭卧云寺上方塔 东林寺
	卷十二下:山川分纪十一下	东林寺 西林寺 广福观
	卷十三:山川分纪十二	香炉峰遗爱寺白公草堂 讲经台化城寺 文殊寺石门涧 圆通寺 清风岭陶靖节墓靖节书院 康王谷谷廉泉云液泉景德观
	卷十四:艺文上	文类
	卷十五:艺文下	诗类
毛德琦撰《庐山志》十五卷	同吴炜志,略	
蔡瀛《庐山小志》二十四卷		序文、绘图、凡例、征引书目、目录、方舆、祀典、登山道路
	卷一	山北自牺青岩南行至推车岭

续表

志书名	卷(纲)	目
蔡瀛《庐山小志》二十四卷	卷二	山北自大林峰南行至黄莺砦
	卷三	山北自下黄龙山东北行地张公岭
	卷四	山南自鹤鸣峰东北行至庆云峰
	卷五	山南自七尖山东北行至巨鼻峰
	卷六	山南自五老峰南行至宫亭湖
	卷七	山南自白鹿书院东行至梅溪湖
	卷八	山南自观山东北行至鹰嘴崖
	卷九	山北自吴章山东北行至蛇岗岭
	卷十	山北自松光岭东北行至鹤问湖
	卷十一	山北自牯牛山西行至广福观
	卷十二	山北自香炉峰西南行至隘口
	卷十三	六朝诗
	卷十四	唐诗
	卷十五	宋诗 元诗 明诗
	卷十六	国朝诗
	卷十七	神女诗 列女诗
	卷十八	词
	卷十九	赋
	卷二十	碑(上)
	卷二十一	碑(下)
	卷二十二	杂文
	卷二十三	杂记 庐山书目
	卷二十四	神异

续表

志书名	卷(纲)	目
吴宗慈《庐山志》十二卷七纲三十目		序、凡例、引用书目、总目
	卷一(纲一):地域	庐山总图,经纬度与释名(附秩祀),地质志略(李四光,附全山地质图)、山脉(附全山山脉水系图、庐岳全境山岭高度表)、水系、形势、沿革、疆界、道路、面积(附全山道路图)、气候(附气象概测表)
	卷二至六(纲二):山川胜迹	山川胜迹总文,山北第一路,山北第二路,山北第三路,山北第四路,山南第一路,山南第二路,山南第三路,山南第四路,山南第五路,山南第六路,山南第七路
	卷七(纲三):山政	各租界地交涉案汇考、省行政及建设、行政
	卷八(纲四):物产	植物与动物
	卷九(纲五):历代人物	晋至清人物
	卷十至十一(纲六):艺文	庐山专著书目汇载、历代文存、历代诗存(晋至元)、历代诗存(明至近代)、金石目
	卷十二(纲七):杂识	内篇、外篇
吴宗慈《庐山续志稿》七卷八纲十四目	同前志,略	

附录六：民国《庐山志》文献系统简表

引用书目

《禹贡锥指》《春秋》《梁书》《陈书》《十国春秋》《路史》，陈舜俞《庐山记》，桑乔《庐山纪事》，吴炜《庐山续志》，毛德琦《庐山志》，释定暠《庐山通志》，舒天香《游山日记》，蔡瀛《庐山小志》，光绪《江西通志》，同治《南康府志》，同治《星子县志》，同治《九江府志》，同治《德化县志》，同治《德安县志》《建昌县志》《都昌县志》，明万历本《白鹿洞志》，康熙《白鹿洞志》《归宗寺志》《秀峰寺志》《天池寺宗谱》《黄龙寺宗谱》《舆地纪胜》《小方壶斋舆地钞》《东古寺志》《庐山鹿洞古迹诗选》《盐乘》《外交部牯岭交涉档案》《江西省署档案》《九江县公署档案》《庐山管理局档案》《彭泽县志》《黄梅县志》《武夷山志》《莫干山志》《招隐山志》《方志考略》《古今游记丛钞》《名胜志》《庐山指南》《庐山导游》《牯岭开辟记》《牯岭公司董事会报告》《中华晰类分省图》《中华最新形势图》《庐山全图》《牯岭附近地形图》《图书集成》，千分一《庐山北部详图》，《国朝文汇》《古今地名辞典》《尚友录》《中国历年表》《辞源》《五代文抄》《颜鲁公集》《清江三孔集》《张芑山文集》，陈眉公《杂录》，《髻山文抄》《瑶光阁集》《袁中郎集》《万子迂谈》《求是堂文集》《艾千子集》《松巢漫稿》《春雨轩集》《刘文房集》，秦观《淮海集》，《钱牧斋集》《东观余论》《乐庵遗稿》《芳州集》《王季重集》《屈翁山诗集》《范德机诗集》《感旧集》《西陂类稿》《洪北江集》《石嵩隐残集》《赵瓯北集》《大云山房集》《章实斋集》《高陶堂全集》《张文襄诗集》《文芸阁诗集》，顾贞观《炉塘集》，《梁鼎芬诗集》《漱玉亭诗集》《曹星湖诗集》《庐山诗录》《匡庐纪游图咏》《四魂集》《四明清诗略》《隅楼丛书》《层冰草堂丛书》《散原精舍诗集》《俞曲园集》《谭组庵诗集》《汪精卫诗存》《胡适文集》《黄石斋集》《说文》《通志略》《豫章诗话》《江天万里楼诗词钞》《浮邱子》，米元章《画史》，《江南流寓志》《青锁高议》《容斋三笔》，王度《古镜记》，《独醒杂志》《宣和书谱》《庐山名贤传》《西溪丛语》，王士桢《居易录》，《惜抱轩诗集》《资暇录》《杨诚斋集》《天禄识余》《历朝通纪法喜志》《中山诗话》《寒夜录》《两般秋雨庵》《南唐近事》，米芾《诗舫录》，《海岳砚史》《坚瓠续秘馀三集》《雪鸿再录》《虞初新志》《黄女尔余话》《池北偶谈》《雅言杂载》《耆旧续闻》《赏雨茆屋集》《白华前稿》《邻畿杂志》《皇明西江诗选》《筠廊随笔》《谈艺琐录》，翁方纲《岚漪小草》，曾国藩《求阙斋日记》，李拙翁《寓庐丛录》《续灯录》，钟辂《前定录》《藏经》《冥祥记》《旅行杂志》《江西公路处业务报告》《续幽怪录》，憨山《梦游集》，《云笈七签》《天然和尚语录》。

碑目

慧远佛影铭释、庐山诗、刘遗民莲社发愿文、谢灵运/东林佛影铭（有序）、远公祖师塔铭、唐刻尊胜陀罗尼经幢、大中八年造像、李邕复东林寺碑、崔黯复东林寺碑（柳公权书）、李肇东林寺经藏碑、李演远法师影堂碑、白居易江州兴果寺律大德凑公塔碣铭并序、白居易东林寺经藏西廊记、唐抚州景云寺故律大德上弘和尚石塔碑铭并序、李讷东林寺舍利塔铭、刘轲庐山具寿大师塔铭、李湜佛驼舍利碑、许尧佐熙怡大师塔铭、元皓慧远影堂记、彭滨舍利塔记、谢颢广福观碑、欧阳询西林道场碑、虞世南上大林寺复寺记碑、梁洞微庐山女道士石碣铭、李泚太平宫九天使者庙碑记、刘轲庐山黄石岩院记、郑素卿唐故庐山西林寺水阁院律大德齐朗和尚碑、释云真西林寺水阁院经藏铭、沈璇简寂观碑、冯延巳开先寺记、韩熙载真风观碑、倪少通太乙观董真人殿碑铭、朱遵度栖贤寺碑、王翰石刻须菩提像、徐锴陈氏书堂记、苏轼李氏山房藏书记、苏辙直节堂记、周敦颐爱莲说（附宋朱子书濂溪先生爱莲说后）、张耒冰玉堂记、张拭南康军新立濂溪祠记、朱熹濂溪书堂记（附张芑山跋）、朱熹折桂院行记、卧龙庵记、西源庵记、壮节亭记、跋苏文定公直节堂记、敬斋箴（康熙时句章周某某书）、书濂溪先生拙赋后、跋伊川与方道辅帖、书康节诫子孙文（又书邵康节诫子孙真迹后）、冰玉堂记、赵师夏六老堂记、赵善辽濂溪书堂谥告石文、白玉蟾授墨堂记、赵孟頫书白居易草堂自记、米芾白鹿洞诗碑、朱熹白鹿洞赋（附虞集跋）、陆九渊白鹿洞书院讲义（附朱熹跋）、吕祖谦重建白鹿书院记、张天觉神运殿记、赵孟頫书中峰本禅师修东林寺疏、苏轼菩萨泉铭并序、苏辙栖贤寺新修僧堂记、黄庭坚开先禅院修造记、书七佛偈、陈舜俞昭德观李太白诗刻、杨杰昭德观碑、米芾书江淹从冠军建平王登庐山香炉峰诗碑、白玉蟾太平宫记、庐山养正先生黄君仙游碑、虞集鹿洞新田记、重建东林寺碑、王祎游鹿洞记、胡俨重建书院记、李龄重修书院记、张位复修庙宇记、邵宝观泉赋、彭时重修白鹿洞书院记、李贤重建书院记、何乔新重建书院记、张元桢重修白鹿书院记、柳邦杰锦涧桥记、李梦阳白鹿洞书院宗儒祠记、独对亭铭、钓台亭记、湛若水四勿总箴、黄国卿白鹿洞用韵示诸生碑、紫霞真人编蒲书游白鹿洞歌、王畿重修书院记、萧端蒙游白鹿洞诗碑、郑廷鹄白鹿洞讲义四首示诸生碑、杨廉宗儒祠记、白鹿洞诗碑林山、田琯白鹿洞忠节祠记、夏炜修鹿洞书院记、潘志伊兴复书院记、韩光祜同梁悬黎廉宪游白鹿洞诗碑、邹元标诗碑、沈九畴白鹿洞示诸生诗碑、葛寅亮修鹿洞书院、摹刻吴道子画孔子像、南康府署侧诗碑、王守仁东林寺诗碑、祁逢吉重建庐山东林寺神运殿碑铭、吴应芬游东林寺诗碑、熊汝学东林寺残刻汇记、熊汝学造东林寺铜塔金文、黄云师东林重建五如来殿碑铭、王祎六老堂记、梁尚德大观亭记、王溱庐山读书台记、胡松格言碑、胡松濂溪祠碑记题后、童潮周濂溪墓记、张纯题周濂溪先生爱莲说、李得阳濂溪基诗碑、虞集白鹤观记、马应翔龙君记、太祖周颠仙人传碑、天眼尊者诗、周颠仙人诗、祭天眼尊者周颠仙人徐道人赤脚僧文、群仙古诗、赤脚僧律诗、沙门智亨圆通寺铁钟金文、黄养正重修天池寺记略、王守仁正德庚辰平宸濠题识、李梦阳开先寺诗碑、徐岱开先寺诗碑、朱厚焜静庵和尚碑、顾珀御碑亭记、罗洪先性空禅师塔铭、释崇端真公塔铭、神宗护藏敕、新刊续入藏经序、申时行圣母印施佛藏经赞(有序)、冯梦祯黄龙寺开山第一世彻空祥师塔铭碑、冯梦祯龙藏碑、陈经游开先寺诗碑(有序)、王成位净妙院记、王思任重修大能仁寺碑记、释憨山德清径山达观中禅师塔铭、庐山千佛寺恭乾敬公塔铭、庐山云中寺敬堂忠公塔铭、吴应宾明庐山五乳峰法云禅寺前中兴曹溪嗣法憨山大师塔铭、庐山师宗禅寺毗卢丈六金像碑记吴应宾、钱谦益憨山大师庐山五乳峰塔铭、达观大师传(节文)、方拱乾重修西林寺碑铭、释密庵西林寺钟记、宋之盛善山寺碑、文德翼庐山免给茶引碑记、黎元宽重建万杉寺记,龚鼎孳游西林题塔田序、李应元重修万杉寺记、蒋超书庐山归宗寺复生松记释函正昰舍利铭(并序)、重修开先寺碑记、庐山诗、邵长蘅撰宋荦庐山诗序、冀霖庐山石道人墓志铭、刘荫枢庐山开先寺记、张志栋开先寺记、康熙丁亥御书江淹香炉峰寺碑、郎廷极秀峰寺记、毛德琦狱祠记、叶谦大楚上人塔铭、万承苍栖贤寺罗汉图记、刘廷玑重修秀峰寺大殿记、张景良秀峰寺记、白潢御书楼香火田碑记、王思训重修庐山秀峰寺碑记、干建邦原泉亭记、江殷道龙开河浮桥碑记、雍正御制迦陵音国师碑文、重修圭璧峰碑记、重建金轮峰舍利宝塔记、公立陈太守教思碑、重修瞻云天王殿碑、舍利铁塔经文、释庆宜复生松记略、翁方纲东林寺诗碑、全德重修畅观亭记、方体重建双桥记、狄尚纳敕封溥福广济庐岳神祠碑文(并序)、陆梦龙甘泉桥记、吴名凤能仁寺记、朱概重建浔阳驿七桥记、帅芳蔚重修流芳桥记、邱建猷重筑流芳桥碑记、吴坤修龙云寺记、盛元修复二贤祠记、王凤池题归宗晋王右军墨池诗碑、秀峰寺诗碑、王以慜庐山牯牛岭简易初等小学碑记、开先寺诗碑、释谛闲庐山中兴海会寺于善和尚塔铭、刘廷琛陶靖节先生祠堂记;袁延阊大林寺冲划界碑;闵祖骞重修远公塔碑、许止静重建庐山东林文殊阁碑志、陈三立花径景白亭记、王家坡听瀑亭记、李拙翁大林寺放生池记、吴宗慈铁船峰静观亭记、天池寺清凉台修路记、(附载)白鹿洞存碑目。

游记

释慧远庐山略记、游庐山记、又游庐山记、庐山诸道人游石门诗序、白居易游大林寺序、周必大庐山录、庐山后录、王廷珪游庐山记、陆游游庐山东林记、李洞庐山游记、王祎自建昌州还经行庐山下记、开先寺观瀑布记、游栖贤寺观三峡桥记、林俊游天池寺记、李梦阳游庐山记、王世贞游东林天池记、王世懋游匡庐记、游五老三叠开先瀑布记、罗洪先游庐山记、王思任游庐山记、毕成珪石门游记、曹学佺游匡庐记、袁宏道游记、汤宾尹游庐山记、游栖贤桥记、徐宏祖游庐山记、释行远游三叠泉记、黄道周游庐山诗序、宋惕庐游纪事、峰瀑一指、黄宗羲匡庐游录、查慎行庐山纪游、刘荫枢游黄岩说、吴阐思匡庐纪游、李绂六过庐山记、邵长蘅庐山游记、潘耒游庐山记、李曰铖游石门序、袁牧游庐山记、靖道谟自白鹿洞游庐山记、洪亮吉游庐山记、恽敬游庐山记、游庐山后记、李宗昉游庐山天池记、胡适游庐山记、游记撰人略历、庐山租借地交涉述略、游程述略。

诗文

若干,(略)。

注:本表根据民国二十二年(1933)上海仿古书局铅印本《庐山志》及其副刊《庐山金石汇考》《庐山古今游记丛钞》《庐山历代文广存》《庐山历代诗广存》制作而成。

参考文献

一、庐山地方文献

（一）山志文献

1.（宋）陈舜俞:《庐山记》,见（民国）吴宗慈《庐山志》副刊之一,民国二十二年（1933）上海仿古书局铅印本。

2.（明）桑乔:《庐山纪事》,成文出版社1989年影印嘉靖四十年刻本。

3.（清）范礽:《续庐山纪事》,《四库全书存目丛书》史部·地理类,齐鲁书社1996年版。

4.（清）吴炜:《增定庐山志》,图家图书馆数字方志清康熙七年刻本。

5.（清）毛德琦:《庐山志》,清康熙五十八年刻本,民国四年顺德堂六修本（江西师范大学图书馆藏）;《四库全书存目丛书》史部·地理类,齐鲁书社1996年版。

6.（清）蔡瀛:《庐山小志》,国家图书馆数字方志道光四年刻本。另厦门大学图书馆藏道光四年刻本,娜嬛别馆藏板。

7.（民国）吴宗慈:《庐山志》,民国二十二年（1933）上海仿古书局铅印本（江西师范大学图书馆藏）。

8.(民国)吴宗慈编纂、胡迎建校注:《庐山志》上、下两册,江西人民出版社1996年版。

9.民国《庐山志》副刊五种:《庐山金石汇考》四册;《庐山古今游记丛钞》上、下两卷,两册;《庐山历代文广存》一册;《庐山历代诗广存》三册;宋陈舜俞《庐山记》一册。1933年与正刊同时出版。1996年胡迎建校注本只对正刊进行了整理,副刊没在整理之列。

10.(民国)吴宗慈:《庐山续志稿》,民国三十六年(1947)铅印本(江西师范大学图书馆藏)。

11.(英)李德立著,文南斗译:《牯岭开辟记》,见庐山建筑学会主编《庐山风景建筑艺术》,江西美术出版社1996年版。

12.徐新杰:据康熙版点校本《庐山志》,中国政协九江市庐山区委员会文史委员会、星子县委员会文史资料研究委员会1991年印本。

(二)寺庙道观志

1.(宋)叶义问:《庐山太平兴国宫九天采访真君事实》,胡道静等主编《藏外道书》,巴蜀书社1994年版,第356—421页(简称《藏外道书》本)。

2.(清)范昌治:《庐山秀峰寺志》,《中国佛寺志丛刊》第十七种,扬州广陵古籍刻印社1996年影印本。

3.(明)释德清纂,(清)周宗建增补:《庐山归宗寺志》,《中国佛寺志丛刊》第十六种,扬州广陵古籍刻印社1996年影印本。

(三)府县志

1.(明)冯曾:《(嘉靖)九江府志》,中国方志库明嘉靖刻本。

2.(清)康熙《江西通志》,影印文渊阁《四库全书》史部·地理类,第513—518册,上海古籍出版社2003年版。

3.（清）蓝煦：《（同治）星子县志》，中国方志库，清同治十年刻本。

（四）书院文献

1. 白鹿洞书院古志整理委员会：《白鹿洞书院古志五种》，中华书局 1995 年版。

2. 李宁宁等：《白鹿洞书院艺文新志》，江西人民出版社 2008 年版。

（五）游记

1.（民国）胡适：《庐山游记》，商务印书馆民国十七年（1928）版。

2. 平慧善等著：《庐山历代游记选译》，江西人民出版社 1981 年版。

3.（清）蒋湘南：《庐山纪游》，清光绪十四年（1888）长白豫山湖南臬署会心阁刻《春晖阁杂著》本。

4.（民国）高鹤年著述，吴雨香点校：《名山游访记》卷三《由沪至匡庐游访略记》，宗教文化出版社 2000 年版。

5.（民国）吴宗慈：《庐山古今游记丛钞》上、下两卷，两册，民国《庐山志》副刊之一。

6.（清）舒天香：《游山日记》，民国二十五年（1936）版。

7.（明）何镗：《古今游名山记》，《续修四库全书》史部·地理类，第 736 册，上海古籍出版社 1995 年版。

（六）碑刻

1.（民国）吴宗慈：《庐山金石汇考》四册，民国《庐山志》副刊之一。

2. 孙家骅等：《白鹿洞书院碑刻摩崖选集》，北京燕山出版社 1994 年版。

2. 李才栋等:《白鹿洞书院碑记集》,江西教育出版社 1995 年版。

3. 徐新杰:《庐山金石考》,中国政协星子县委员会文史资料研究委员会印 1985 年印本。

4.《庐山名胜石刻》,江西人民出版社 1996 年版。

5. 陶勇清:《庐山历代石刻》,江西美术出版社 2010 年版。

二、历史典籍

1.(南朝梁释)慧皎撰,汤用彤校注,汤一玄整理:《高僧传》,中华书局 1992 年版。

2.(清)梁启超:《中国佛教史研究》,上海三联书店 1988 年版。

3.(南北朝)刘敬叔:《异苑》,影印文渊阁《四库全书》子部·小说家类,第 1042 册,上海古籍出版社 2003 年版。

4.(梁)释僧祐撰,苏晋仁、萧炼子点校:《出三藏记集》,《中国佛教典籍选刊》,中华书局 1995 年版。

5.(唐)《庐山远公话》,潘重规编著《敦煌变文集新书》,文津出版社有限公司 1994 年版。

6.(宋)释志磐:《佛祖统纪》,《续修四库全书》子部·宗教类,第 1287 册,上海古籍出版社 1995 年版。

7.(清)曹寅:《全唐诗》,影印文渊阁《四库全书》集部·总集类,第 1425 册,上海古籍出版社 2003 年版。

8.(唐)孟浩然:《孟浩然集》,影印文渊阁《四库全书》集部·别集类,第 1071 册,上海古籍出版社 2003 年版。

9.(宋)释赞宁:《大宋僧史略》,《续修四库全书》子部·宗教类,第1286册,上海古籍出版社1995年版。

10.(元)脱脱等:《宋史》,中华书局1985年版。

11.(清)永瑢:《四库全书总目》,影印文渊阁《四库全书》总目·史部,第2册,上海古籍出版社2003年版。

12.(宋)陈舜俞:《都官集》,影印文渊阁《四库全书》集部·别集类,第1096册,上海古籍出版社2003年版。

13.(清)沈季友:《槜李诗系》,影印文渊阁《四库全书》集部·总集类,第1475册,上海古籍出版社2003年版。

14.(明)董斯张辑:《吴兴艺文补》,《续修四库全书》集部·总集类,第1678册,上海古籍出版社1995年版。

15.(清)陶元藻:《全浙诗话》,《续修四库全书》集部·诗文评类,第1703册,上海古籍出版社1995年版。

16.(清)吴嵩梁:《香苏山馆诗集》,《续修四库全书》集部·别集类,第1490册,上海古籍出版社1995年版。

17.朱杰人等编:《朱子全书》第24—25册,《晦庵先生朱文公文集》,上海古籍出版社2002年版。

18.(宋)朱熹:《晦庵集》,影印文渊阁《四库全书》集部·别集类,第1143册,上海古籍出版社2003年版。

19.(宋)朱胜非:《绀珠集》,影印文渊阁《四库全书》子部·杂家类,第872册,上海古籍出版社2003年版。

20.(宋)曾慥:《类说》,影印文渊阁《四库全书》子部·杂家类,第873册,第125—127页,上海古籍出版社2003年版。

21.(宋)晁公武撰、孙孟校证:《郡斋读书志校证》,上海古籍出版社2011年版。

22.(宋)陈振孙:《直斋书录解题》,上海古籍出版社1987年月版。

23.(元)马端临:《文献通考》,影印文渊阁《四库全书》史部·政书类,第614册,上海古籍出版社2003年版。

24.(明)柯维骐:《宋史新编》,《续修四库全书》史部·别史类,第309册,上海古籍出版社1995年版。

25.(明)焦竑:《国史经籍志》,《续修四库全书》史部·目录类,第916册,上海古籍出版社1995年版。

26.(明)陈第:《世善堂藏书目录》,《续修四库全书》史部·目录类,第916册,上海古籍出版社1995年版。

27.(清)丁仁:《八千卷楼书目》,《续修四库全书》史部·目录类,第921册,上海古籍出版社1995年版。

28.(清)瞿镛:《铁琴铜剑楼藏书目录》,《续修四库全书》史部·目录类,第926册,上海古籍出版社1995年版。

29.(清)嵇璜:《续通志》,影印文渊阁《四库全书》史部·别史类,第394册,上海古籍出版社2003年版。

30.(明)徐弘祖:《徐霞客游记》,影印文渊阁《四库全书》史部·地理类,第593册,上海古籍出版社2003年版。

31.(五代)杜光庭:《录异记》,《续修四库全书》子部·小说类,第1264册,上海古籍出版社1995年版。

32.(宋)徐铉、郭彖撰,傅成、李梦生点校:《稽神录·睽车志》,上海古籍出版社2012年版。

33.(宋)沈括:《梦溪笔谈》,影印文渊阁《四库全书》子部·杂家类,第862册,上海古籍出版社2003年版。

34.高承:《事物纪原》,《丛书集成初编》第1209册,中华书局1985年版。

35.洪遵:《泉志》,《丛书集成初编》第767册,中华书局1985年版。

36. 江少虞:《新雕皇朝类苑》,王民信主编《宋史资料萃编第三辑》,文海出版社 1981 年版。

37. (宋)洪迈撰,何卓点校:《夷坚志 · 乙志》,中华书局 1981 年版。

38. (明)祁承㸁:《澹生堂藏书目》,《续修四库全书》史部 · 目录类,第 919 册,上海古籍出版社 1995 年版。

39. (清)范邦甸等:《天一阁书目》,上海古籍出版社 2010 年版。

40. (清)傅增湘:《藏园群书经眼录》,中华书局 1983 年版。

41. 北京图书馆善本部:《北京图书馆善本书目》,中华书局 1959 年铅印本。

42. (明)李昌祺:《剪灯余话》,见刘世德等主编《古本小说丛刊》第五辑,中华书局 1991 年版。

43. (明)欧大任:《欧虞部集十五种》,《四库禁毁书丛刊》集部,第 47 册,北京出版社 1998 年版。

44. 江西省高校古籍整理领导小组:《豫章丛书》,江西教育出版社 2002 年版。

45. (明)王世贞:《弇州四部稿》,影印文渊阁《四库全书》集部 · 别集类,第 1279 册,上海古籍出版社 2003 年版。

46. (明)王世懋:《名山游记 · 游匡庐山记》,《续修四库全书》史部 · 地理类,第 737 册,上海古籍出版社 1995 年版。

47. (明)骆问礼:《万一楼集》,《四库禁毁书丛刊》集部,第 174 册,北京出版社 1998 年版。

48. (明)王思任:《谑庵文饭小品》,《续修四库全书》集部 · 别集类,第 1368 册,上海古籍出版社 1995 年版。

49. (清)黄宗羲:《匡庐游录》,沈善洪主编《黄宗羲全集》,浙江古籍出版社1986年版。

50.(明)文德翼:《求是堂文集》,《四库禁毁书丛刊》集部,第141册,北京出版社1998年版

51.(清)查慎行:《敬业堂诗集》,影印文渊阁《四库全书》集部·别集类,第1326册,上海古籍出版社2003年版。

52.(清)赵开元:《(乾隆)新乡县志》,《中国方志丛书》华北地方·第472号,第1199册,台湾成文出版社影印出版。

53.(清)王士俊等:《(雍正)河南通志》,影印文渊阁《四库全书》史部·地理类,第536册,上海古籍出版社2003年版。

54.(清)王植:《(乾隆)郯城县志》,《中国方志丛书》华北地方·第378号,第596册,台湾成文出版社影印出版。

55.(清)余文仪:《续修台湾府志》,《台湾文献史料丛刊第一辑》第121种,台湾大通书局1984年印行,第129页。

56.(清)宋荦:《漫堂年谱》,《续修四库全书》史部·传记类,第554册,上海古籍出版社1995年版。

57.(明)李龄:《宫詹遗稿》,中国基本古籍库,明万历刻本。

58.夏东元主编:《郑观应集》,上海人民出版社1988年版。

三、研究著述

(一)著作

1.单霁翔:《走进文化景观遗产的世界》,天津大学出版社2010年版。

2.胡海胜:《文化景观变迁理念与实证研究》,中国林业出版社2011年版。

3.许怀林:《江西史稿》,江西高校出版社1998年版。

4. 龚斌:《慧远法师传》,江西人民出版社2008年版。

5. 刘春江等:《湖口青阳腔》,江西人民出版社2008年版。

6. 吴国富:《陶渊明寻阳觅踪》,江西人民出版社2008年版。

7. 罗时叙:《点击大师的文化基因——庐山新说》,江西人民出版社2008年版。

8. 李宁宁等主编:《白鹿洞书院艺文新志》,江西人民出版社2008年版。

9. 甘筱青:《庐山文化大观》,江西人民出版社2009年版。

10. 陈绵水主编:《庐山文化读本》,江西人民出版社2009年版。

11. 冯隆梅等:《瑞昌剪纸》,江西人民出版社2009年版。

12. 吴国富:《陶渊明与道家文化》,江西人民出版社2009年版。

13. 甘筱青:《〈论语〉的公理化诠释》,江西人民出版社2011年版。

14. 张小谷:《鄱阳湖地区古城镇的历史变迁》,江西人民出版社2011年版。

15. 吴国富:《庐山道教史》,江西人民出版社2011年版。

16. 李勤合:《早期庐山佛教研究》,江西人民出版社2011年版。

17. 王轶舫:《武宁打鼓歌》,江西人民出版社2011年版。

18. 任黎秀:《世界遗产(文化景观)地——庐山》,科学出版社2009年版。

19. (法)米歇尔·福柯著,谢强、马月译:《知识考古学》,三联书店2003年版。

20. 徐效钢:《庐山典籍史》,江西高校出版社2001年版。

21. 刘士林:《先验批判:20 世纪中国学术批评导论》,上海三联书店 2001 年版。

22. 赵所生等编:《中国历代书院志》,江苏教育出版社 1995 年版。

23. 汤用彤:《魏晋南北朝佛教》,见《汤用彤全集》卷一,河北人民出版社 2000 年版。

24. 张国宏:《宗教与庐山》,江西人民出版社,2008 年版。

25. 李才栋:《白鹿洞书院史略》,教育科学出版社 1989 年版。

26. 李才栋:《白鹿洞书院碑记集》,江西教育出版社 1995 年版。

27. 李才栋:《中国书院研究》,江西高校出版社 2005 年版。

28. 彭开福等:《中国近代建筑公览·庐山篇》,中国建筑工业出版社 1993 年版。

29. 罗时叙:《庐山别墅大观》,江西美术出版社 1995 年版。

30. 汤用彤:《汉魏两晋南北朝佛教史》,北京大学出版社 1997 年版。

31. (荷)许理和著,李四龙等译:《佛教征服中国》,江苏人民出版社 2005 年版。

32. 方立天:《魏晋南北朝佛教论丛》,中华书局 1982 年版。

33. 赖永海:《中国佛性论》,江苏人民出版社 2012 年版。

34. 方立天:《慧远及其佛学》,中国人民大学出版社 1984 年版。

35. 曹虹:《慧远评传》,南京大学出版社 2011 年版。

36. 潘桂明:《中国居士佛教史》,中国社会科学出版社 2000 年版。

37. 林尹:《中国学术思想大纲》,华东师范大学出版社 2006

年版。

38. 中国佛教协会编:《中国佛教》,知识出版社 1980 年版。

39. 余英时:《宋明理学与政治文化》,吉林出版集团有限公司 2008 年版。

40. 孔凡礼:《苏轼年谱》,中华书局 2005 年版。

41. 李勇先主编:《宋元地理史料汇编》,四川大学出版社 2007 年版。

42. 张煜:《王安石与佛教》,2004 年复旦大学博士论文。

43. 杜继文主编:《佛教史》,江苏人民出版社 2011 年版。

44. 叶至明:《庐山道教初编》,华文出版社 2000 年版。

45. 陈金凤:《江西通史·隋唐五代卷》,江西人民出版社 2008 年版。

46. 许怀林:《江西通史·两宋卷》,江西人民出版社 2009 年版。

47. 孔令宏等:《江西道教史》,中华书局 2011 年版。

48. 汪圣铎:《宋代政教关系研究》,人民出版社 2010 年版。

49. 韩森著,包伟民译:《变迁之神——南宋时期的民间信仰》,浙江人民出版社 1999 年版。

50. 吴小红:《江西通史·元代卷》,江西人民出版社 2008 年版。

51. 方志远:《江西通史·明代卷》,江西人民出版社 2008 年版。

52. 南怀瑾:《中国道教发展史略》,复旦大学出版社 1996 年版,第 118—122 页。

53. 白寿彝、王毓铨:《中国通史》第九卷《中古时代·明时期上》,上海人民出版社 1999 年版。

54. 史革新:《清代理学史》,广东教育出版社 2007 年版。

55. 周宁:《人间草木》,商务印书馆 2009 年版。

56.《太虚大师全集》,宗教文化出版社 2005 年版。

57.《太虚大师全书》,香港佛经流通处影印委员会,南普陀寺“太虚图书馆”藏。

(二)论文

1. 韩锋:《世界遗产文化景观及其国际新动向》,《中国园林》2007 年 11 月。

2. 韩锋:《文化景观——填补自然和文化之间的空白》,《中国园林》,2010 年 9 月。

3. 卢娜:《世界遗产视野下的庐山文化景观解读及旅游意义》,2011 年 5 月四川师范大学旅游管理硕士论文。

4. 周銮书:《庐山文化的研究与弘扬》,《九江师专学报》,1990 年第 3 期。

5. 王智兰:《古代庐山文化的形成与发展》,2002 年 5 月厦门大学中国古代史硕士学位论文。

6. 李国强:《庐山文化的内涵和特点》,《江西农业大学学报(社会科学版)》,2006 年 12 月。

7. 江腊生、欧阳毛荣:《论庐山文化的精神内核及其价值体系》,《江西社会科学》,2009 年第 10 期。

8. 李宁宁等:《庐山文化论略》,《鄱阳湖学刊》,2011 年 3 月。

9. 王洁:《庐山文化起源刍议》,《兰台世界》,2012 年 1 月。

10. 祝顺保:《庐山旅游近代化研究(1895—1949)》,2006 年 4 月江西师范大学专门史硕士论文。

11. 郑艳萍:《庐山文化遗产的保护与利用研究》,2006 年 4 月广西师范大学硕士学位论文。

12. 刘庆友等:《庐山文化景观可持续发展研究》,《东南大学学报(哲学社会科学版)》,2005年1月。

13. 谢玲超:《关于庐山文化景观建设中的几点思考》,《中国风景园林学会第四次全国会员代表大会论文选集(上册)》,2008年4月。

14. 胡海胜:《庐山文化景观变迁研究》,2008年6月中国林业科技大学博士学位论文。

15. 徐聪荣、张朝枝:《庐山世界文化景观的原真性探讨》,《经济地理》,2008年11月。

16. 余悦:《庐山历史文化遗产的生态考察——兼论庐山文化景观与自然风物的完美结合》,《鄱阳湖学刊》,2009年第9期。

17. 余桂林:《中国第一个"世界文化景观"——庐山》,《民主》,2010年8月。

18. 郑振满:《新史料与新史学——郑振满教授访谈》,《学术月刊》,2012年4月。

19. 刘志琴:《社会文化史与史学新转向》,2012年9月17日《北京日报·理论周刊》。

20. 罗检秋:《从"新史学"到社会文化史》,《史学史研究》,2011年第4期。

21. 危兆盖:《社会文化史:史学研究的又一新路径》,2010年8月17日《光明日报·理论周刊》。

22. 梁景和:《关于社会文化史的几个问题》,《山西师大学报(社会科学版)》,2010年1月。

23. 黄向春:《区域社会文化史研究的视野与经验》,2009年12月8日《光明日报·理论周刊》。

24. 韩晓莉:《从文化史到社会文化史——谦论文化人类学对

社会文化史研究的影响》,《华东师范大学学报(哲学社会科学版)》,2009 年第 1 期。

25. 田建平:《中国书籍史研究批评——基于西方书籍史研究之比较视角》,《济南大学学报(社会科学版)》,2011 年第 5 期。

26. 洪庆明:《从社会史到文化史:十八世纪法国书籍史与社会研究》,《历史研究》,2011 年 1 月。

27. 于文:《西方书籍史研究中的社会史转向》,《国外社会科学》,2008 年第 4 期。

28. 孙卫国:《西方书籍史研究漫谈》,《中国典籍文化》,2003 年第 3 期。

29. 李长声:《书 · 读书 · 读书史》,《读书》,1993 年第 6 期。

30. 刘平等整理:《区域研究 · 地方文献 · 学术路径——"地方文献与历史人类学研究论坛"纪要》,《中国社会历史评论》第十卷,2009 年。

31. 郑振满:《民间历史文献与文化传承研究》,《东南学术》,2004 年 12 月。

32. [美]梅尔清:《印刷的世界:书籍、出版文化和中华帝国晚期的社会》,《史林》,2008 年第 4 期。

33. 伍常安:《历代江西山志述要》,《文献》,1991 年第 2 期。

34. 李勤合:《陈舜俞〈庐山记〉版本述略》,《图书馆杂志》,2010 年第 10 期。

35. 虞万里:《陈舜俞〈庐山记〉卷帙辨证》,《中国典籍与文化》,2012 年第 1 期。

36. 胡耀飞:《宋人陈舜俞〈庐山记〉所见吴 · 南唐史料考论》,《长江文明》第七辑,河南人民出版社 2011 年版,第 50—71 页。

37. 龚志强:《渐进与跨越:明清以来庐山开发研究》,2010 年

6 月暨南大学中国古代史博士学位论文。

38. 龚志强:《山志编纂与古代庐山旅游活动》,《江西社会科学》,2013 年第 5 期。

39. 王蕾:《惧怕与浓情——吴宗慈与〈庐山志〉的故事》,《博览群书》,2009 年第 9 期。

40. 赵欢乐:《社会变迁与知识分子的应对——以吴宗慈为例》,2011 年 5 月江西师范大学专门史硕士论文。

41. 滑红彬:《〈庐山志〉所载佛教人物辨误》,《九江学院学报(哲学社会科学版)》,2010 年第 4 期。

42. 李才栋:《〈白鹿洞书院志〉考述》,《江西社会科学》,1999 年第 9 期。

43. 李科友:《白鹿洞书院明至民国重建维修碑记综述》,《南方文物》,1998 年第 2 期。

44. 刘肖楠:《〈庐山太平兴国宫采访真君事实〉校注》,2013 年 6 月江西师范大学历史文献学硕士论文。

45. 项楚:《〈庐山远公话〉新校》,《中国文化》,2001 年 11 月。

46. 郭作飞:《敦煌写本〈庐山远公话〉中的唐代口语语法》,《重庆三峡学院学报》,2008 年第 1 期。

47. 萧欣桥:《论敦煌宗教话本〈庐山远公话〉和〈叶净能诗〉》,《浙江大学学报(人文社会科学版)》,2004 年第 1 期。

48. 伍晓蔓:《从〈庐山远公话〉看早期话本的文学渊源》,《宗教学研究》,2005 年第 6 期。

49. 龚志强:《明清时期庐山佛教寺院经济探析》,《江西社会科学》,2011 年第 2 期。

50. 胡迎建:《论历代庐山石刻的文化史价值》,《鄱阳湖学刊》,2010 年 11 月。

51. 曹虹:《中古庐山隐风与后代遗民诗境》,《江西社会科学》,2007 年第 1 期。

52. 魏斌:《宫亭庙传说:中古早期庐山的信仰空间》,《历史研究》,2010 年第 2 期。

53. 方立天:《慧远的政教离即论》,《文史哲》,1996 年第 5 期。

54. 华方田:《出入于有无之际——简析庐山慧远法身观的理论矛盾》,《世界宗教研究》,2006 年第 3 期。

55. 谢路军:《庐山慧远信仰西方净土的原因探究》,《南京社会科学》,2006 年第 6 期。

56. 梁民政:《庐山慧远的佛教发展策略》,《五台山研究》,2007 年第 3 期。

57. 曹虹:《慧远与庐山》,《中国典籍与文化》,2000 第 3 期。

58. 曹虹:《慧远及其庐山教团文学论》,《文学遗产》,2001 年第 6 期。

59.(日本)牧田谛亮著,曹虹译:《关于慧远著作的流传》,《古典文献研究》,2002 年第 4 期。

60. 陈道贵:《从佛教影响看晋宋之际山水审美意识的嬗变——以庐山慧远及其周围为中心》,《安徽大学学报》(哲学社会科学版),2000 年第 3 期。

61. 李剑峰:《从接受史的角度蠡测陶渊明与慧远之关系》,《九江师专学报(哲学社会科学版)》,2003 年第 4 期。

62. 王辉斌:《谢灵运与佛教人物的交往考》,《襄樊学院学报》,2006 年第 5 期。

63. 袁行霈:《陶渊明谢灵运与慧远》,《中国典籍与文化》,1992 年第 4 期。

64. 龚斌:《陶渊明与慧远关系之探测》,《华东师范大学学报(哲学社会科学版)》,2000 年第 4 期。

65. 孙昌武:《慧远与“莲社”传说》,《五台山研究》,2000 年第 3 期。

66. 游云会:《庐山慧远佛学思想研究》,2010 年 5 月南昌大学宗教学硕士学位论文。

67. 龚志强:《从明初庐山佛教信仰嬗变看国家宗教政策取向》,《宗教学研究》,2010 年第 3 期。

68. 陈岌:《庐山道教文化概述》,《东南文化》,1991 年第 10 期。

69. 胡迎建:《白玉蟾与庐山》,《九江学院学报(社会科学版)》,2012 年第 6 期。

70. 吴国富:《清初高道石和阳》,《中国道教》,2010 年第 2 期。

71. 郭树森:《全真道传入江西及其蕃衍》,《江西社会科学》,1996 年第 9 期。

72. 吴国富:《从白鹿洞学规看朱熹对陶渊明的尊崇》,《九江学院学报》,2007 年第 4 期。

73. 王贤淼:《白鹿洞书院教育对课程改革的启示》,《九江学院学报》,2007 年第 4 期。

74. 陈戌国、孙思旺:《略论朱熹与白鹿洞书院之关系》,《湖南大学学报(社会科学版)》,2003 年第 7 期。

75. (日)平板谦二:《日本兴让馆——〈白鹿洞书院揭示〉还活在日本》,《江西教育学院学报》,1997 年第 1 期。

76. 李邦国:《朱熹与白鹿洞书院在朝鲜日本的影响》,《湖北师范学院学报(哲学社会科学版)》,1995 年第 1 期。

77. 张品端:《朱熹〈白鹿洞书院揭示〉在日本的流传及其影响》,《南平师专学报》,2004 年第 7 期。

78. (日)柴田笃:《〈白鹿洞书院揭示〉与江户儒学》,《湖南大学学报(社会科学)》,2005 年第 3 期。

79. 朱玲莉:《试论中国书院文化对日本私学教育的影响——以中国"白鹿洞书院"和日本"咸宜园"为例》,《齐鲁学刊》,2011 年第 5 期。

80. 吕建强:《中世纪大学与宋代书院的教学组织比较——以巴黎大学和白鹿洞书院为例》,《民办教育研究》,2009 年第 11 期。

81. 肖俊、李浩:《近代九江基督教的发展及其对教育医疗事业的影响》,《南方文物》,2005 年第 4 期。

82. 许晓芸等:《施善与传教:西方教会在九江的慈善公益事业》,《江西师范大学学报(哲学社会科学版)》,2011 年 12 月。

83. 钱云:《庐山度假旅游地的形态演变与更新研究》,2005 年 5 月清华大学工学硕士学位论文。

84. 管国泉:《庐山旅游形象演变史研究》,2009 年 5 月湖南师范大学硕士学位论文。

85. 郭代习:《西方文化与庐山社会及其旅游资源开发》,《江西社会科学》,2002 年第 11 期。

86. 龚志强:《近现代(1895—1937)庐山开发及其社会变迁》,2006 年南昌大学硕士学位论文。

87. 吕晓玲:《近代在华外国人避暑度假之风探析》,《湖南科技大学学报(社会科学版)》,2012 年 5 月。

88. 张辉:《近代中西文化交流背景下庐山牯岭的发展与变迁研究》,《城市发展研究》,2011 年第 9 期。

89. 欧阳怀龙等:《庐山建筑文化》,《南方建筑》,2003 年第 12 期。

90. 冯铁宏:《庐山早期开发及相关建筑活动研究(1895—1935)》,2004 年 6 月清华大学工学硕士学位论文。

91. 张敏龙、罗奇:《从“三大公建”看庐山近代建筑风格的演变》,《华中建筑》,2003 年第 5 期。

92. 陈朝晖、陈蕴茜:《1927—1937 年南京国民政府对夏都庐山的建设》,《民国档案》,2006 年第 4 期。

93. 黄细嘉:《试论庐山抗战的精神文化价值》,《抗日战争史及史料研究(一)——中国近现代史史料学学会学术会议论文集》,1995 年。

94. 田勇:《“庐山谈话会”与蒋介石讲话评析》,《江西社会科学》,1997 年第 9 期。

95. 夏蓉:《宋美龄与抗战初期庐山妇女谈话会》,《民国档案》,2004 年第 1 期。

96. 张辉:《关于庐山发展政治文化旅游的思考》,《中国报业》,2011 年 5 月。

97. 魏斌:《安世高的江南行迹——早期神僧事迹的叙事与传承》,《武汉大学学报(人文科学版)》,2012 年 7 月。

98. 张平:《道安在中国佛教史上的贡献及地位》,《现代哲学》,2008 年第 5 期。

99. 纪赟:《慧皎〈高僧传〉研究》,2006 年 4 月复旦大学博士学位论文。

100. 钟明立:《敦煌话本〈庐山远公话〉故事源流初探》,《九江师专学报》,1996 年第 2 期。

101. 马旭:《诗僧齐己研究》,2011 年 4 月四川师范大学中国古典文献学硕士论文。

102. 李亚男:《赞宁〈大宋僧史略〉研究》,2012 年 3 月华东师范大学中国古典文献学硕士学位论文。

103. 邹绵绵:《"虎"年摭谈〈虎溪三笑〉》,《收藏界》,2010 年第 5 期。

104. 曹虹:《中韩诗文中的三笑题咏》,《南京大学学报(哲学·人文科学·社会科学)》,2002 年第 4 期。

105. 吴怿:《庐山"虎溪三笑"的文化意蕴》,《九江学院学报》,2007 年第 5 期。

106. 罗骧:《慧远与东晋佛教的变迁》"绪论·国内外研究现状",南开大学 2010 年 5 月中国古代史博士学位论文。

107. 朱一舟:《从陈舜俞看北宋士大夫群体之分裂》,《湖州师范学院学报》,2013 年 10 月。

108. 潘桂明:《宋代居士佛教初探》,《复旦学报》,1990 年第 1 期。

109. 方宝璋:《略论宋代青苗法的弊端》,《江西财经大学学报》,2008 年第 5 期。

110. 朱仲玉:《明代福建史学家柯维骐和〈宋史新编〉》,《福建论坛(文史哲)》,1984 年第 1 期。

111. 魏斌:《汉唐间江南名山的兴起——祀典·信仰·知识》,(日)《唐代史研究》第 12 号,2009 年 8 月。

112. 姚公骞:《匡庐之得名与慧远〈庐山记〉辩》,《江西社会科学》,1981 年 3 月。

113. 钱超尘:《董奉考》,《江西中医学院学报》,2010 年 4 月。

114. 殷爽:《〈神仙传〉研究》,2010 年广西师范大学中国古典文献学硕硕士学位论文。

115. 刘韶:《从葛洪〈神仙传〉看汉魏晋神仙小说盛行的原因》,《科教文汇》,2007 年 12 月。

116. 雷闻:《五岳真君祠与唐代国家祭祀》,见荣新江主编《唐代宗教信仰与社会》,上海辞书出版社 2003 年版。

117. 常志静(Florian Reiter):《The' Investigation Commissioner of the Nine Heavens' and the Beginning of His Cult in Northern Chiang - hsi in 731 A. D》, Oriens 31, 1988, pp, 266—289。

118. 萧相恺:《徐铉及其小说〈稽神录〉》,《扬州大学学报》,2002 年第 9 期。

119. 曾礼军:《〈太平广记〉研究》,2008 年 6 月上海师范大学中国古典文献学博士学位论文。

120. 刘肖楠:《〈庐山太平兴国宫采访真君事实〉校注》,2013 年 6 月江西师范大学历史文献学硕士论文。

121. 陈安金:《薛季宣思想研究》,2011 年 10 月浙江大学中国哲学博士学位论文。

122. 张云筝:《宋代外交思想研究》,2010 年 6 月河南大学中国古代史博士学位论文。

123. 杨高崴:《陈康伯〈亲征诏草〉与绍兴辛巳宋金大战》,江西师范大学学报(哲学社会科学版),2011 年 10 月。

124. 张志哲:《道教文化辞典》,江苏古籍出版社 1994 年版。

125. 刘永海、郝秋香:《道教宫观山志略说》,淮阴师范学院学报(哲学社会科学版),2008 年第 2 期。

126. 聂乐和:《南宋建炎年间的兵变》,《湖南科技大学学报(社会科学版)》,1991 年第 3 期。

127. 陈高华:《论朱元璋与元朝的关系》,《学术月刊》,1980 年第 4 期。

128. 龚志强:《元明之际庐山地区的战乱与社会重构——以人口为中心的分析》,《江西社会科学》,2012 年第 3 期。

129. 康秋岩:《用“间”艺术与陈友谅折戟金陵》,《邢台学院学报》,2010 年 3 月。

130. 陈梧桐:《朱元璋战胜陈友谅、张士诚的经过和原因》,《武汉师范学院学报(哲学社会科学版)》,1984 年第 5 期。

131. 黄长椿:《朱元璋和陈友谅争夺江西的战争》,《江西社会科学》,1982 年第 2 期。

132. 方静:《林俊诗文研究》,2011 年 6 月福建师范大学硕士学位论文,第 11 页。

133. 卿希泰:《明太祖朱元璋与道教》,《江西社会科学》,1999 年第 1 期。

134. 斯洪桥:《朱元璋的道教政策及其因由与影响》,《学术界》,2013 年 5 月。

135. 张兆裕:《明初国事与术数》,《明史研究论丛》,2004 年 8 月。

136. 项裕荣:《竹林寺传说及其对明清小说、戏曲之影响探颐》,《广州大学学报(社会科学版)》,2011 年 7 月。

137. 赵克生:《朱元璋战时幕府略论》,《皖西学院学报》,2001 年 2 月。

138. 龚志强:《从明初庐山佛教信仰嬗变看国家宗教政策取向》,《宗教学研究》,2010 年第 3 期。

139. 李金明:《试论嘉靖倭患的起因及性质》,《厦门大学学院(哲社版)》,1989 年第 1 期。

140. 王守稼:《试论明代嘉靖时期的倭患》,《北京师院学报(社会科学版)》,1981 年第 3 期。

141. 王晖:《山志体例章法的继承与创新》,《中国地方志》,2008 年第 2 期。

142. 郭平安:《李梦阳研究》,陕西师范大学博士学位论文,2009 年 5 月。

143. 巫鸿:《时空中的美术》,三联书店 2010 年版。

144. 徐成志:《匡庐山上巢云松——漫说庐山的隐士文化》,《中国典籍与文化》,1994 年版。

145. 王宪章:《古代庐山文人与道教》,《宗教学研究》,1995 年版。

146. 刘顺:《试论唐初的教育、科举与儒学传播》,《殷都学刊》,2012 年第 6 期。

147. 董喜宁:《孔庙孔象考》,《孔子研究》,2011 年 7 月。

148. 周銮书:《千年学府——白鹿洞书院》,江西人民出版社 2003 年版。

149. 常建华:《国家认同:清史研究的新视角》,《清史研究》,2010 年 11 月。

150. 陈晓鸣:《中心与边缘:九江近代转型的双重变奏(1858—1938)》,2004 年 5 月上海师范大学中国近现代史博士学位论文。

151. 李凤花:《宋荦研究》,2007 年 5 月兰州大学中国古典文献学硕士学位论文。

152. 楼宇烈:《中华文化中的儒释道》,《中华文化论坛》,1994 年第 3 期。

153. 庞绍堂:《抵御 · 自觉 · 融合——晚清中西文化观演化之我见》,《南京大学学报(哲学社会科学版)》,2009 年 11 月。

154. 王令策:《从〈系年私录〉看吴宗慈与辛亥革命》,《江西社会科学》,2001 年第 10 期。

155. 王蕾:《惧怕与浓情——吴宗慈与〈庐山志〉的故事》,《博览群书》,2009 年第 9 期。

156. 黄向春:《历史记忆与文化表述——明清以来闽江下游地区的族群关系与仪式传统》,2005 年 12 月厦门大学博学学位论文。

后　记

这本书基本是笔者在博士论文的原稿基础上稍做修改而成。论文最初成稿于2013年9月,在导师郑振满教授的悉心指导下,前后经历了七次修改,最终于2014年10月定稿,12月成功通过答辩,2015年6月,笔者成功获得历史文献学博士学位。自2014年12月答辩以来,因为结婚、生孩子及工作等各方面原因,论文一直搁置于电脑中,虽有心完善,却由于精力有限,无暇顾及。2016—2018年近三年以来,在庐山文化研究中心李勤合老师的推动下,笔者此书有幸列入《庐山文化研究丛书》出版系列。

初获出版通知时,笔者信心满满:要充分利用一段时间,把论文好好修改完善。理想是美好的,现实是骨感的。在家,每每打开电脑,面对论文不到五分钟,笔者那不满三岁的虫宝,就屁颠屁颠跑到你的跟前,拉着你的手,要求你陪她玩,陪她读书,陪她搭积木;在办公室,因为行政事务,一件接着一件,电话一个接着一个,根本无暇思考。时间一天一天过去,交稿限期一天一天逼近,可是,论文还是答辩时的样子。

在离交稿期限还有一周时间时,笔者拿着答辩时的文稿,反复翻阅,看看有没有改的可能。最终得出一个结论:短期内,根本无法修改。这一结论,基于如下两个原因:其一,原稿已经是笔者耗费了四年时间,经过七易其稿而成的,基本是一个完善的整体,无法打破其中之一而进行修补；其二，自 2015—2018 年以来，笔者根本没有在庐山文化与庐山文献方面花时间与精力，没有阅读相关史料，没有阅读相关领域的理论文章。故想要在短时间内对这部耗费四年之功的论文有所提升，那是根本不可能的。

最终，呈现在读者面前的这部小书，是笔者仅就博士论文的前言与后记进行了部分修改后的一个原稿再现，书中定有诸多不足，假以时日，笔者将给予进一步的完善与提升。

自 2014 年答辩至今，事隔近四年，我依然对我的导师郑振满教授深怀感激之情。在论文的写作与成稿方面，耗费了他许多心血，教会了笔者做研究与学问的一套方法。与此同时，他更多的教会了笔者许多做人的道理。让笔者在经历了一翻生活挫折之后，学会舍弃、感恩、宽容与祝福，重拾生活的信心，从而才有今日的温馨家庭与生活。在此，我真诚感谢他和师母无微不至的关心。

在美丽的庐山搜集各种文献线索的过程中，我得到许多人的帮助，他们有庐山图书馆馆长刘庐松、庐山档案馆馆长肖峰、庐山博物馆馆长胡玮、庐山天主堂老人、仙人洞道长、东林寺佛教图书馆管理员，他们热心地、真诚地展示他们所拥有的庐山文献，讲述他们所知的庐山掌故，尽他们所能，为我查阅纸质文献、录音、拍照、复印等提供方便之门。在此，一并向他们表示我的敬意与感谢。

在论文写作过程中，厦门大学刘永华老师、饶伟新老师、张侃老师、黄向春老师、郑莉老师，江西师范大学梁洪生老师、吴小红老师、廖华生老师，赣南师院朱忠飞老师，九江学院李勤合老师等，对我的论文都给予了关注，并不同程度地提出了他们的意见和建议。在此，一并对他们表示诚挚地感谢！

论文能最后成文，书能最后成稿，还得感谢我的先生徐春根，他是九江庐山脚下的人，书稿中涉及的每个历史遗迹、每个景观，他都带我一一走遍，让我亲身体验，把历史与现实联系起来，感受庐山丰厚的文化遗存，从而让我有更深入研究的冲动。

最后，我要感谢我的父母，在我最需要他们帮助时，他们及时出手，给我洗衣、做饭，让我安心改稿与研究。希望他们安享晚年。

是为记。

杜玉玲

2014 年 11 月 15 日于厦大丰庭 1—523

2018 年 5 月 31 日改定于江西师大图书馆